Social
History of
Japan 1

「冒険・探検」というメディア

戦後日本の「アドベンチャー」はどう消費されたか

高井昌吏［著］
TAKAI Masashi

法律文化社

はしがき

一九八四年二月、冒険家の植村直己は厳冬期マッキンリーの登頂に成功したが、下山途中で消息を絶ち、テレビでは各局が植村の安否を危惧するような特別番組を放送していた。当時小学生だった筆者は、植村直己の名前くらいは知っていたが、「北極とかマッキンリーとか、寒いところで冒険をしている人」というくらいの認識しかなく、この報道にとくに強い印象をもたなかった。それよりもはるかに強いインパクトを与えられていたのは、同年にリリースされた嘉門達夫の曲、「ゆけ！ゆけ！川口浩！」である。もちろん、水曜スペシャルの『川口浩探検シリーズ』は大好きな番組で、年に数回放送されるこの番組を楽しみにしていた。その他によく観ていた番組は、『兼高かおる世界の旅』（一九五九〜九〇年）や、『野生の王国』（一九六三〜九〇年）だった。我が家では子どもにはチャンネル決定権がなく（テレビは家に一台しかなかった）、前者は母親のチョイス、後者は父親のチョイスだったが、筆者はいずれの番組もかなり真剣に観ていた記憶がある。いまから考えるに、筆者の「冒険・探検」の体験はすべてマスメディア、とくにお茶の間のテレビによってもたらされていたのだ。

大人になってからも、実際にバックパッカーに憧れるわけでもなく、登山をするわけでもなく、筆者は「冒険・探検」の実践からはほど遠い文化社会学者（メディア研究者）にすぎなかった。だが、あるとき（記憶では二〇一六年の冬）、「冒険・探検研究会」を主宰されている鈴木康史先生（奈良女子大学）から連絡があり、「『川口浩探検シリーズ』をテーマにして、論文を一本書いてくれないか」というご依頼をいただいた。おおよそ、筆者は『女子マネージャーの誕生とメディア』（ミネルヴァ書房）など、「イロモノ系」の研究者として知られているので、ありがたく依頼を承諾した次第である。

それをきっかけに、「冒険・探検研究会」に参加するようになり、研究会では様々な冒険家や学者の名前が登場していた。筆者も学者のはしくれなので、今西錦司や梅棹忠夫、小田実などについてはそれなりに最低限のことは知っていた。だが、戦前の福島安正や白瀬矗、戦後の堀江謙一や三浦雄一郎など数々の冒険家についてはほとんど知識がなかった。たとえば、この界隈で「カワグチ」といえば決して川口浩のことを指すのではなく、明治期にチベットを探検した河口慧海だという事実も恥ずかしながら初めて知った。さらに、参加者の皆様から様々な未知なる情報をご教授いただく中で、筆者には「戦後史、あるいはメディア史（書籍、映画、テレビ、インターネットなど）を軸にして、冒険・探検についての言説・表象の変容を描き出すことができるのではないか」という、漠然としたアイデアが浮かんだのだ。そもそも冒険・探検よりも、戦後の大衆文化の変容、あるいはメディア史に関心があったので、筆者がそのような発想に至ったのはある意味で必然だった。

その後、植村直己や堀江謙一、三浦雄一郎など、有名な冒険家・探検家についての言説を調べていくうちに、彼らが多くの人々から支持されていた事実もさることながら、彼らに対してかなり批判的な意見もあり、さらに言えば「誹謗中傷」に近い言葉も散見されることに興味をひかれた。そういった批判の根拠も、時代によって様々なものが現れては消えていく（あるいはまた現れる）のだ。「無謀」「英雄気取り」「社会に役立たない」「無教養」「商業主義」「歴史的な意義がない（二番煎じ）」「単独行とはみなせない」「ヤラセ」など、それらは枚挙にいとまがない。一方で、それが反転して、「青年を体現した！」「素晴らしいプロフェッショナリズム！」「学校教育でも使える模範的存在（努力・忍耐・主体性など）」「ヤラセであっても楽しめる！」など、肯定的に捉えられることもあるのだ。

さらに、メディア論的に解釈すれば、冒険家・探検家は映画スターやスポーツ選手、人気歌手などに比べて、別の特徴があることにも気づいた。どのような有名人もメディアによって広く伝えられ、多くの人々に知られて初めて「有名人」になるという点は共通している。しかしながら、冒険家・探検家は、私たちの日常とはかけ離れた「外部の世界」へ出ていき、未知なるものを発見し、その貴重な経験を多くの「内部の人々」に伝えてくれる。言い換えるならば、彼らはメディアによって社会で知られているだけではなく、「未知なる世界」や「独自の体験」

を私たちに伝えてくれる存在、すなわち「メディアそのもの」でもあるのだ。そのような認識をもつなかで、筆者のこのテーマに対する関心は、さらに高くなっていったのだ。

本書は戦後の日本における「冒険・探検」とメディアの関係について論じたものだが、その構成は「序章」「第Ⅰ部」「第Ⅱ部」「第Ⅲ部」に大きく分けられる。序章では、本書の研究視点であるメディアに関する分析基軸や枠組みをあらためて示し、本書の問題設定を明確にする。さらに、戦前に行われた「冒険・探検」に関する研究を概観し、そこで提示されていた数々の論点を抽出する。というのも、これらの論点は戦後の「冒険・探検」に関する議論にも大きく関わっているからだ。

第Ⅰ部（第1章、第2章）では、戦前から続く大規模な「学術探検」と、一九六〇年代の小田実や堀江謙一のような「個人の冒険」を比較し、それらが大衆からどのように受け入れられ、消費されていったかを論じている。そもそも「学術探検」は「映画化」されることが多く、その内容は戦前と戦後で表面的には大きな断絶がありながらも、根底では根強い連続性を持っており、第1章ではその点を明らかにする。さらに第2章では、六〇年代に脚光を浴びた小田や堀江のような「個人的な動機」に基づく冒険に注目し、それが大衆や知識人からどのような評価を受けたのか、あるいはその時代的要因などについて論じる。

第Ⅱ部（第3章～第5章）では、一九六四年に日本人の海外渡航が自由化され、海外への旅が大衆に開かれていった時代の「冒険・探検」について分析する。この時代には、北極・南極・エベレストがすでに人類によって制覇され、「前人未到の地」がほぼ地球上から消えかけていた。そして、日本社会は高度成長期からバブル期を迎え、「冒険・探検」を行ううえでの社会状況も大きく変化し、さらに三浦雄一郎や植村直己などに代表されるような数多くの冒険家・探検家を生み出していた。さらに七〇年代以降、「テレビ黄金時代」を迎え、『川口浩探検シリーズ』のような番組も登場してきた。意外な事実だが、現在では決して「真正な冒険家」とはみなされていない川口浩の冒険番組が、かつては大衆から「真面目な番組」として称賛されていたのだ。三浦雄一郎が海外映画を通して世界的に評価されたのも、実は日本における邦画の衰退と大きな関係があったのだ。以上のようなメディア状況の変化を追いつつ、三浦、植村、川口浩らに対する評価が時代ごとにどのように変容していったのか、その社会的、あるいはメディア史的要因は何だったのかを考え、それぞれの探検行とメディアとの複雑な関係を解き明かしていく。

第Ⅲ部（第6章～第8章）では、バブル崩壊以降の九〇年代以降の「冒険・探検」に注目し、その「多様化」とメディアとの関係の変化に注目する。テレビに関して言えば、猿岩石などの芸人がバラエティ的「冒険・探検」に起用されるようになり、多くの若者から支持を得ていた。一方で、二〇〇〇年代以降に新しい発想で冒険・探検を始めたのが、栗城史多や角幡唯介である。それぞれ、どのような形でメディアや新技術に依存し（あるいは依存せず）、自身に特徴的な探検・冒険の形を構想していったのだろうか。さらに、猿岩石や栗城に関しては、彼らの冒険行に対して、メディアの言説空間では様々な称賛や批判が入り乱れていた。では、その批判や称賛の論拠はいかなる点にあり、当時の日本社会やメディア状況とどのように関係していたのだろうか。

以上のような形で本書は構成されているが、読者の中には「こんな人物を冒険家・探検家として取り上げるのはおかしい」と感じる方もおられるかもしれない（あえて、具体的な人物名は出さないが）。選んだ基準は、彼らが冒険家・探検家としてなし遂げた行動や業績が優れているかどうかではなく、あくまで「メディアとの関係性の深さ」、あるいは「その時代をいかに体現していたか」である。その点に関しては、どうかご理解いただきたい。

目次

第Ⅱ部　海外渡航自由化と「前人未踏の地」なき時代――一九六四～八〇年代

第Ⅲ部　バブル崩壊後の多様化する冒険・探検——一九九〇年代〜

初出一覧（これ以外は書き下ろし）

第4章：「国民的英雄・植村直己の誕生――「自分探し」と「メディア・イベント」のはざまで」福間良明編『昭和五〇年代論――「戦後の終わり」と「終わらない戦後」の交錯』みずき書林、二〇二二年。
第5章：「「川口浩探検隊シリーズ」と「真正性」の変容――テレビ時代のスペクタクルな冒険・探検」鈴木康史編著『冒険と探検の近代日本――物語・メディア・再生産』せりか書房、二〇一九年。

序章 「日本人」は冒険・探検をどのように消費してきたか
――「メディア・イベント」、「真正性」、「学術探検」、「物語」――

1 「メディア」としての冒険・探検

私は、冒険の定義の一つに「帰ってくる」ことがあると思います。冒険者は〔中略〕常識の世界にいる人間には思いもつかない体験をして、その体験を何らかの形で還元することで、初めて冒険者になるのだろうと思います。〔中略〕未知の体験を仲間に伝えることによって新たなシェアが生まれるからです。仲間もそれを期待し、自分はその期待を背負ってまたシステムの外へ出る。冒険者とは、人間の好奇心と未来への期待を一身に引き受ける人のことを指すのかもしれませんね。

（角幡・山極 二〇一八：一七五〜一八一）

これは京都大学名誉教授で人類学者の山極壽一が、冒険者の社会的役割について、探検家・角幡唯介《かくはたゆうすけ》との対談の中で語った言葉である。山極にとって冒険に大切なのは必ず生きて「帰ってくる」ことであり、「その体験を何らかの形で還元することで、初めて冒険者になる」のだという。この考えに対して、ある種の違和感を持つ人もいるかもしれない。なぜならば、冒険・探検とはそもそも「危険であること」が条件であり、それを乗り越えることが最大の魅力ではあるが、残念ながらそこから生きて帰ることができなかった人々も多々いるからだ。山極は「植村《うえむら》直己《なおみ》冒険賞」の選考委員の一人でもあったが、その理屈で考えれば、不運にもマッキンリーで命を落として帰ることができなかった植村は「冒険者ではない」ということになってしまう。しかしながら、実は山極の言葉は、冒険や探検を考えるうえで「冒険家の生死」というもの以上の重要な論点を含んでいる。山極は冒険者に対して「帰ってくる」こと、さらに「未知の体験を社会で共有する」ことを求めているのだが、これは冒険家・探検家の「メディアとしての機能」を指摘しているとも考えられるのだ。

本書の論点も、実は「冒険・探検そのもの」というよりも「メディア」を軸にしており、それは大きく分けて三つある。第一に、山極の指摘からも明らかなように、そもそも「冒険家・探検家」とは社会において「未知を既知にする」という意味で「メディア」の一つとして存在し続けてきた。極地探検や高峰の登頂、未踏の地での探検行などがその典型的な事例だろう。「冒険家・探検家」は生きて帰って来ることによって、そしてそこで得た知見や体験を社会で共有することにより、「未知なる世界」と「人間社会」を繋ぐ「メディアそのもの」となっているのだ。一方で、それぞれの冒険行・探検行は、人々に全く知られなければ、決して「冒険・探検」として認識されることはない。「メディア」によって広く伝わることによって、初めて冒険・探検として知られるのである。ある時には冒険・探検の当事者が、またある時はマスメディアなどの第三者が、物語・報告書・ノンフィクション作品・写真・VTR・音声など様々なメディアを利用し、その内容を人々に伝えてきたのだ。すなわち、「冒険家・探検家」とは、自身が「メディア」であり、さらにメディアによって媒介されるという、二重の意味で「メディア性」を帯びているのである。したがって、彼らの行動や体験の具体的な内実とともに、それがどのようなメディアによっていかなる言説・表象として流通したのかが問われなければならないのだ。

第二に、言うまでもないことだが「冒険・探検」とは、冒険家・探検家と呼ばれる人々が、個人あるいは組織で行う行為である。一方で、大衆はメディアという媒介を通して「冒険・探検」を経験し、自身の存在や社会の構造などを認識する。たとえば、「未開の地」と呼ばれる場所を探検すること（あるいは、メディアを通して体験すること）で、私たちは「高度な文明の中にいる自身」を確認することができるし、さらに自身の「日常」を再認識することができる。すなわち、「メディアの冒険・探検」を通して、人間は自身が生きる社会に対する意識を形成し、自己の存在をも確認するのだ。さらに、人々は個々の冒険・探検行における言説・表象から、「社会のあるべき姿」「科学技術のあり方」「メディアリテラシー」「冒険者の生きざま」など、様々なものを見出してきた。では、戦後の

「日本人」は復興期・高度成長期・バブル期などの社会の変動期を生きる中で、「冒険・探検」というメディア経験からいかなる社会への、および個人への認識を獲得してきたのだろうか。

第三に、本書では戦後の日本社会で「冒険家・探検家」と呼ばれた人々を取り上げ、彼らに関する言説（称賛／批判、およびそこで使用される「冒険・探検の価値を計るモノサシ」）に注目し、ジャーナリズム、文化人、映画製作者、テレビ番組制作者、あるいは大衆など、同時代の「日本人」によって、それぞれの冒険・探検がどのように評価され、あるいは消費されていったのかを検討している。さらに、冒険家・探検家たちとメディア（新聞、雑誌、書籍、テレビ、あるいはインターネットなど）との関係性の変化を追うが、メディアはある時は冒険・探検と人々を繋ぐ「媒体」であり、またある時は、その「スポンサー」でもあったのだ。そういった点に注目しつつ、冒険・探検を語る言説の「連続性／断絶」が生じた要因を、人々の意識の変化や社会の変容などから明らかにしたい。

なお、本書では実体として、あるいは概念として「冒険とは何か」「探検とは何か」を問うわけではない。さらに本書で注目するのは、戦後日本において偉人として語られた「冒険家・探検家」というよりも、メディアと関わりが深くかつ社会的インパクトの強かった人物である。彼らが語られる際に、「冒険・探検という言葉で各々の時代に括られている行為」に注目し、どのような「称賛／批判」の論拠が登場したのか、それはなぜか。その社会的要因や、過去・未来の論拠との「連続性／断絶」を分析する。それによってあぶり出されてくるものは、私たちの社会に対する、あるいは人間の生き方に対する認識にほかならないのだ。

2　戦前の冒険・探検をめぐる研究から見える論点

本書の目的は、戦後の日本社会における冒険・探検に焦点を当て、冒険・探検とメディアとの関係に留意しつつ、その時代背景や大衆の意識などを考慮に入れたうえで、冒険・探検に関する各時代の言説を分析することである。

だが、戦前に行われた冒険・探検に関するこれまでの研究を見渡すと、戦後の状況にも通じる数々の論点が浮かび上がる。とはいえ、近代の日本あるいは世界で行われた冒険・探検を網羅的に紹介する、あるいはそれらに関する論考に幅広く焦点を当てることは、そもそも本書の目的ではない。世界で行われた数々の冒険・探検、およびそれらの詳細に関しては、長沢和俊（一九六九、一九七三）などを参照いただきたい。本章では、まず日本の明治以降から戦前にかけての代表的な冒険・探検、あるいはそれに関する論考に注目し、これらの研究の中で浮かび上がっていた論点に注目したい。なお、戦前から戦後にかけての冒険・探検に関する議論は、鈴木康史編『冒険と探検の近代日本』（二〇一九）に詳しい。とくに、明治期から戦前にかけての言説の変容に関心のある方は、ぜひこちらをご一読いただきたい。

「事業」としての冒険と「アドベンチャー」の語源

そもそも、「冒険」という言葉は、明治期に外来の概念として持ち込まれたものである。その点に関しては、志村真幸（二〇一九）が江戸後期から明治初期にかけての数々の辞典を詳細に検討し、明治期の評論家・翻訳家として有名な内田魯庵の『文学一斑』（一八九二）を分析したうえで、当時の冒険概念の登場について言及している。志村によると、英語の「アドヴェンチャー」あるいは「ヴェンチャー」が「冒険」と訳されたが、もともとは「偶然」や「危険」あるいは「投機」という意味が含まれており、現在の冒険という言葉に対するイメージと異なっていたという。

さらに、当時の内田が理想的な冒険物語として挙げたのは『ロビンソン・クルーソー』であり、この作品は一八五〇年頃から日本語に翻訳され、日本でも流通し始めていた。現代の人々にとって『ロビンソン・クルーソー』は、子どもが読む冒険物語の定番と考えられているだろう。だが、この物語は現代の「冒険・探検」というイメージからは遠く、どちらかといえば経済的な成功者としてロビンソン・クルーソーを描き、称えるものだった。それを裏付けるように、当時の内田がロビンソン・クルーソーに近い人物として評価したのは、山田長政や天竺徳兵衛だった（志村 二〇一九）。彼らはいずれも一七世紀初頭の時代、すなわち江戸時代に鎖国が始まる前の朱印船貿易などで活躍し、どちらかといえば実業家あるいは商業的な成功者として位置づけられる人物だった。ちなみに、カール・マルクスも一九世紀後半に『資本論』の中でロビンソン・クルーソーを取り上げている。マルクスはロビンソン・クルーソーを「労働」「生産」「作業」「時間」「必要性」「財産」といった観点から説明し、彼をいわゆる現代的な冒険家としてではなく、あくまでイギリスの合理的な近代人として説明している（マルクス 一八六七／向坂逸郎訳 一九六九：一三八～一三九）。これは、内田魯庵のロビンソン・クルーソーに対する理解に近いものがあると言えるだろう。

一方で興味深いのは、戦後の冒険・探検家たちを語る言説についていえば（論点の先取りになってしまうが）、彼らに対して「商業主義」という観点からの批判がしばしば起こっていた事実である。第3章の三浦雄一郎《みうらゆういちろう》や、第4章の植村直己などは「プロ」（あるいは企業）として冒険を遂行していたことや、巨大な営利組織のバックアップがあったことなどが、しばしば多くの論者から批判の的になっていたのだ。これは、少なくとも戦後には「ロマン主義」と「商業主義」が対立する概念として位置づけられていたからだが、「冒険」という言葉の語源に立ち返るなら、むしろその概念そのものに、すでに「事業」がプラスのイメージとして含まれていたのである。これは明治の初期と戦後の「冒険」イメージに関する大きな断絶と言えるだろう。もちろん、明治後期、大正時代、昭和初期を経て、「経済的な成功」という意味での冒険イメージは徐々に変容していく（詳しくは鈴木康史編〔二〇一九〕を参照）。

「メディア・イベント」としての冒険・探検

おそらく、多くの人々は「冒険・探検」に直接関わることは少ないだろうが、そこに「夢のある行為」「勇敢」、あるいは逆に「無謀」「危険」といったイメージを抱いているだろう。その意味で、「冒険・探検」はきわめて「文化的」な営みと言えるが、一方でそれが実際に行われる際には、経済的、社会的、政治的な側面も多々含んでいる。

そもそも、世界における冒険・探検の歴史を振り返るならば、植民地をめぐって行われた冒険・探検は、国防や経済的利益、あるいは個人の一獲千金といった側面なしでは決して語ることはできない。たとえば江戸時代の日本では、支配者層や官僚が中心となって樺太探検や蝦夷地探検が行われていたが、これは国防の側面があったと言える。明治期以降は南洋へも関心が移っていくが、これも当時の日本が持っていた「アジア主義」など、政治的な要因が強かった。さらに極地探検では、北極点や南極点への世界初到達の競争は決して「個人だけのもの」ではなかった。北極点（一九〇九年、アメリカのロバート・ピアリーが到達）、南極点（一九一一年、ノルウェーのロアール・アムンセンが到達）などを制覇することは、国際的かつ「国家の威信をかけた戦い」だったのだ。日本で唯一この競争に参加したのは、極点に辿り着けず完敗したものの、白瀬矗《しらせのぶ》（南極探検、一九一〇年）である（エベレストの世界初登頂は戦後の一九五三年になるが、こちらに関しては第1章を参照）。したがって、戦前であれ戦後であれ、国家や軍隊、政治家、あるいは大資本などが「冒険・探検」をバックアップすることは多々あったのだ。

一方で、本章で注目しているのは、戦前の「冒険・探検」にマスメディアが果たした役割である。一九九〇年代以降、日本のメディア研究にもD・ダヤーンによる「メディア・イベント」という概念が持ち込まれた。それによって、日本社会における戦前、戦時中、戦後に行われたメディア・イベントに関する具体的な論考も多々現れるようになる。吉見俊哉は、メディア・イベントという概念には三つの重層的意味が内包されるとしている（吉見一九九六）。その三つとは、(1)新聞社や放送局など、企業としてのマスメディアによって企画され、演出されていくイベント、(2)マスメディアが直接的に企画するわけでなくとも、マスメディアによって大規模に中継され、報道されるイベント、(3)マスメディアによってイベント化された社会的事件＝出来事、である。この中でとくに(1)と(2)に関して言うならば、戦前の日本における「冒険・探検」にもあてはまる事例が多々見られる。

新聞社などのマスメディアが、ある冒険・探検行を大々的かつ積極的に報道する事例は、枚挙にいとまがない。明治期であれば、福島安正《ふくしまやすまさ》のシベリア単騎横断（一八九二〜九三年）、郡司成忠《ぐんじしげただ》による千島探検（一八九三年）などが挙げられる。福島については後に詳しく言及するので、ここでは郡司の千島探検とメディアの関係について説明する。この探検行は、新聞や雑誌などのメディアで大々的に報道されていたが、探検のスポンサーとしてマスメディアが直接関わったわけではない。郡司は千島探検の目的として「国防」「学術」「将来の拓殖」の三つを掲げていたが（長沢一九七三：二一八）、資金調達がなかなかうまくいかなかった。そこで郡司は、水交社（当時築地にあった日本海軍将校の親睦団体）で講演を行い、この講演が各新聞で報道された結果、岩崎家や多くの政治家たちから献金が集まり目標の資金額を達成した（長沢一九七三：二一九）。新聞社から直接資金提供を受けたわけではないが、結果的にマスメディアを介して資金を調達できたことは事実だろう。さらに、郡司の独占取材権をもっていたのは『東京朝日新聞』であり、その探検には、記者として朝日新聞社の横川勇治が帯同していたのだ（長沢 一九七三：二二九）。明治の終わり頃に計画された白瀬矗の南極探検（一九一〇年）でも、新聞社が重要な役割を果たすことになる。白瀬は帝国議会へ探検費補助を請願し、自らの後援会にも資金援助を求めた。さらに白瀬をバックアップしたのは、東西の朝日新聞社だった。朝日を中心として紙面で義援金を求める形で、スポンサーとしての役割を果たしていたのだ。最終的に資金集めは難航し、朝日はスポンサーから撤退し、その立場を白瀬の後援会（大隈重信を中心に組織されていた）へ譲ることになる。とはいえ、この南極探検に朝日新聞社が重要な役割を果たしたことは確かな事実である。

その他にも、槇有恒《まきゆうこう》（本書第1章でも言及するが、戦後の「第三次マナスル登山隊」を隊長として指揮した）は、一九二一年にヨーロッパアルプスのアイガー東山稜に初登攀しているが、この登山も新聞社と密接な関係を持っていた。槇が登頂した際の手記は、大阪毎日新聞と東京日日新聞が掲載しているが、毎日新聞社は槇が毎日新聞に記事を書くことを条件として、登山隊の資金援助をしていた（黒田 二〇二一：二二四）。また毎日新聞社は、一九三六年に立教大学山岳部（日本初のヒマラヤ遠征）がナンダコット峰（六八六七ｍ）の初登頂に成功した際にも、立教大学の登山隊の後援を行っている（黒田 二〇二一：二二七）。一方で朝日新聞社も、一九三五年に行われた白頭山（現在の北朝鮮と中国の国境地帯）の冬期登山のスポンサーとなっている。これは京都大学の今西錦司《いまにしきんじ》や西堀榮三郎《にしぼりえいざぶろう》などが参加した「学術探検」であるが、連日のようにその探検の詳細が、朝日新聞を中心に報道されていたのだ。このような「冒険・探検」の「メディア・イベント化」は、明治期からすでにしばしばみられる現象であり、とくに大規模な探検隊の場合、マスメディアがスポンサーとなる形式は、戦後の冒険・探検、とくに学術探検に引き継がれていったのだ。

冒険・探検の「真正性」に関する議論の登場

「真の冒険・探検とは何か」というテーマは現在でもしばしば語られるが、このような問いもすでに戦前に現れていた。いわば冒険・探検の「真正性」に関する議論が、戦前の日本にもすでに存在していたのである。鈴木康史は、冒険・探検の「真正性」に関する言説が明治期の日本で生まれ、それがどのように変容していったかについて、次の二つの冒険に関する新聞や雑誌の記事を検討したうえで詳細に論じている。以下は、福島安正のシベリア単騎横断（一八九二～九三年）と、郡司忠成の手漕ぎボートによる千島探検（一八九三年）に関する分析である（鈴木 二〇一九a）。いずれの冒険・探検も、新聞や雑誌などのメディアによって報道され、さらに錦絵や双六などにも登場し、多くの「日本人」が彼らの冒険行に熱狂したのだ。

そもそも明治期の日本で「冒険・探検」と呼ばれたものの多くは、「国防」「植民」「出稼ぎ」「開拓」「貿易」など、多様な活動と関係するものだったが、とくに明治二〇年代前半は日本でも「植民探検」が盛んな時代だった。それは、いわゆる「事業としての冒険・探検」である。鈴木によると、そこに加わっていた多くは、明治初期のいわゆる自由民権運動の後に役割を失っていた「壮士」たちだった。ところが、明治二〇年代には壮士的な生き方を否定するような日本社会の風潮も現れていた。すなわち、若者たちの立身出世のあり方として、「植民探検」にみられるような偶然や一獲千金的要素に頼るのではなく（当時の「冒険・探検」はこれに近いイメージだった）、学問を身につけて「秩序ある順路」を歩むような人生が称賛され始めていたのだ。学歴主義とも重なるが、端的に言えば「若者にとっては、冒険よりも学問をきちんと学ぶことのほうが重要だ」という価値観である。このような時代に登場した福島と郡司に求められたのは、負のイメージを背負った壮士的な「冒険・探検」ではなく、日本社会の新しい価値観で高く評価できるようなものだった。とくに、それに成功したのは福島である。一八九二年、福島は冒険旅行としてシベリア単騎行を実践し、ドイツ、ポーランドからロシアのペテルブルク、モスクワ、エカテリンブルクからモンゴル、イルクーツクからウラジヴォストックまでの約一万五〇〇〇キロを一年四カ月かけて馬で横断した（長沢 一九七三：一七八～一八六）。これが一般に福島の「シベリア単騎横断」と呼ばれるものである。

福島の場合、彼の冒険の目的は壮士たちのような「拓殖」でもなく、ましてや商業目的でもなかった。あくまでそれは「官命」であるとされ、福島自身の私利私欲と結びつけて語られることなかったのだ。福島が明治新政府に反発した壮士ではなく、あくまで軍人という立場だったことも重要な要素だろう。福島の登場によって、壮士を中心とした「植民探検」は一獲千金のイメージが強く、未知の地域の踏破という要素もなく、さらにその危険の少なさゆえに「真正」な冒険・探検ではないと認識されていった。言い換えれば、福島のシベリア探検にこそ「真正性」が付与されたのであり、ロビンソン・クルーソーが日本に初めて紹介された時のような「企業家」に近い冒険者のイメージを福島は書き換えたと言えるのだ（鈴木 二〇一九a：四七）。重要な点は、そのような認識が生まれた社会背景として、「秩序ある順路」を歩むような生き方に価値を置くという社会意識の変容があったことなのだ。

一方で、また別の視点から福島の冒険の「真正性」を問うような言説も現れていた。それは、福島のシベリア単騎横断がヨーロッパの冒険家と比較してそれほど危険な行動ではなく、「児戯」のようなものだという指摘である。すなわち、「危険であるかどうか」（この時代には、「西洋の冒険家と比較して」という意味だったと考えられる）が、冒険・探検の「真正性」を問うための重要でかつ厳しい「モノサシ」として立ち上がってきたのだ。さらに、論点を先取りするなら、この視点は戦後の冒険家・探検家を肯定あるいは否定する際にもたびたび登場しており、冒険・探検を評価する上ではきわめて息の長い「モノサシ」である。本書で登場する人物で言えば、川口浩《かわぐちひろし》や猿岩石《さるがんせき》などの「テレビ的冒険」は、明らかに「本当に危険なのか」という観点から批判されていたし、植村直己でさえも一九七〇年代後半の「北極点への犬ぞり単独行」の際には、同様の視点から「真正性」を疑われていたのだ。

いずれにしても、実際の冒険・探検を「真正性」の有無から評価するような言説は、明治期からすでに存在していたのだ。戦後、メディアや社会の変化によって「演出」あるいは「やらせ」なども含め、「真正性」を測る「モノサシが」どのように変化していったのか、その社会的要因はいかなるものだったのかについては、第1章以降で改めて議論したい。

探検における「学術」の意義

明治期に世界を舞台にした学術探検を成功させた冒険家・探検家といえば、日本では河口慧海《かわぐちえかい》や大谷光瑞《おおたにこうずい》の名前が挙げられる。河口は一八九〇年代後半から一九〇〇年代にかけて日本人で初めてチベットやネパールを旅し、日本に仏教の知識を持ち帰った人物である。大谷は浄土真宗西本願寺派の僧であり、大谷探検隊は一九〇二年から一九一四年の間に三度にわたって中央アジアに派遣された。大谷は当時、シルクロード研究上の貴重な業績を上げたと言えるだろう。河口も大谷も決して国家から支援を受けたわけではなく、あくまで自身の宗教的情熱から冒険・探検を行い、結果的に学術に貢献した（山路 二〇〇六：一六〜一九）。また、河口は『西蔵探険：大秘密国』（又間精華堂、一九〇三年）、『西蔵旅行記』（博文館、一九〇四年）などをはじめ多くの書籍を残しており、河口の冒険は当時の新聞紙面でも長期にわたって連載されている。大谷も『放浪漫記』（民友社、一九一六年）などに代表される著書を多数執筆し、自身の冒険・探検に関する情報を、メディアを通して日本に幅広く流通させていたのだ。

一方、日本の冒険・探検界で初めて極地を目指して行動を起こしたのは、白瀬矗である。ここでは、白瀬の南極探検（一九一〇年）に関する研究を概観してみよう。まず、この白瀬の南極探検の目的はどのようなものだったのだろうか。当初はイギリスのスコット隊と競争しつつ、「南極点世界初到達」を目指していた。だが、ある時期からその目的が後退し、むしろ南極で科学的知見を得ることへ目的がシフトしていったのである。いわゆる「学術探検」を最重視するような言説が新聞や雑誌などで増殖していったのだが、その背景については鈴木（二〇一九b）が詳細に論じている。鈴木によると、白瀬はイギリスのスコット隊を意識し、自身の隊が南極点へ一番乗りすることを最大の目的としていた。一方で、そこに痛烈な批判を加えたのが、理学博士である小川琢治だった。小川は毎日新聞などのメディアを通して、探検は一番乗りを目指す競争ではなく「科学的であるべきだ」と主張し、白瀬の隊にはその備えが薄いと指摘した。すなわち、学術探検であることや、学術探検を実行するための資金・人材（学者）・準備などの重要性を説いたのだ。この小川の指摘をきっかけにして、探検における「学術の意義」を強調するような言説がマスメディアにおいて主流となり、ついに白瀬のスポンサーだった朝日新聞社も小川と同様の考えを採用し、学術探検に必要な資金の増額を目指していった。しかしながら、思うように資金は集まらず、朝日は義援金を引き渡す形で白瀬の事業から撤退し、その後は大隈重信を中心とした後援会が資金集めを引き継いでいったのだ（鈴木 二〇一九b）。

結果的に白瀬隊の出発は遅れ、しかも極点への到達を争うどころか南極点に辿り着くこともできず、さらに学術探検としても不十分なものに終わった。鈴木によると、白瀬には確かに冒険家・探検家に求められるような「豪傑・英雄」というイメージが強くあったという。一方で、明治二〇年代の福島や郡司の時代に現れた「秩序のある順序」を重視する風潮は、白瀬の南極探検が行われた明治末期には「学問的修養」を重視する傾向としてさらに強固になっていた。鈴木によると、小川を中心とした白瀬批判は、突出した個人による「英雄・豪傑」的な冒険・探検の時代に終わりを告げるような問題提起になったという（鈴木 二〇一九b：六六〜六七）。

このように、探検に「学術」を期待する傾向は、時代が昭和に移ってからさらに強まることになった。いわゆる「学術探検」は、登山家であり研究者でもあった今西錦司、あるいは西堀榮三郎らにも引き継がれていった。一九三五年に行われた京都大学による白頭山の冬期登山は、その象徴とも言えるだろう。いずれにしても、その「学術性」が探検の価値を測る重要な「モノサシ」になるという時代が登場するのだ。実は、こうした「学術探検」の意義は、戦後の冒険・探検に対する評価においても完全に消え去ることはなかった。詳しくは第1章を参照していただきたいが、実は第4章の植村直己の時代にも、「学術的意義」という価値観はまだ残されていた。たとえば、植村は一九七八年、犬ぞりでのグリーンランド縦断に成功したが、事前にその冒険行の許可をデンマーク政府に求めていた。実は、デンマーク政府は犬ぞりの使用を、エスキモー以外には許可していなかった。植村は許可を得るために、氷のサンプリング調査など、学術的資料の収集を冒険行の目的として強調したという（文藝春秋編 二〇〇四：九九）。さらに一九七九年の夏、植村は南極点への犬ぞり単独到達を目指して南極のアメリカ基地に協力を依頼したのだが、最終的には協力を断られている。その拒否された理由の一つとして、「学術性に乏しい」という事項があった（文藝春秋編 二〇〇四：一七九）。そのような意味で、冒険・探検における「学術性」というモノサシは戦後と戦前にまたがって存在しつつ、戦後のある時期から薄まっていったと言えるのかもしれない。

「冒険小説」というメディアとそのオーディエンス

戦前の日本で冒険・探検の物語を「小説」という分野で表現したメディアとしては、何と言っても押川春浪などを中心にした「冒険小説」というジャンルが挙げられるだろう。そもそも、「冒険小説」とは明治二〇年代頃に、海外から翻訳として輸入され、当時は大人向けのものとされていた。その後、日本でも出版産業が隆盛していく中で、少年向け雑誌の中で人気を博するようになっていったのだ。押川は、『少年世界』（博文館、一八九五年創刊）や『冒険世界』（博文館、一九〇八年創刊）の中で、次々と冒険小説を掲載し、彼の作品は子どもたちに好んで読まれていた。明治半ば以降の子どもたちが置かれた状況と、冒険小説の流行との関係については、武田悠希（二〇一九）が詳しい。武田によると、日本の近代化が進む中で、子どもたちの多くが学校に通い、学校と家庭という二つの日常生活を送るようになっていた。ここで冒険小説が果たしていた役割とは、二つの日常空間、すなわち家庭という「私的空間」と新たに現れた学校という「公的空間」から子どもたちを解放するような「メルヘン」だったという。武田の議論で重要な点は、富国強兵といった日本政府の方針や日清戦争での勝利などが、出版業界の成長および博文館の躍進へと繋がり、それによって冒険小説が広く流通したという、当時の社会背景である。さらに武田は、同時代に子どもたちにとって「学校」という新たな日常が浸透し、そのような状況の下で冒険小説というジャンルが隆盛し、「公的空間からの解放」という理由で子どもたちに読まれていたということを明らかにしているのだ。

一方で、大正時代の末頃から大人の趣味として、大衆に登山が流行していた。それに付随して山岳事故による遭難死が増加し、「山岳遭難」がテーマになる小説も生まれていたのだ。この時代であれば、春日俊吉の『日本山岳遭難史』（三省堂、一九三三年）などが代表的である。山岳遭難と言えば、ジャーナリズムはその事実関係や原因究明などが使命であり、社会では死者の鎮魂が求められるだろう。しかしながら、春日俊吉の作品を分析した熊谷昭宏によると、春日はたんに遭難やそれに伴う死を、小説の新たな題材として取り入れただけではなかった。そこには、容易に語り得ない遭難者の死の意味を、受け入れ可能なものとして理解したいという、遺族やあるいは読者の欲望があったとしている（熊谷 二〇一九）。

以上は戦前の冒険に関する小説の研究であるが、戦後の「冒険・探検の物語」を考えるうえでも同様に、メディアや社会状況の変容、あるいはメディアを通した物語の流通・消費という観点は、きわめて重要である。それは、新聞連載、書籍、映画、テレビ番組、インターネット動画など、媒介メディアの特性だけにとどまらない。ノンフィクションやフィクション、あるいはその境界的な作品など、冒険・探検物語の流行や評価のされ方は、そのジャンルによっても異なるだろう。たとえば、戦後のテレビメディアでの冒険・探検であれば、第5章の『川口浩探検シリーズ』（一九七八〜八五年）や、第6章の「猿岩石のユーラシア大陸横断ヒッチハイク」（一九九五年）などを分析する際にも、上記のような視点は有効である。時代やメディアリテラシーの変化、あるいはオーディエンスの世代・性別、彼らの欲望なども、冒険・探検物語の受容のされ方と大きく関係している。戦前の冒険小説を受容する際に見られた「メルヘン」の内容も戦後は大きく変化しているだろうし、オーディエンスがそこに読み込む「真正性」も、まったく異質なものになっているかもしれない。しかしながら、「日常生活からの解放」という意味では、戦前の冒険小説と、戦後の川口浩や猿岩石などには、ある種の連続性があるとも考えられる。これらに関しては、第5章以降であらためて言及したい。

さらに、冒険・探検が「映画化」されることに関しても、戦前と戦後ではその意味に変化がみられるだろう。すでに言及した白瀬の南極探検は、映画『日本南極探検』（一九一二年）として公開された。戦前にも数多くの冒険・探検が映画化されているが、それらの作品は第1章で取り上げる戦後の「エクスペディション映画」と比較して、作品内容にも受容のされ方にも大きな差異がみられる。第2章の堀江謙一《ほりえけんいち》や第3章の三浦雄一郎の冒険を描いた映画にも、同様のことが言えるだろう。それらの点に関しては、改めて第1章以降で論じたい。

では、こういった戦前の議論を踏まえ、「メディア・イベント化」「真正性」「学術探検」「冒険・探検物語の流通」といった論点を押さえたうえで、戦後の冒険・探検に関する議論へと移りたい。

参考文献

岩尾龍太郎（一九九四）『ロビンソンの砦』青土社。
角幡唯介・山極壽一（二〇一八）「記念対談　帰る場所があるから、冒険できる」『中央公論』二〇一八年九月号。
熊谷昭宏（二〇一九）「遺族にとっての「冒険」と「物語」」鈴木康史編『冒険と探検の近代日本――物語・メディア・再生

産』せりか書房。

黒田勇（二〇二一）『メディア　スポーツ　二〇世紀』関西大学出版部。

小泉武栄（二〇〇一）『登山の誕生』中公新書。

小泉武栄（二〇一五）『登山と日本人』角川ソフィア文庫。

志村真幸（二〇一九）「明治日本への「冒険」の導入」鈴木康史編『冒険と探検の近代日本』。

鈴木康史（二〇一九a）「一八九三年の「探検熱」と壮士たちの「殖民熱」」鈴木康史編『冒険と探検の近代日本』。

鈴木康史（二〇一九b）「学術探検と大陸浪人」鈴木康史編『冒険と探検の近代日本』。

武田悠希（二〇一九）「『少年世界』が媒介する「冒険・探検」」鈴木康史編『冒険と探検の近代日本』。

長沢和俊（一九六九）『世界探検史』白水社。

長沢和俊（一九七三）『日本人の冒険と探検』白水社。

文藝春秋編（二〇〇四）『植村直己、挑戦を語る』文春新書。

山路勝彦（二〇〇六）『近代日本の海外学術調査』山川出版社。

吉見俊哉（一九九六）「メディア・イベント概念の諸相」津金澤聰廣編『近代日本のメディア・イベント』同文館。

D・ダヤーン、E・カッツ（一九九二＝一九九六）『メディア・イベント』浅見克彦訳、青弓社。

K・マルクス（一八六七＝一九六九）『資本論　第一巻』向坂逸郎訳、岩波文庫。

第Ⅰ部　海外渡航自由化以前の冒険・探検——一九六四年まで

第1章　戦後日本の学術探検とマスメディアの関係
――「冒険・探検」をめぐる学術／映画／観客／政治の欲望――

1　戦後日本における学術探検と記録映画

大衆のための「探検記録映画」

戦後、国際社会に復帰した日本においても、戦前に行われていたような海外での「学術探検」や「高峰の登頂」といった活動が再開され、それらをテーマにした記録映画が再び製作されるようになった。では、そもそもなぜそのような作品が製作・上映されていたのだろうか。これに関して、人類学者の梅棹忠夫《うめさおただお》は、次のような興味深い見解を示している。

探検隊にとって映画はよけいなつけたしであったか。わたしはそうはおもわない。［中略］映画のもつ意味には、ふたつのものがある。ひとつは、探検隊の行動と意義の説明である。学術探検という仕事は、いまではよほど理解されてきたけれど、まだまだ不十分である。いったいなにをしてきたのか。それがどんな意義をもつのか、そういう点をひろく一般に理解してもらうためには、抽象的な議論をくどくどしくのべるよりも、映画によって隊の行動をみてもらうのがいちばんはやい。［中略］探検隊にとって映画のもつもうひとつの意味は、いわばみやげ話としての現地報告である。おおくの人たちがしりたいのは、探検隊がいってきたのはどんなところだったか、ということである。探検隊員たちは、世界の辺境にいって、めずらしいものをみてきた。その経験をできるだけたくさんの人たちにわかちたいとおもう。［中略］天然色映画は、探検隊の最大のおみやげのひとつである。（梅棹　一九九二：五二四～五二六）

梅棹は一九五五年、京都大学の「カラコルム・ヒンズークシ学術探検」に参加した。この探検は、戦後日本の「海外学術エクスペディション」の先駆けとなり、その映像は記録映画『カラコルム』として翌年に公開され、高い評価を受けたのだ。この作品については後に詳細に議論するが、梅棹はこの映画に言及したうえで、当時の探検記録映画が社会にもたらしたものについて語っている。梅棹が学術探検隊の「記録映画」の重要な意味として挙げているのは、第一に探検隊の行動と意義を社会に理解してもらうこと、第二に「みやげ話」としての現地報告である。第一点目は、学術探検隊の意義を世間に広く知ってもらいたいという意味であり、学者である梅棹の立場として当然のことだろう。第二点目は、誰に対する「みやげ話」かといえば、スポンサーの朝日新聞社や国もさることながら、やはり日本で探検隊の報告を楽しみにしている一般市民だろう。いずれにしても、学術探検隊をなんらかの形で支援してくれた人々に、記録映画という「おみやげ」を持ち帰るのが大切だと梅棹は考えていたのだ。

それでは、当時そのような「探検記録映画」の製作に、メディア関係者や学者、探検家などの当事者たちはどのような思いで取り組んでいたのだろうか。そして、国はそれにいかなる意味を与え、大衆はそこに何を読み込んだのだろうか。さらに、それは戦後日本社会の激動、具体的に言えば国際社会への復帰、海外渡航の困難、「五五年体制」の成立、反戦平和運動などといかなる関わりがあったのか。本章では戦後、一九五〇年代の日本で製作された「探検記録映画」、とりわけ初期の代表的なヒット作でもある『カラコルム』(一九五六年)と『マナスルに立つ』(一九五六年)に注目し、それらの製作過程や消費のされ方などについて、当時の時代背景と絡めつつ分析を進めたい。

戦後日本の海外エクスペディション

まずは、日本の海外エクスペディション(登山や探検、研究などを目的とする遠征)が、戦後どのような形で活動を再開していったのかを追ってみよう。敗戦後、日本は戦前の領土や植民地など多くの支配地域を失った。それに伴って、それらの領地にあった研究機関などはほとんどが閉鎖されるか、あるいは内地へ撤退していった。学問分野の中で冒険・探検といった行為に最も親和性が高かったのは、戦前もあるいは戦後もおそらく人類学だろう。その人類学も、戦前に機能していた「民族研究所」などの研究基盤をなくし、海外でフィールドワークを行うことはきわめて困難だったのだ。もちろん、学術関係以外の日本の組織であっても、海外で冒険・探検を行うことなど一九五〇年頃まではほとんど不可能だった。一九五一年、サンフランシスコ平和条約が調印され（翌年発効）、この頃からようやく国際社会に復帰した日本は、徐々に海外でのエクスペディションを計画するようになっていった。とはいえ、日本では海外渡航が厳しく制限されていた時期であり、実現は決して容易ではなかった。

そのような状況で戦後初めて企画された海外エクスペディションが、一九五〇年代の日本山岳会によるヒマラヤ登山（マナスル登山、一九五三〜五五年）である。実は、そもそもこのマナスル登山の道筋をつけたのは日本山岳会ではなく、京都大学の今西錦司《いまにしきんじ》や西堀榮三郎《にしぼりえいざぶろう》、木原均《きはらひとし》などの学者だった。すなわち、戦後日本における海外登山や冒険には、実は初期から学者が関わっていたのだ。今西は一九五二年、マナスル登山の視察のためネパールを訪れているが、翌年の第一次登山隊（一九五三年）からはその主体を日本山岳会に譲っている。当然のことだが、日本山岳会の登山隊の目的はマナスルを「登頂」することだった。当時のマナスルはまだ世界で誰にも登頂されておらず、登頂こそがマナスル登山隊の最大の使命だったのだ。一方で今西の目的は、登頂よりも実は学術探検にあった。今西は、第一次登山隊（一九五三年）に自身の弟子筋である川喜田二郎《かわきたじろう》と中尾佐助《なかおさすけ》を「科学班」として帯同させ、学術調査を行っている。とくに川喜田は人類学的知見を活かし、村落景観や宗教、特定の村の実態などを調査・報告した（飯田 二〇〇七：二四四）。つまり、今西はマナスル登山隊に、実質的な「学術探検」を加えることに成功していたのである。

他方で、登山隊ではなく学者が主導する「学術探検」に目を向ければ、京都大学の「カラコルム・ヒンズークシ学術探検」（一九五五年）が、戦後初期の学術探検として有名である。この学術探検は、植物や地質に関する研究、あるいは文化人類学的研究など、学際領域的な特徴があった。隊長が木原均、副隊長が今西錦司であり、事業主体は京都大学だった。一九五五年五月、隊はパキスタンに到着し、木原を隊長とするヒンズークシ隊（地質班と植物班を帯同）と、今西が指揮をとるカラコルム隊に分かれて学術探検を実行した。木原は小麦の祖先の一つといわれる「たるほ小麦」のありかを調べ、さらにアフガニスタンの砂漠や草原など、当時の日本人にアジアの秘境と思われていた地域を探検した。一方で、カラコルム隊（人類班と植物班を帯同）はインダス河を遡って、パキスタン北部の氷河地帯や、ヒマラヤ造山帯の構造などを探った。ちなみに、ヒンズークシ隊には梅棹忠夫も帯同していた。

このような探検隊が一九五〇年代に次々と生まれ、この時期の海外における冒険・探検を牽引していた。そういった冒険・探検はほぼ全て大学や学術団体、山岳会など、チーム主導で行われていたのだ。一方で、それらの行動の実態はともかく、正式名称としては「海外学術調査隊」あるいは「海外観測隊」などと呼ばれることが多く、あくまで学問や社会、あるいは国家の威信に寄与するものとされていたのである。

探検と学術およびマスメディアの関係性

さらに注目すべきは、こういった探検隊などの行動が、当時それぞれ記録映画化されていった事実である。『白き神々の座』（一九五四年、第二次マナスル登山）、『カラコルム』（一九五六年、京都大学、カラコルム・ヒンズークシ学術探検）、『マナスルに立つ』（一九五六年、第三次マナスル登山）、『南極大陸』（一九五七年、第一次南極観測隊）、『メソポタミア』（一九五七年、東京大学、イラン・イラク遺跡調査）、『十一人の越冬隊』（一九五八年、第一次南極観測隊）、『秘境ヒマラヤ』（一九六〇年、西北ネパール学術探検隊）などが代表的だろう。当然だが、登山隊も学術探検隊も、映画撮影・製作のプロではない。スポンサーの新聞社や映画会社などとの協力があり、冒険・探検の記録映画製作は行われていたのだ。では、当時の探検隊や学術組織とマスメディアの関係について検討しよう。

周知のように、この時代にメディアとして、あるいはスポンサー企業として大きな力を持っていたのは、新聞社である。とくに毎日新聞社、朝日新聞社、読売新聞社の大手三社は、一九五〇年頃から各々が映画製作会社や配給会社を取り込み始め、映画業界へ関わっていた。新聞社と映画製作会社に関して言うならば、毎日新聞社と毎日映画社、朝日新聞社と日映新社、読売新聞社と読売映画社といった関係が出来あがり、新聞社主導で長編記録映画の製作が可能になったのだ（詳しくは飯田（二〇〇七）を参照）。このような流れで、映画業界において力をもっていた各新聞社に山岳会や大学研究者らのグループが協力し、遠征の資金提供をしてもらう構図が戦後にも生まれた。スポンサーとしての新聞社は、とくに研究者にとって重要だった。なぜならば、当時まだ文部省の科学研究費として、海外学術調査の枠が認められていなかったからである。さらに、スポンサーとなっていた新聞社の学術探検に関する記事や上映される記録映画は、学術研究の活動を社会に知らしめるための大切な広報にもなっていたのだ。

メディア業界に関して言えば、映画産業そのものは戦後発展を続け、一九五〇年代後半に最盛期を迎えていた。そのような状況の中で、エクスペディションの主体があらかじめ新聞社をスポンサーに引き込んでいれば、新聞社と提携した製作会社が撮影記者を用意し、提携先の配給会社が系列の劇場で長編記録映画を上映してくれたのである。このようにして、海外探検を「長編映画化」する形が出来上がっていったのだ。このシステムは、集客力のある「探検記録映画」を製作・上映できるという意味で、映画業界に利益をもたらした。だが一方で、むしろ学術探検側に対して、資金提供や広報など多大なメリットをもたらしていたと言えるだろう。ちなみに、このような学術とマスメディアの協力関係は、映画業界の衰退、海外旅行の自由化（一九六四年）、文部省の科学研究費の充実といった要因で、一九六〇年代には衰退することになった。したがって、海外学術エクスペディションとマスメディアにとって、この関係は一九五〇年代に特有のものだったと言えるだろう（詳しくは飯田〔二〇〇七〕を参照）。

2　映画『マナスルに立つ』と「ナショナルな欲望」／「真正性」

マナスルへの挑戦

戦後、日本人によって行われた大規模なヒマラヤ登山として、日本山岳会が三度にわたって派遣したマナスル登山隊（一九五三年、五四年、五六年）が挙げられる。マナスルは、ヒマラヤにある八〇〇〇メール高峰一四座のなかの一つで、標高八一六三メートル、世界第八位を誇っている。エベレストは一九五三年にイギリス隊によってすでに登頂されていたが、当時のマナスルはまだどの国の隊も登頂していなかった。ここで注目するのは、三度にわたるマナスル遠征、そして最終的な登頂だけではない。むしろ議論の中心にしたいのは、それらが二度にわたって映画化されていくプロセスや製作者の意図、あるいはオーディエンスの反応などである。

マナスルへの挑戦は、日本山岳会によって第一次（一九五三年）、第二次（一九五四年）、第三次（一九五六年）にわたって試みられ、ついに三度目にして登頂に成功した。一方でこの間、二度にわたってマナスル登山に関する映画が製作されている。第二次登山が惜しくも失敗に終わった後に公開された『白き神々の座』（一九五四）、そしてついに登頂の成功を記念して製作された『マナスルに立つ』（一九五六）である。いずれも依田孝喜《よだたかよし》が一人で撮影し、その映像が使用された。依田は毎日新聞社の記者で、三度にわたる登山隊に、映像撮影者として全て同行していた。依田はそもそも新聞社の報道カメラマンであり、記録映画の撮影を専門にしていたわけではない。ちなみに依田は、映画とは別に『マナスル写真集―1952-56』（毎日新聞社、一九五六年）を出版している。

『白き神々の座』（一九五四）は、第一次・第二次隊の登山を描いており、演出・高木俊朗、製作・毎日映画社、配給・日活である。この登山（第二次）では隊が現地の人々の激しい抵抗にも遭い、残念ながら登頂は失敗に終わった。だが、この作品は天然色の記録映画として評判が高く、天皇皇后両陛下も観賞していた（『毎日新聞』一九五四年一一月一七日朝刊八面）。さらに文部省選定映画にも指定され、ブルーリボン賞も受賞している。なお、このマナスル遠征および映画製作をスポンサーとして支援した毎日新聞のみならず、まったく関与しなかった朝日新聞の記事でも『白き神々の座』は、「依田孝喜カメラマンの撮影がうまいので、劇的な盛り上りも十分で、一見の価値のある作品である。〔中略〕カトマンズの風景などもよく撮れており、登山家の奮闘ぶりなどもうまく描かれている。〔中略〕失敗はしたが、この記録映画を生んだことは大きな成功といえる」（『朝日新聞』一九五四年一一月二一日夕刊二面）と、高く評価されていた。そして二年後、ついに三度目の挑戦でマナスル登山隊は登頂に成功する。それを記録したのが『マナスルに立つ』である。

戦後の記録映画ブームと『エヴェレスト征服』のインパクト

さて、実際の登山隊や探検隊を描くような映画作品は、ジャンルでいえば「記録映画」に分類されるだろう。日本の映画史を見渡せば、記録映画は戦後の一〇年間、劇映画と比較してなかなかスポットが当たることは少なかった。しかしながら、一九五〇年代半ばにようやくささやかなブームが訪れる。当時、海外からディズニーの『砂漠は生きている』(一九五三年製作)、イギリスの『エヴェレスト征服』(一九五三年製作)、イタリアの『失われた大陸』(一九五五年製作)などの記録映画が輸入されてヒットし、日本でも独自に記録映画が製作されるようになった。『佐久間ダム』(一九五四年・五五年・五七年)や『ひとりの母の記録』(一九五五年)などが注目を浴び、日本の隊による海外での探検や登山をテーマにしたものも製作されていった。いわゆる海外エクスペディションに撮影隊を伴うような映画であり、『白き神々の座』や『マナスルに立つ』、『カラコルム』もこちらに分類されるだろう。

だが、これらの作品に先行して日本および世界に衝撃を与えたのは、間違いなくイギリス映画『エヴェレスト征服』(一九五三年製作)である。周知のように一九五三年五月二九日、イギリス・エベレスト探検隊のヒラリー(ニュージーランド人)とテンジン(ネパール人シェルパ)が初めてエベレストに登頂した。このニュースは世界に衝撃を与え、日本でも大きな話題となったのだ。その登頂を記録した『エヴェレスト征服』は、日本でも一九五四年の一月に劇場公開される。カラー映像や探検隊の臨場感が話題となり、この作品を朝日新聞は次のように評している。

図1-1　映画『エヴェレスト征服』(1954年)パンフレット

人間の近よることを、断固として拒否し続けていたエヴェレストの頂点へ、いよいよヒラリーとテンシンが出発する。[中略] トーマス・ストバートの撮影はエヴェレストの山を下から上へ、パノラマ式に撮っているカットが美しく、これをしばしば画面にいれている。それが頂上征服への隊員たちの激しい意欲を無言のうちに物語っている効果は、この種の記録映画として学ぶべきうまさといえよう。隊員たちの息苦しい呼吸とかアラシなどの音響効果や、音楽なども周到に作られており、文句のない記録映画。どんなにうまく仕組まれた物語映画でも、これに及ぶ迫力は出せないであろう。

（『朝日新聞』一九五四年一月二六日夕刊二面）

言うまでもなく、エベレスト登頂は人類初の偉業であり、世界の歴史に残る大事件である。すなわち、『エヴェレスト征服』は、映画のテーマそのものが歴史的意義の高いものだったのだ。戦前であれば北極点や南極点の到達、戦後であればアポロ計画の成功に匹敵する偉業だと言えるだろう。そのプロセスの映像を実際に撮影した事実だけでも十分に評価できるが（ちなみに登頂シーンは動画ではなく、写真撮影である）、注目すべきは記録映画の映像技術や効果音までもが高く称賛されている点である。したがって、その後に日本で製作される記録映画は数多くあったのだが、とくに登頂に成功した『マナスルに立つ』（一九五六）などは、当然のごとくこの作品を意識した記録映画となっていたのだ。

報道カメラマンと劇映画監督の融合

第三次マナスル登山隊は、隊長・槇有恒が率いる一二名で編成され、日本山岳会として三度目の挑戦だった。最終アタックでは、今西壽雄《としお》隊員とシェルパのガルツェンの二人が頂上を目指した。一九五六年五月九日、ついに二人は登頂に成功し、山頂で日本とネパール両国の国旗を振った。さらに翌日、加藤《かとう》喜一郎《きいちろう》隊員と日下田《ひげた》実《みのる》隊員も登頂に成功し、日本の登山界に輝かしい歴史を刻んだのだ。マナスル登山に全て同行し映像を撮影したのは、既述のように依田孝喜である。一方で、その登頂成功を映画化した『マナスルに立つ』（一九五六）の編集を担当したのは、劇映画の監督や脚本を手掛けていた山本《やまもと》嘉次郎《かじろう》だった。依田は、この映像撮影について次のように語っている。

撮影はすべて隊の行動に従つて写していつた。いままでもそうであるが、この映画をとるにも筋書というものはない。ものがものだけに先行きどういうことになるのか、そのときになつてみなければわからないのだから、脚本の書きようもないわけだ。したがつて現地ではすべて私が脚本家であり、監督であり、カメラマンでもあつ

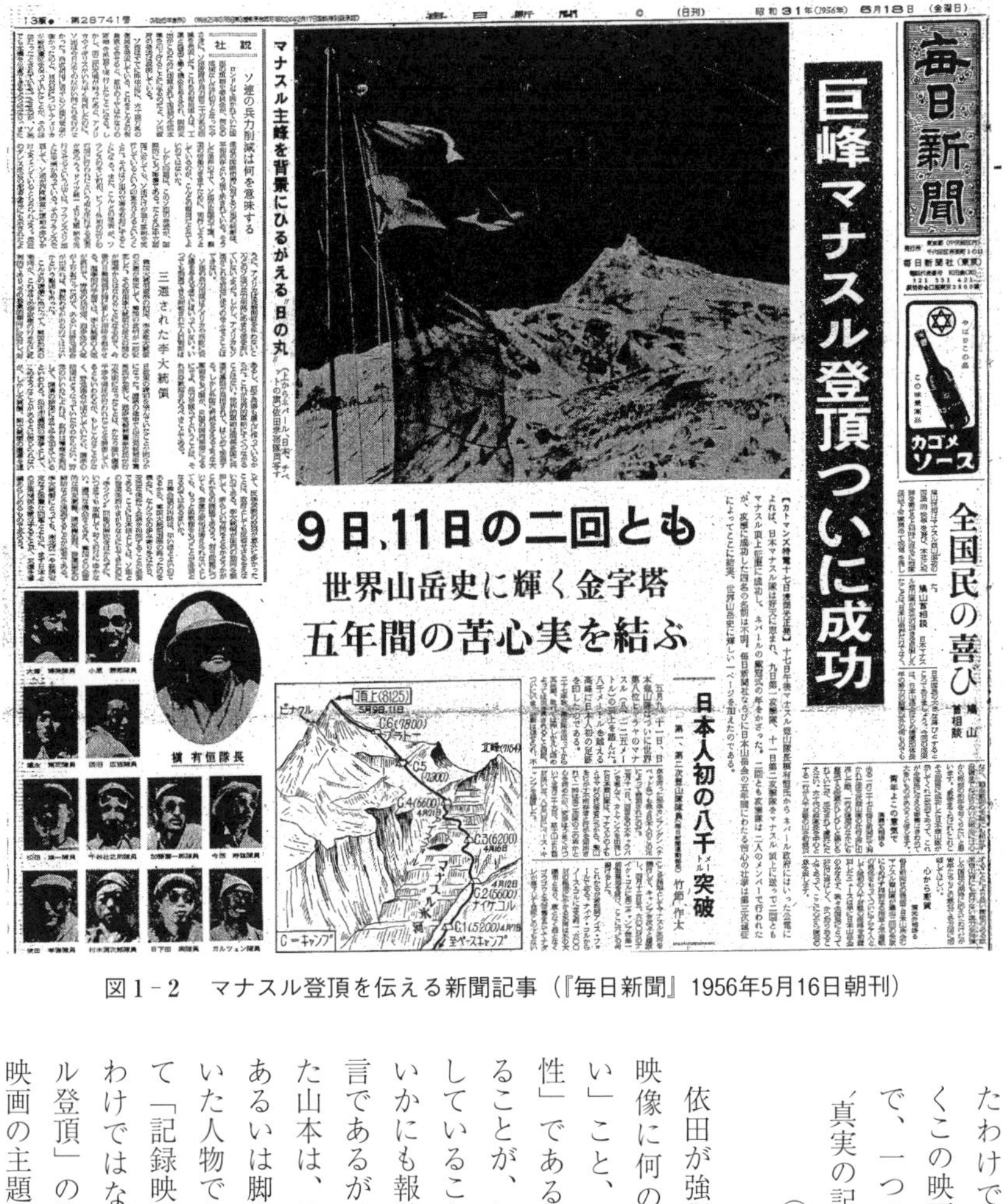
毎日新聞

巨峰マナスル登頂ついに成功

9日、11日の二回とも

世界山岳史に輝く金字塔

五年間の苦心実を結ぶ

日本人初の八千メートル突破

マナスル主峰を背景にひるがえる〝日の丸〟

全国民の喜び　鳩山首相談

社説　ソ連の兵力削減は何を意味する

三選された李大統領

槇有恒隊長

カゴメソース

図１－２　マナスル登頂を伝える新聞記事（『毎日新聞』1956年5月16日朝刊）

たわけである。［中略］とにかくこの映画は、初めから終りまで、一つのウソもお芝居もない。〝真実の記録〟なのである。

（『マナスルに立つ』四頁）

依田が強調したのは、撮影した映像に何の「ウソもお芝居もない」こと、いわば映画の「真正性」である。〝真実の記録〟であることが、この映画の価値を担保していることを強調しているのだ。いかにも報道カメラマンらしい発言であるが、一方で映像を編集した山本は、そもそも劇映画の監督あるいは脚本担当として活躍していた人物である。すなわち、決して「記録映画」を専門にしていたわけではなかったのだ。「マナスル登頂」の偉業を映画化する際、映画の主題を確定するにあたり山本は次のように考えた。

「私は、こんどの映画を、正確ではあるが、しかし無味乾燥な記録映画に終らせたくなかった。劇映画よりも、もっと観る人の胸を打つものを作りたいとおもった。日本隊によるマナスル初登頂という国民的感激は、この要素を十二分に備えている。だが、それだけに、頭の中で描かれた輝かしい偉業が、目の前で具体的に、スクリーンというワクで限定されて映写されたとき、大衆の空想を破るおそれは、また十分にあるといえる。記録にだけ、よりかかってはいられない」（『毎日新聞』一九五六年九月一九日夕刊三面）

では、「劇映画よりも、もっと観る人の胸を打つもの」として、山本は具体的にどのようなテーマを思いついたのだろうか。映画のコンセプトを考える際に、山本は第三次隊の隊長だった槇有恒を訪れ、具体的にマナスル登山の話を聞いたという。槇は、「わたしの山登りは、自然と戦うことではなく、自然に愛されて、そのふところに抱かれることなのです」という言葉を、静かな口調で語った。そこで山本は、「この言葉を、大衆の「こころ」に訴えるべきだ」（『毎日新聞』一九五六年九月一九日夕刊三面）と決心したのだった。具体的には、山本は大偉業の達成を映した登頂シーンの映像もさることながら、現地人とのいざこざを解決するシーンを作品の見どころの一つとして挿入した。映画評論家の飯田心美は、まさしく山本が挿入したこの場面（登山隊が現地の部落民とトラブルになり、すったもんだの末にお金で解決するというシーン）に言及し、「このモメゴトの一部始終をニュース・カメラマン的神経でとらえたあたり普通の探検記録に見られない材料だ。しかも、この間に一万ルピーの紙幣を丹念に数える現地民の動作、またそれを眺める槙有恒隊長の名状しがたい表情までもカメラは取落さない。この一篇がたんなる探検記録に終らぬ人間味横溢の報告になっているのもこうした構成者の神経があるからであろう」（飯田心美 一九五六b：六一～六二）と、きわめて高く評価している。

このモメゴトのシーンを物語に組み込んだのは監督の山本だが、この映像を現地で撮影したのはもちろんカメラマンの依田である。山本は撮影した依田のカメラセンスに言及し、「劇映画のカメラマンだったら、なにか揉めているようだから、このひまにマナスルのきれいなところでも撮ってやれと思っていたかも知れません。ところが、依田さんは、なにかありそうだと勘を働かして、しかも敵がたにまわって、敵にカメラを近接している。これは新聞社で長年鍛えたニュースカメラマン的センスだとおもう」（山本他 一九五六：三八）と語っている。

すなわち、飯田も山本も、依田が劇映画や記録映画のカメラマンではなく報道記者として撮影を続けていたからこそ、この場面を撮影できたというのだ。確かに、大自然の中での記録映画なのだから、カメラマンは人間同士のいざこざよりも、ヒマラヤの雄大な風景を撮りたいという衝動に駆られても不思議ではない。しかしながら、「現地ではすべて私が脚本家であり、監督であり、カメラマンでもあつた」と語った依田は、部落民とのモメゴトを詳細に撮影することを選んだ。この映画においてカメラマンはただ一人、依田のみである。したがって、この時の依田の選択が、山本の映像編集に繋がったと考えてよいだろう。つまり、このシーンの映像を作り出すことに成功したのは、劇映画監督と報道カメラマンの共同作業によるものと言えるのだ。

記録映画における「真正性」と「つまらなさ」の両義性

一方で『マナスルに立つ』を実際に映画館で観た人々は、どのような印象をもったのだろうか。この映画を鑑賞した日本山岳会の松方三郎は、「演出の山本さんは、現地でとったもの以外には一こまも付け加えないという方針をとられたということだが、出来上ったものは無類に美しい記録映画であり、立派に抑揚のある人間的記録である。〔中略〕映画は忠実に遠征隊の足跡を追っている。〔中略〕山にかかつてからの「やま」はいうまでもなく頂上に立つ瞬間だが、そこまで盛り上げて行くのにも、何の作為のあともない。極めてありのままで自然〔中略〕。遠征というものがそのままの姿で、こうした劇的な展開を示して行くものなのだから、作意の必要もないのだ」（『知性』河出書房、一九五六年一一月号、二〇九頁）と述べている。「何の作為のあともない」、「極めてありのままで自然」という言葉が示すように、山本の編集が、依田の撮影した映像を使用して、探検隊の足跡をそのまま描き出している点を評価している。言葉を変えるならば、この作品のなかに、強い「真正性」を見出しているとも言えるだろう。この記録映画に対して、松方の評価と類似したものはきわめて多い。いわば、マナスル登頂という偉業やそれに関わった登山家たちの「ありのまま」を観たいという大衆の欲望が強かったとも言えるだろう。実は、それを象徴していたのが、映画のオープニングに現れる「演出・山本嘉次郎」という表現に対する批判だった。これについて、次のような違和感を持つ意見がしばしばみられる。

大内秀邦（映画評論家）
「劇映画と同じように演出ということばを使っているのはまぎらわしく、むしろ、構成または編集とした方がよかったのではないだろうか?」。（大内 一九五六：六九）

十返肇（文芸評論家）
「不快なのは「演出・山本嘉次郎」という言葉である。記録映画に「演出」はない筈だ。ことにこの映画の長所は、［中略］わざとらしい演出のないことであつて、これは常識として「編集」とすべきであつたろう」。（十返 一九五六：一六七）

高季彦（映画評論家）
「但し、山本嘉次郎「演出」としてあるのは、気に喰わなかつた。当然「編集」とすべきであつたろう。いわゆる演出をおこなつていないことが、この記録映画の長所に他ならないからである」。（『マナスルに立つ』一五頁）

いうまでもなく、マナスル登頂は日本の登山界、あるいは日本という国家にとっての大偉業と考えられていた。登頂を成し遂げたという事実そのものが、この記録映画の価値を担保していると言っても過言ではない。したがって、オーディエンスは記録映画としての「真正性」を重視し、作為的な意味が読み込まれる可能性のある「演出」という言葉を嫌ったのである。オーディエンスの「演出・山本嘉次郎」という表現に対する拒否感は、この映画に読み込まれるべき「真正性」に対する観客の欲望を考えるならば、理解できるものである。一方で既述のように、山本はマナスル登頂という偉業だけに頼らない、すなわち「無味乾燥な記録映画に終らせたくな」いという願望を持っていた。しかも、もともとは劇映画の監督・脚本家なので、劇映画に親和性の高い「演出」という表現を使用したのかもしれないが、その言葉には観客から批判的なまなざしが向けられた。オーディエンスの立場から考えるならば、彼らがどれほど強く『マナスルに立つ』に「真正性」を求めていたかがうかがえる。しかしながら、その一方で作り手が「真正性」を重視したがために生じてしまったような批判もあった。

十返肇（文芸評論家）

この映画をみていると、マナスル登頂には大雪崩が来て隊員一同危く死ぬところであつたというようなスリルとサスペンスは全くない。隊員の一人が急性肺炎におかされて倒れるところが、わずかに生命の危機を物語るぐらいである。勿論隊員はすべて常に生命の危機に直面している。酸素補給器の酸素がギリギリまで使われて息苦しそうに登つてきたり、危険な高峰を登攀してゆくような場面はいくらでもある。ただ、劇的な事件が少いのでなんとなくスラスラと登頂したような印象を与える点があつて、映画として単調な感じを抱かされる。すなわち隊員の苦労が、観客に一種のスリルとしての迫力を持つて迫つてこないのである。それがこの記録映画を単調にしている。

（十返 一九五六：一六八）

実はこの第三次マナスル登山は、比較的天候に恵まれていた。とくに頂上付近では快晴で、烈風や寒気などで苦しむことがなかった。登頂するという意味においては良いコンディションにあり、その状況こそが「ありのままの姿」だった。すなわち、「真正性」を重視して編集した結果として、このような作品に仕上がったのである。しかしながら、十返はこの記録映画に冒険・探検的な興奮を感じることができず、そこに「スリルとサスペンスは全くない」「なんとなくスラスラと登頂したような印象」という不満げな感想を抱いていたのである。これは、製作者が基本的にマナスル登頂の際の「真正性」を重視したがゆえに、逆説的ではあるがオーディエンス（むろん彼らも

「真正性」を強く求めているのだか）に不満が生じたということである。マナスル登頂を実現させるためには、好天候やアクシデントの少なさは、完全にプラスに働くはずである。一方で、だからこそ一部のオーディエンスにとってはスリルのない、つまらない作品に感じられてしまったのだ。ここに見られたのは、「真正性」を製作側が重視すればするほど、逆に冒険・探検としてのスリルがなくなっていくという状況である。その主たる要因は、マナスル登山に求められたものが「スリル」や「迫力」よりも、むしろ「マナスル初登頂」という「記録」であり、それが「日本の誇り」だったということにほかならないのだ。

「ナショナルな欲望」ともう一つの「真正性」

『マナスルに立つ』は当然のことかもしれないが、当時の「日本人の誇り」としての部分を映画でも強調していた。日本山岳会はマナスル登頂を目指して、当時の最高の登山技術・装備をもって挑んでおり、その事実は、『マナスルに立つ』の映画パンフレットの中で、詳しく記述されている。第一に、そこでは当時の「日本の技術者」が持っている能力の高さが示されていた。パンフレットには、「マナスルの頂上に立つた第三次登山隊員のウィンド・ヤッケ（防風用上衣）、ザイル、スラックス、縄梯子、酸素補給器などの七つ道具は、総て日本製品であつた。感激の登頂成功のかげには、科学的な国産装備の優秀性が大きな役割を果した。［中略］すべての装備は、エヴェレストに於けるイギリス隊のものと何ら遜色がなかつた。というよりはより優秀であつた。氷河の危険地帯でも、氷壁の登攀にも、全隊員は全幅の信頼を日本製品にかけた。この装備に対する信頼感が登頂成功の立役者であつたことはいうまでもない」（『マナスルに立つ』一二頁）と書かれている。ここでは装備の七つ道具が「総て日本製品」であり、「科学的な国産装備の優秀性が大きな役割を果した」ことが観客に対して強く提示され、さらにそれらがエヴェレスト登頂の際の装備と比較して「より優秀であつた」と評価されているのだ。すなわち、映画の観客としてはほとんど知ることのできない国産の装備の優秀性が、マナスル登頂成功の大きな要因としてより強調されているのだ。

第二に、パンフレットにはこの映画の登頂シーンに関しても、『エヴェレスト征服』と比較しての情報が与えられている。映画評論家の高季彦は、撮影現場の標高の高さについて、「標高八一二五米の頂上撮影は、依田氏の指導のもとにガルツェンがおこなつたもので、映画が登り得た地上最高の記録である。「エヴェレスト征服」では頂上場面は普通写真が用いられ、サウス・コルの七九三〇米が映画の高所記録であつたが、「マナスル」はついにこれを破つたわけである」（『マナスルに立つ』一五頁）と、パンフレットの中で語っている。言うまでもなく、マナスルはヒマラヤで八番目の巨峰とはいえ、世界最高峰ではない。したがって、マナスル初登頂はエヴェレストに比べれば価値が低いと考えられてしまうだろう。そこであえて注目したのが、撮影現場の標高である。『エヴェレスト征服』は七九三〇メートルまでしか映画撮影できなかったが、『マナスルに立つ』では頂上の八一二五メートルまで撮影に成功した。高はその事実に注目し、『マナスルに立つ』の優位性を語っているのだ。

第三に、先取り的にではあるが、この映画を見た高季彦の感想がパンフレットに掲載されている。高は、「マナスルを登る同胞の姿には、「エヴェレスト」の人々に感じたと同様な敬意と激励の気持のほかに、彼等と一緒に僕自身もマナスルの雪と氷を踏んでいるような苦しみや喜びを身近に味わい、また誇りをも感ずることができたのである」（『マナスルに立つ』一四頁）と、パンフレットの中で熱く語っている。ここでも比較として登場してくるのは、『エヴェレスト征服』である。高は、かつて『エヴェレスト征服』を観て感激したが、その一方で『マナスルに立つ』に関しては、「そこに日本人の姿を見るとなるとやつぱり感銘の受け方はちがつてくる」「彼等と一緒に僕自身もマナスルの雪と氷を踏んでいるような苦しみや喜びを身近に味わい、また誇りをも感ずることができた」という。ありていにいえば『エヴェレスト征服』とは違って、この作品が日本人にとって「ナショナルな欲望」を満たすことのできる映画だというメッセージと言いかえてもよいだろう。

『マナスルに立つ』が公開された一九五六年に発表され、その後も語り継がれた有名な言葉といえば、『経済白書』に掲載された「もはや戦後ではない」である。この言葉が、戦後日本が経済を戦前の状況まで引き上げたことへの達成感だったのか、あるいは戦後の復興需要が終わりを告げたことへの不安だったのか、その解釈はここでは措いておく。いずれにしても、この言葉は日本という国が次のステージへと向かっていくことを示していた。そのような状況の中で映画の製作側とくに配給会社は、マナスル登頂の成功をあくまで「日本人がなし遂げた偉業」として提示しようとしたのだ。一方で、観客であった「日本人」は、映画『マナスルに立つ』に何を読み込んだのだろうか。パンフレットに強調されているように、そこに「日本人」のアイデンティティを見出したのだろうか。随筆家の白洲正子は、映画『マナスルに立つ』を観た感想として、次のように述べている。

「マナスル」映画の試写会に招ばれた。はじめに、主催者側の簡単なあいさつがあったが、その中で、ふつうこの種の映画には、自然と戦うとか、自然を征服するなどという表現が用いられる。が、この「マナスル」に関するかぎり、特に槇隊長の希望で、そういう言葉は全部のぞかれた。ご覧になれば解るでしょうが、という意味のことがのべられた。次に文部大臣の祝辞があった　あらかじめ用意されたものらしく、この方はそれと反対に、人類の文化は自然を征服することによって進歩する。科学者が顕微鏡で細菌と戦うのも、山に挑戦するのと少しも変りはない、うんぬんという極めて勢いのよい演説であった。私にはこの対照が面白かった。実地にあたった人と、遠くから傍観していた人の間には、もうこれだけの違いがある。今西隊員の手で、頂上に日の丸が立ったとき、見物人は熱狂したが、当の御本人はぼんやりした顔つきで、ろくろく感想も語れない。まして「自然を征服した」勝者の表情ではなかったが、おそらくその方がほんものなのである。（白洲　一九五七：八八～八九）

「頂上に日の丸が立ったとき、見物人は熱狂した」とあるように、この映画は一面ではナショナルな欲望によって、当時の日本人に消費されたのかもしれない。しかしながら、白洲はむしろ、文部省関係者の映画に対する熱量と、登頂を果たした今西壽雄隊員の「ぼんやりした顔つき」を比較し、「私にはこの対照が面白かった」と語っている。さらに白洲が「ほんもの」と感じた、すなわち「真正性」を読み取ったのは、日本隊がマナスル初登頂という大偉業を達成したにもかかわらず、「ろくろく感想も語れない」今西隊員の様子だったのである。既述のように、槇隊長は映画を編集した山本に対して、「わたしの山登りは、自然と戦うことではなく、自然に愛されて、そのふところに抱かれることなのです」と語った。自然と戦うのではなく、「自然に愛されて、そのふところに抱かれる」

ような感覚を、白洲は登頂した今西隊員の「ぼんやりした顔つき」から感じとり、そこに「真正性」を見出したのだろう。

3　「学術探検」と映画『カラコルム』

『マナスルに立つ』はヒマラヤ登山をテーマにした作品だったが、次に学術探検である「カラコルム・ヒンズークシ学術探検」（京都大学、一九五五年）と、およびそれを映画化した『カラコルム』（一九五六年）について論じたい。既述のように、この学術探検は植物学や地質学、あるいは人類学などの研究を中心としている。隊は途中で、木原均を隊長とするヒンズークシ隊と、今西錦司が指揮をとるカラコルム隊の二手に分かれて、学術探検を実行した。この隊の動きは、スポンサーである朝日新聞の中でもしばしば速報的に報道され（飯田卓 二〇〇七：二四七）、映画化される前にすでにある種のメディア・イベントになっていた。カメラマンとして、ヒンズークシ隊には中村誠二《なかむらせいじ》（日映新社）、カラコルム隊には林田重男《はやしだしげお》（日映新社）が同行した。映画の編集はドキュメンタリー映画監督の伊勢《いせ》長之助《ちょうのすけ》が担当し、製作は日本映画新社、配給は東宝株式会社である。ちなみにこの作品も『マナスルに立つ』と同様に「文部省特選映画」とされ、一九五六年のキネマ旬報のベストテンでは第三位に食い込んだ。

図1-3　今西錦司『カラコルム——探検の記録』（文藝春秋新社，1956年）

「学術探検」と映像製作者の意図

さて、この「カラコルム・ヒンズークシ学術探検」の目的について、隊長だった木原均（京都大学・理学博士）はどのように考えていたのだろうか。当然のことながら、学術に関する資料収集や分析、あるいは研究報告などがメインであったことは言うまでもない。木原はこの学術探検の意義について、「目的の一つは小麦の祖先の研究、それからカラコルムの方は地質、とくに氷河の造山運動というもの、それに蒙古語を話す蒙古民族の生活状況、そういう調査目的でやったわけです。〔中略〕調査隊の中の人類班は、映画にも出ますとおり、蒙古語を話す蒙古民族を見つけることができました。日本人としてはじめて調査したということで、これは数年の後に研究結果が出ると思いますが、英文でおそらく延べ千五百頁ぐらいになる予定です。これは世界の学界に報告したいと思います」（木原他 一九五六：三七）と述べている。研究の成果は千五百頁程度の英語論文になり、世界の学会で発表するというのだ。もっとも、学術を重視するという方針は、新聞や雑誌など、多様なメディアで強調されていた。たとえば、映画『カラコルム』の劇場パンフレットにも次のような解説がある。

世界の謎を求めて京都大学カラコルム・ヒンズークシ学術探検隊が昭和三十年五月十四日、日本を出発したが、この映画はその時の貴重な記録で、一時間二十分に及ぶその凡ては一つとして不自然な演出はなく、科学的な眼で捉えられている。〔中略〕日本人として初めての氷河探検、ジンギスカンの子孫の発見、その他数々の話題を提供しながら氷河と砂漠の果てに走行三万キロ。この学術調査行によつて得られた成果はやがて世界の謎を解く鍵となるであろう。（『カラコルム』四頁）

こちらは学術的意義に加え、「一つとして不自然な演出はなく」という「真正性」を強調する記述も加えられている。「真正性」の重視は、『マナスルに立つ』とも共通しており、冒険・探検に関する「記録映画」に対して、当時は必然的に求められる要素だったのだろう。この学術探検は、当初から日本映画新社による映画製作が企画されていた。したがって、映像カメラマンとして中村誠二と林田重男の二名が参加したが、探検の途中で隊が二つに分かれたため、実質的にはそれぞれが個々の隊について一人で撮影することになった。さらに木原によると、学術探検であるため、どうしても学者たちの目的・行動・資料収集などが優先された。それゆえに、やはり撮影隊の都合は後回しにされ、カメラマン独自の行動はほとんど許されなかったという（木原他 一九五六：三七）。

探検隊の帰国後、現地で撮影された映像を託され、編集を任されたのは、ドキュメンタリー映画監督の伊勢長之助である。伊勢は、『カラコルム』の映像編集について、どのような考えをもっていたのだろうか。

大体探検隊のコースに従う方針でつないでゆきましたが、探検隊員が余りでてこないように、観客自身が探検隊の眼となるようにしました。そして砂漠と氷河の地帯に観客自身か居ながらにして入つてゆき、そこで珍らしいものを見たり、歴史のあとをふりかえつたり、又喜びや悲しみを感じたりするようにもつていこうとしました。〔中略〕砂漠や氷河地帯の自然の動きを又人々の生活もすべてが単なる好奇の対象でなく、吾々自身の生活それ自体に何等かの大切なつながりをもつている、それが又学術探検隊のテーマでもあり、この映画のテーマともなる様に構成してゆきました。

（『カラコルム』九頁）

「観客自身が探検隊の眼となるようにしました」と記述されているように、あたかも観客が自分自身で探検しているようなイメージで、映像製作を行っていたという。もちろん学術探検であるゆえに、「珍らしいもの」の学問的意義や、映像から見て取れる「歴史」は大切な要素となってくる。だが、観客が探検を「疑似体験」する中で、そこに「喜びや悲しみを感じたりする」ような作品を心掛けていたのである。さらに、「砂漠や氷河地帯の自然の動き」や「人々の生活」を「吾々自身の生活それ自体に何等かの大切なつながりをもつている」ものとして描こうとしたと語る。これは観客と被写体（異文化の風景や異民族の生活）を、決して「観る／観られる」という非対称な関係性で捉えるのではなく、むしろ両者の繋がりを重視しているのだ。一般的に「学術探検」といえば、対象の観察や分析というものが全面展開されるような印象がある。だが、伊勢は決して「学術的視点」と観客と被写体が持つ「大切なつながり」を相反するものとは考えず、独自の方法で編集したのだ。これは、『マナスルに立つ』で槇隊長が語ったような、「自然に愛されて、そのふところに抱かれる」という感覚にも近いものがあるだろう。

木原が語ったように、『カラコルム』の探検は、学術的目的のために実行され、一方で伊勢長之助は、観客が探検をあくまで「疑似体験」できるような構成で編集した。ちなみに木原によると、この探検の資金の出どころは、文部省が四分の一、朝日新聞社が四分の一、残りの半分が日映新社やその他を全て含めたものだったという（木原他 一九五六：三七）。要するに、資金提供のおおよそ半分を占めていたのは、政府と朝日新聞社だった。

「ナショナルな欲望」「真正性」と「探検の疑似体験」の両立

では、スポンサーとなった朝日新聞社や政府、あるいはこの映画の配給会社、そしてなんといっても観客は、この作品にどのような意味づけをしたのだろうか。『カラコルム』を配給した東宝株式会社の機関誌では、「何のわざとらしい演出もなく、自然に描かれていた。この記録映画には、こうした仕事にかかわる、日本人の凡そきまじめな学者気質というものが、実によく表出されている。ディズニーの記録映画の如き「興行性」がほとんどなく、しかも対象にまともにぶつかつたことからの迫力が、全編にあふれているのは、立派なことだ」（『東宝』東宝出版社、一九五六年六月、三九頁）と評されている。「きまじめな学者気質」という表現が使用されているのは、この探検が「学術探検」だったことを反映しているのかもしれない。だが、そこに「日本人の」という国民性を示すような言葉があり、それによって「何のわざとらしい演出もなく、自然に描かれていた」という映像表現がもたらされたと解釈されている。要するに、「日本人の凡そきまじめな学者気質」が映画の「真正性」を生み出したと語られているのだ。さらに、「ディズニーの記録映画の如き「興行性」がほとんどな」いことが、この記録映画の「立派なこと」と評されており、アメリカのディズニー作品に対する優越性を強調している点も見逃せない。

次に、当時の内閣官房長官だった根本龍太郎の映画『カラコルム』を観ての感想をみると、「大変結構な映画でした。一場面一場面　そのまゝ名画です。色彩とい、、編集とい、、日本人の手であれだけのものが出来たことはよろこばしいことです」（『カラコルム』一〇頁）と語られている。官房長官は日本政府の高官であるから当然だが、「日本人の手であれだけのものが出来た」というある種の定型的な賛美である。記録映画の素晴らしさと作り手が「日本人」であることが、ともに強調されているのだ。配給会社の映画評とは違ってこの作品をディズニーと比較してはいないが、そこにあるのはあくまで日本人の手柄だという「ナショナルな欲望」にほかならないだろう。一方で、スポンサーである朝日新聞社は、『カルコルム』を以下のように評している。

ディズニーの自然映画やイタリア探検隊の記録映画がいろいろと我国に紹介されたが、この作品は撮影や色彩、編集においてそれらの映画に勝るとも劣らない。さらにこのフィルムは文字通りの記録であり、不自然な演出やつくりごとはひとつもなく一切の風物が科学的な眼でとらえられている。しかも詩情をたたえた画面は、〝サバクと氷河〟を主題とした風物詩であり、雄大な自然と古い人類の結びつきを描いた散文詩のおもむきがある。機械文明の中で生活する人びとには、この上ないみものだろう。日本人が、このような探検を試み、このようなすぐれた記録映画を撮りあげたことが深い感銘となつて残る映画といえよう。

（『カラコルム』一〇頁）

朝日新聞社はジャーナリズムとして、この作品を多角的な視点から評価している。第一に、「ディズニーの自然映画やイタリア探検隊の記録映画」との比較である。東宝のカラコルム評価と似た視点だが、ディズニー映画だけではなくイタリアの作品と比べても「勝るとも劣らない」というやや控えめな表現で称賛している。一方で、「日本人が、このような探検を試み、このようなすぐれた記録映画を撮りあげたことが深い感銘となつて残る」というのは、内閣官房長官の発言に近い内容だろう。第二に、「不自然な演出やつくりごとはひとつもなく」といった表現で、この記録映画の「真正性」を指摘している。第三に、「科学的な眼」と「散文詩のおもむき」を共存させることに成功させたとしているのだ。評価を総合的にみるならば、「ナショナリズム」「真正性」「学術」「雄大な自然と古い人類の結びつき」という四つの論点がみられ、それらを総合して、この作品を高く評価していると言える。

一方で、他の鑑賞者からは、また別の視点からの評価も見られる。考古学者の江上波夫は、この作品を以下のように評している。

この映画の主人公は、秘境アフガニスタンとカラコルムに小麦の祖先を捜し求め、見失われた蒙古語をたずね、あるいは氷河の神秘を科学的に解くべく、三万キロの旅をつづける京都大学の学術探検隊である。しかもその主人公自身は滅多に姿を現わさないが、その存在はこの映画の全巻を通じて申分なく働く探検隊の眼によつて、観客にはつきりと分るのである。観客自身が直接砂漠と氷河の地帯を探検し、四辺の事物を科学的に見てゆくように、この映画は構成されているからである。〔中略〕ここに映画「カラコルム」がほとんど劇的ともいうべき感銘を観客に与える所以があるように思われる。（江上 一九五六年：二二七）

「科学的に解くべく」という表現からみられるように、学術の視点から評価しているのは朝日新聞などと共通している。一方で、「観客自身が直接砂漠と氷河の地帯を探検」するように「この映画は構成されている」という指摘から分かるように、江上は隊長だった木原の意図だけではなく、編集した伊勢の構成をも敏感に読み取り、称賛していたのだ。当時、江上は東京大学東洋文化研究所教授（後に名誉教授）であり、一九九一年には文化勲章を受賞した人物である。戦前には内モンゴルを中心としたフィールドワークも行っていた。その江上が、『カラコルム』を鑑賞し、「ほとんど劇的ともいうべき感銘を観客に与える所以がある」とした点は、科学的な視点もさることながら、この作品が「観客自身が直接砂漠と氷河の地帯を探検」するような、探検の「疑似体験」ともいうべき特徴を備えていることだったのである。

「教養」としての学術探検映画

このように、映画『カラコルム』は学術探検の映像をベースとして製作され、伊勢の構成も功を奏して大成功を収めた。では、学術の側からみて、学術探検を映画化することにどのような価値を見出していたのだろうか。前述の江上波夫の言葉を借りるならば、「ほとんど劇的ともいうべき感銘を観客に与える」ような意義があったということになるだろう。さらに考古学者である江上が「学術的意義」のみならず、「冒険の疑似体験」のようなものを指摘しているのは興味深い。一方で、冒頭で紹介した梅棹忠夫は、学術探検の記録映画の意義について、第一に「探検隊の行動と意義を社会に対して理解してもらうこと」、第二に「みやげ話としての現地報告」という見解を述べた。だが、梅棹自身は映画『カラコルム』そのものを「学術的に」価値のあるものとしてみているわけではない。

映画『カラコルム』は〔中略〕京大の学術探検隊の活動状況を記録した映画である。しかし、この点はたいせつなことだが、あれは学術映画ではない。学術映画としてみるならば、きわめて不十分なものである。わたしたちは学術映画ができるという期待は全然もっていなかった。あれは、はじめから一般むきとして映画館で上映されることを予想してつくられたものである。（梅棹 一九九二：五二四）

少なくとも、梅棹の考えでは『カラコルム』は「記録映画」ではあるが、「学術映画」ではなかった。すなわち、梅棹の認識では、基本的に「学術探検」（学問）と一般社会があり、その両者を繋ぐ意味で「記録映画」が存在しているのだ。言葉を変えるならば、「記録映画」は学術探検にとっての広報、あるいは学術探検の意義を社会に認識させるための媒体でしかなかったのだ。その一方で、記録映画そのものを新たな「学問」の表現形態として捉え直すような視点もあった。作家の大佛次郎は、映画『カラコルム』の意義について次のように述べている。

今日、学術的な踏査や探検に対して映画がどれだけ大きい役割を持つやうに成つたのかを、「カラコルム」が証明してゐる。この映画は、それ自身大きな報告書と成つた。中村、林田両君の功績は、もつと高く世間から認められてよい。学問が書籍の中に封じ込まれてゐた時代は過ぎた。新らしい方法が生れて来たのである。（大佛 一九五六年：一三九）

学問の成果をアウトプットするメディアとしては、当時は（現在もそうだが）論文や報告書、あるいは書籍などの出版メディアが主流だった。だが大佛は、「学問が書籍の中に封じ込まれてゐた時代は過ぎた」とし、映像メディア、とくに記録映画に学問を表現する新たなメディアとしての可能性を見出した。そして、実際に映像を撮影したカメラマンたちを高く評価し、「中村、林田両君の功績は、もつと高く世間から認められてよい」と語っているのだ。もちろん、海外ではすでに戦前から人類学で映像（あるいは写真）を活用する「エスノグラフィー映画」などが存在していたが、それは当時の日本ではかなり新しい発想である。日本では一九七〇年代に、牛山純一などのテレビマンが「映像人類学」という言葉を使用している。牛山の業績が学問と呼べるものかどうかは見解の分かれるところだが、その後は多くの人類学者も学術を表現するメディアとして映像を使用している。一九八〇年代以降であれば、国立民族博物館に収集されている映像アーカイブなどが挙げられるだろう。いずれにしても、大佛の「学問が書籍の中に封じ込まれてゐた時代は過ぎた」という指摘は、当時の日本ではかなり新しい発想だったと言える。

映画『カラコルム』に対する梅棹の認識と大佛の見解は、一見対立しているようにも見える。だが、学術探検を撮影した映画が「学問」と呼べるかどうかはさておき、それがある種の「教養」としてオーディエンスに消費されていたことに疑う余地はない。このような「教養としての探検記録映画」という側面は、おそらく『マナスルに立つ』にはきわめて薄かったと考えられる。したがって、戦前のある時代、とくに白瀬の南極探検の頃に流布した「学術探検にこそ真正性が宿っている」という価値観は、戦後にもまだ残存していたとも言えるのだ。

4　『マナスルに立つ』と『カラコルム』から見える一九五〇年代

この二つの映画は、いずれも一九五六年に公開された作品である。ヒマラヤ高峰の登頂を目指す登山と「海外学術探検」にはもちろん相違点もあるが、逆に共通点も数多くみられる。それは、記録映画に託された「ナショナルな欲望」や「真正性」だけではない。一方では、冒険・探検を描いた記録映画を観る観客の反応に、当時の日本社会の置かれていた状況が見え隠れしていたのだ。

『マナスルに立つ』と「五五年体制」への抗い

言うまでもないが、日本の戦後政治においていわゆる「五五年体制」が成立した翌年に、これらの映画は公開されている。一九五五年一〇月、左右の社会党が再統一されて日本社会党となった。彼らは、保守政権による改憲論やいわゆる「逆コース」に対抗し、「護憲と反安保」を掲げ保守政党にとって大きな脅威となっていた。対する鳩山一郎が率いる日本民主党は、一九五五年二月の総選挙で得票数を大幅に伸ばしたが、単独過半数を獲得するまでには至っていなかった。したがって、日本社会党に対抗する形で、同年一一月に日本民主党と自由党が「保守合同」し、自由民主党が誕生したのだ。自由民主党は改憲・保守・安保護持を主軸とした政策を掲げていた。その中心的な人物が、初代自民党総裁でかつ当時の内閣総理大臣・鳩山一郎だったのである。

映画『マナスルに立つ』に対する観客の反応にも、当時の時代的・政治的空気が反映されていた。というのも、この映画はたんなる記録映画ではなく、外務大臣、文部大臣、厚生大臣の「推薦映画」であり、「文部省特選映画」にも指定されていた（『朝日新聞』一九五六年九月二四日夕刊六面）。さらに、この作品は日本で初めての「内閣総理大臣推薦映画」とされていたのだ。言わずもがなであるが、当時の総理大臣は自由民主党の鳩山である。鳩山は一九五六年の「日ソ共同宣言」でソ連との国交回復には成功したものの、懸案のソ連との領土問題を解決することはできなかった。それもあってか、『マナスルに立つ』の感想には次のようなものもある。

十返肇（文芸評論家）
冒頭いきなり「特別推薦・総理大臣鳩山一郎」という字幕が出る。まだ題名もうつらない最初である。この字幕をみたとき、私が観賞していた日比谷映画劇場の観客は、いつせいに失笑した。その観客の失笑は、近来とみに私たち国民の信頼を失つているこの人物にたいする大衆の率直な感情を表現したものであるが、一体この映画の製作者たちは、なんだつて、こんな字幕を、さも有り難そうに冒頭にかかげたりしたのであろうか。「鳩山一郎推薦」ということがこの映画の価値を権威づけるとでも考えたのであろうか。［中略］一体、鳩山一郎とマナスル登頂となんの関係があるというのだ？
推薦者の名前をデカデカと扱う心理は民度の低さを如実に示すものとして情けないかぎりだ。
（十返 一九五六年：一六七）
（『カリキュラム』誠文堂新光社、一九五六年一一月、五五頁）

一部の観客は、「マナスル登頂」となんら関係のない鳩山の名前を上映開始直後にデカデカと出すことに対して、痛烈な批判を浴びせている。さらに、それを「民度の低さを如実に示すもの」としてバッサリと切り捨てる見解すら見られる。このように、冒険・探検の成功とはまた違った角度からの批判、すなわち「マナスル登頂」を鳩山が政治的に利用しようとしているかのような行為に対して、強く反発するようなオーディエンスも存在していたのだ。

『カラコルム』と反戦・平和

さらに、『カラコルム』のような海外の大自然を描いた探検映画に、反戦や平和、あるいは軍縮への思いなどを読み込むような語りも、この時代には多々見られる。たとえば、『カラコルム』を観て画家・向井潤吉は、「日本人として是非見なければならない映画である。こういう忘れられた土地が美しく私達の胸に迫るという事実は直ちに戦争否定の大きいテーマにつながつている」（『カラコルム』一〇頁）と語り、作家・海音寺潮五郎は、「はじめから終りまで、大へん面白い。探検隊の人々の苦労が偲ばれた。それにつけても、この費用はどこから出たのだろう。恐らく国家は出しても雀の涙ほどのものしか出さなかつたものと思う。最近の防衛庁の国費らん費と思いあわせてハラが立つ」（『カラコルム』一〇頁）と、映画の印象を述べている。

まず、向井の発言であるが、映画を観て「忘れられた土地が美しく私達の胸に迫る」ことが、「直ちに戦争否定の大きいテーマにつながつている」という感覚は、戦後七〇年以上を経た時代に生きる日本人からは、なかなか想像できないかもしれない。だが一九五六年は、まだ当時の日本人、とくに大人たちはみな戦争体験者であり、彼らのほとんどが戦争の記憶を鮮明に残していた。したがって、当時の政権与党が掲げていた「逆コース」に対して、強烈な違和感があったことは容易に想像できる。そのような感覚の中で、「忘れられた土地が美しく私達の胸に迫る」という平和を象徴するような描写が、すぐさま当時の日本の政治状況に照らしあわされ、「戦争否定」という平和志向に結合することは、社会状況からみてそれほど不自然ではなかったと言える。次に海音寺の感想だが、実際に政府はこの学術探検にかかった費用の四分の一程度を負担しているので、国の支援額が雀の涙ほどだったというわけではない。だが、当時の政府が防衛費を拡大していたことは、間違いない事実である。一九五四年に保安庁が「防衛庁」となり、同年に陸上自衛隊・海上自衛隊・航空自衛隊などが次々と整備されていったからである。したがって、映画の鑑賞者の中にも「軍拡にお金をつぎ込む日本政府」というイメージが出来上がっていたと考えられる。

一方で、当時の映画界をみても、一九五〇年代は『ひめゆりの塔』（一九五三年）や『二十四の瞳』（一九五四年）などの反戦映画が製作・上映され、大ヒットしていた時代である。これらの映画はとくに戦争の被害者としての「日本人」を描き出し、「逆コース」に対する拒否感を大衆レベルで広げていた。ちなみに、保守系であるはずの読売新聞にも、匿名ではあるが『カルコルム』を観て次のような感想が寄せられている。

われらに身近いアジアを扱っているので、深い感銘を与えてくれる。この感銘は人によってそれぞれ異なるだろう。あるいはわれらの住む地球というものの不思議さや、ここに生きている人類なるものへの限りない愛着を感じる人もあるだろう。なぜ原子兵器などをつくって人間が殺し合わなければならぬのか、そんなことに金をだすよりも、まだいくらも残されている地球上の未踏の地に、探検隊がいって記録映画でもつくったほうが、どんなに文化に役立つかわからない。〔中略〕映画「カラコルム」の代りに、潜行何千里の冒険や、再軍備礼賛、天皇制万歳から原水爆実験万歳の映画をつくってゆくかもしれぬ。そして言論の自由を奪われ、偏向教育をしいられた国民が、自失してこの種の映画に拍手を送らせられるかもしれない。

（『読売新聞』一九五六年五月二六日夕刊一面）

この感想は「ここに生きている人類なるものへの限りない愛着」から始まり、それが「なぜ原子兵器などをつくって人間が殺し合わなければならぬのか」といった核兵器批判へと繋がり、最終的には「再軍備礼賛、天皇制万歳から原水爆実験万歳の映画をつくってゆくかもしれぬ」という逆コースへの警戒心にまで至っている。原水爆への批判に関しては、背景として一九五四年の「第五福竜丸事件」が挙げられる。一九五四年三月、日本の遠洋マグロ漁船・第五福竜丸は、マーシャル諸島ビキニ環礁でアメリカが行った水爆実験によって被爆した。実験により生じた放射性降下物、いわゆる「死の灰」が第五福竜丸に降りそそぎ、乗組員二三名が全員被爆してしまったのだ。

探検記録映画を鑑賞することによって、当時の観客の多くは自然の雄大さや大切さを実感し、「忘れられた土地が美しく私達の胸に迫る」という感覚を得ることができたのだろう。一方で、『カラコルム』が表象するような世界は、その真逆にあるような現実、すなわち日本で起こっている「再軍備」や、世界で行われている「原水爆実験」のような事実を、改めて人々に想起させるものでもあったのだ。したがって、「逆コース」や核兵器に対する人々の批判が、「探検記録映画」を鑑賞したオーディエンスの感想にすら如実に現れていたのである。

戦前の探検記録映画との「断絶」と「連続性」

最後に、一九五〇年代に製作された「探検」をテーマにした記録映画が、戦前のものといかなる点で断絶しており、一方では連続しているのかを論じたい。映画評論家の飯田心美は、一九五五年頃から日本で製作される記録映画が増加し質的にも向上している点に触れたうえで、映画『カラコルム』に言及している。既述のように、『カラコルム』は海外の異文化や秘境を「学術的な視点」と「散文詩のおもむき」を交えながら、日本に伝える作品だった。もっとも、日本のカメラマンが海外で異国や辺境の素材にレンズを向けることは、戦前にもしばしばみられた。たとえば『海の生命線』（一九三三年）、『北進日本』（一九三四年）、『南十字星は招く』（一九三七年）などが代表的である。これらの作品は、海外の風土や民族を当時の日本の内地の人々に伝えるものだった。しかしながら、飯田はそれらの作品と『カラコルム』の間に明らかな「断絶」を見出す（白黒映像とカラー映像の違いは言わずもがなであるが）。それは、『カラコルム』が、「戦時中作品のような国策や軍国的臭味をすこしも持たず、あくまで純粋記録的な学術探検の精神でつらぬかれていること」（飯田心美 一九五六a：六一）であるという。

確かに、作品の内容に関していえば、飯田の指摘は的を射たものだろう。軍国主義的な感覚は、少なくとも『カラコルム』からはまったく見出すことはできない。一方で「マナスル登山」にも「カラコルム・ヒンズークシ学術探検」にも、戦前から活躍する多くの人類学者が関わっていた。今西錦司、川喜田二郎、梅棹忠夫など、戦後の海外エクスペディションに携わった人物は、戦前にすでに海外や旧植民地でのエクスペディションに参加し、その技術を身に付けていた。カメラマンに目を向けても、たとえば『カラコルム』を撮影した林田重男は、戦前からボルネオや台湾での記録映画製作に関わり、原住民族の撮影をすでに経験していた（野田 一九八四：一二八）。敗戦によって、植民地や領土あるいはそういった場所にあった研究拠点の多くは失われていたが、エクスペディションに必要な知識や技法は研究者たちによって戦前から受け継がれていたのだ。したがって、戦後の海外学術探検に利用されたのは、戦前の「大日本帝国」が築いていた知的財産の一部だったとも言えるのだ。

飯田のように、映画『カラコルム』に軍国主義との断絶を見出すことは可能であるし、それを鑑賞することによって一部のオーディエンスに「平和への希求」が生じたことも事実だろう。一方で、戦後の海外での登山や学術探検の実践、およびその映画化を可能にしたのは、戦前に日本の学者やカメラマンが内地の外で培った技法や「知的財産」だったのだ。その点を考慮に入れるならば、戦後の海外エクスペディションには、戦前からのある種の連続性が明らかに残されていたのである。

参考文献

飯田心美（一九五六ａ）「カラコルム」『映画評論』映画出版社、一九五六年五月。

飯田心美（一九五六ｂ）「標高八一二五　マナスルに立つ」『キネマ旬報』一九五六年一一月上旬号。

飯田卓（二〇〇七）「昭和三〇年代の海外学術エクスペディション――「日本の人類学」の戦後とマスメディア」『国立民族学博物館研究報告』三一（二）。

梅棹忠夫（一九九二）『梅棹忠夫著作集　第11巻　知の技術』中央公論社。

江上波夫（一九五六）「「カラコルム」京大学術探検隊の記録」『藝術新潮』新潮社、一九五六年六月。

大内秀邦（一九五六）「マナスルに立つ――依田キャメラマンの功績」『映画芸術』映画芸術社、一九五六年一二月号。

大佛次郎（一九五六）「記録映画「カラコルム」」『世界』一九五六年七月。

木原均他（一九五六）「「カラコルム」遂に完成　木原隊長以下関係者による報告座談会」『キネマ旬報』一九五六年五月上旬号。

坂野徹（二〇〇五）『帝国日本と人類学者　一八八四―一九五二年』勁草書房。

十返肇（一九五六）「頂上をきわめた感激はなみだぐましい『マナスルに立つ』」『中央公論』一九五六年一一月。

白洲正子（一九五七）『韋駄天夫人』ダヴィッド社。

野田真吉（一九八四）『日本ドキュメンタリー映画全史』社会思想社。

山本嘉次郎他（一九五六）「「マナスルに立つ」製作者座談会」『キネマ旬報』一九五六年一〇月下旬号。

『カラコルム』（劇場映画パンフレット）東宝株式会社、一九五六年。

『マナスルに立つ』（劇場映画パンフレット）一九五六年。

第2章　海外渡航解禁前（一九六四年以前）の「青年」冒険家たち
――小田実と堀江謙一――

1　海外渡航解禁前（一九六四年以前）の冒険・探検

到着以来、この青年はすっかり英雄あつかいにされている。［中略］堀江君よ、早く帰国したまえ。君自身のために。まだ思出が甘美なうちに去りたまえ。君のやってのけた航海は、十分、一冊の本になる値打ちのあるものだ。だが、決してその上に君の将来を築き上げるようなものではない。［中略］みんなが君の話にあきたのだ。脚光を浴びた人物の歩む道はみんなそんなものだ。だから帰りたまえ、若者よ。（江藤 一九六二：二七）

これは一九六二年、著名な文芸評論家である江藤淳が、冒険家の堀江謙一《ほりえけんいち》を批評した文章である。ちなみに江藤は、堀江が太平洋横断に成功し、堀江がサンフランシスコ滞在中に彼と対談し、それを受けてこの文章を書いている。当時の江藤は、同年に新潮社文学賞（一九六二年）を受賞するなど新進気鋭の文学者として活躍していたが、堀江謙一に対してはかなり厳しい言葉を浴びせている。

周知のように、堀江は一九六二年、ヨットで単独の無寄港太平洋横断（兵庫県西宮市からアメリカ・サンフランシスコまで）に初めて成功し、世間をにぎわせた人物である。この翌年には「菊池寛賞」（一九六三年）を受賞し、その後も実に半世紀以上にわたって数々の海洋冒険を成功させた。二〇一一年には内閣総理大臣賞を受賞し、さらに、二〇二二年にはまたしても単独無寄港太平洋横断（アメリカカリフォルニア州にあるゴールデン・ゲート・ブリッジから、和歌山県の日ノ御埼まで）を成功させ、世界最高齢での記録（八三歳）を樹立した。したがって、二〇二〇年代から振り返るならば、結果的に江藤の堀江評価は的を射ていなかったともいえよう。なぜならば、堀江の一九六二年の航海は「決してその上に君の将来を築き上げるようなものではない」という江藤の指摘を見事に裏切り、堀江はまさにその航海の上に冒険家としての将来を築き上げたからだ。

　しかしながら、ここで重要なのは江藤の予想が外れていたという事実ではない。堀江を含め、多くの冒険家・探検家と呼ばれる人々は、あるときは高く評価され、またあるときは痛烈な批判を浴びることもあった。たとえば、植村直己などが典型的な事例だろう（詳しくは第4章を参照）。堀江についても決して例外ではなく、当時は堀江の冒険を称賛する人々がいる一方で、江藤も含め堀江を批判する言説も散見された。冒険に対する多様な角度からの論点や価値観が入り乱れ、さらにそれらが変化していく中で、現在の堀江に対する評価が形成されたのである。

　では、なぜそれほどまでに、一九六〇年代の堀江に対する評価は錯綜していたのだろうか。本章では、一九六〇年代に堀江の航海が語られた際の言説（ジャーナリズム、文化人、一般人など）に注目し、どのような「称賛」あるいは「批判」の論拠が登場したのか分析する。さらに、堀江とほぼ同時代に世界を放浪し、有名な冒険家となった小《お》田《だ》実《まこと》に対する当時の評価も、参照点として検討したい。そのうえで、堀江の太平洋横断に対して多様な言説が生じた要因を、六〇年代前半の日本社会、大衆の意識、および当時のメディア状況などから明らかにする。

2　一九六〇年前後の冒険ブームと小田実

小田実の登場と『何でも見てやろう』

　そもそも、一九六〇年前後の日本は、まだ海外渡航が自由化される以前の時代（海外渡航が原則的に解禁されたのは一九六四年）だった。だが、少しずつではあるが若者たちの冒険記が現れ、出版界でも存在感を示しつつあった。代表的なものとして、北杜夫の『どくとるマンボウ航海記』（中央公論社、一九六〇年）、小澤征爾の『ボクの音楽武者修行』（音楽之友社、一九六二年）などが挙げられるだろう。その中でも、最も社会的インパクトを与えたのが、小田実の『何でも見てやろう』（河出書房新社、一九六一年。後に一九六五年にあかね書房、一九七三年に角川文庫、一九七七年にちくま少年文庫より再版される。その後も他の出版社から再版を重ねる）だった。山口誠は、一九六〇年代前半に次々と発刊された若者の冒険物語について、次のように指摘している。

大ベストセラーとなった小田の『何でも見てやろう』をはじめ、彼らが一九六〇年代に著した物語には、それ以前のエリート視察記とは決定的に異なる、独特な色調があった。それは、海外で見聞きした文物を描くことよりも、旅立つ動機や出国までの手続き、そして現地での奮闘を中心的に書くことで、冒険記として自らの体験を語ったことにある。そうした六〇年代の冒険記には、上述した五〇年代の探険記とのあいだにも質的な違いが観察できる。五〇年代の探検記は、政府や大学や新聞社などによる組織的支援を受け、探検隊や登山隊を編成した団体渡航の成果であるのに対し、六〇年代の冒険記は自らの個人的動機から渡航を試み、ひとりで海外を旅する若者のモノローグだった。（山口 二〇一〇：五二）

山口が指摘するように、小田を中心とした一九六〇年頃の冒険記に特徴的なのは、「個人的動機」（あるいはそれを提示すること）、および「ひとりで海外を旅する」という点である。それらの冒険は、一九五〇年代に行われていた学術探検やマナスル登山などと比較して、冒険を行うそもそもの目的や、その組織体制などが明らかに違っていたのだ。そして、一九六〇年代前半を代表する若者の冒険家が、小田実と堀江謙一だったのだ。しかしながら、当時の小田と堀江に関する言説を比較すると、その冒険に対する評価や、出版された著書に対する賛否のポイントが大きく違っている。では、まずは小田実への社会からの評価を振り返ってみよう。

図２－１　小田実『何でも見てやろう』（河出書房新社，1961年）内表紙

小田実は大阪市の出身（一九三二年生まれ）で、東京大学へ進学・卒業したいわゆる学歴エリートである。その点は、同じく関西の出身だが、高校卒業後に大学へ進学しなかった堀江謙一とは対象的である。小田は、一九五八年にアメリカのフルブライト基金を利用してアメリカに渡り、その流れで世界を股にかけた冒険を行った。その海外体験を書籍にした『何でも見てやろう』は爆発的にヒットし、小田の名を一躍有名にした。多くの若者たちが彼の著書を手にし、彼の冒険はその後のバックパッカーブームの先駆けとなった。小田の著書を「海外冒険記」あるいは「旅行記」として、海外体験を描いた読み物として純粋に評価することも可能だろう。

「虫瞰図」という視点

一方で、小田本人は自身の著書の意義について、著書発刊後、朝日新聞でのインタビューで次のように述べている。

――この本で、いちばん書きたかったことは？

小田：「日本のインテリが持っている、西欧に対するへんてこな劣等感と、アジア・アラブに対するへんてこなあこがれを、ふっとばしたかった。ギリシャで、『タイム』の表紙に岸信介の顔がのっているのを見たときは、やはりなつかしかった。が、帰ってみると岸信介にはむかむか腹が立つ。この、なつかしい気持ちと、むかむかする気持ちの、どっちも大切だと思うんです。自民党のおっさんたちとはちがった私なりの愛国心は大事にしたいですね」

（『朝日新聞』一九六一年三月二四日朝刊七面）

小田が仮想敵としていたのは、へんてこな考えを持つ「日本のインテリ」と、保守与党である「自民党のおっさんたち」の両方だった。いわゆる、左派と呼ばれた前者、および右派と呼ばれた後者とも距離をとり、「私なりの愛国心を大切にしていきたい」と考えていたのだ。では、両者と距離をとるうえで、小田が海外を体験する際の気構えとはどのようなものだったのだろうか。小田は『何でも見てやろう』の冒頭で、「ひとつ、アメリカへ行ってやろう、と私は思った。三年前の秋のことである。理由はしごく簡単であった。私はアメリカを見たくなったのである。要するに、ただそれだけのことであった。それ以外に言いようがない」（小田 一九六一：六）、と述べている。

この書き出し部分だけを素直に読めば、小田は純粋にアメリカという国の社会や文化を体験したい気分に駆られた青年と解釈できるかもしれないが、それ以降を読み進めれば、小田が抱いていたもう一つの目的が明らかになる。

大上段にふりかぶって言えば、もっとも高度に発達した資本主義国、われわれの存亡がじかにそこに結びついている世界の二大強国の一つ、よかれあしかれ、われわれの文明が到達した、もしくは行きづまったその極限のかたち、いったいその世界がガタピシいっているとしたら、どの程度にガタピシなのか、確固としているなら、どのくらいにお家安泰なのであるか、それを一度しかとこの眼でたしかめてみたかった、とまあそんなふうに言えるであろう。（小田 一九六一：六）

おそらく、『何でも見てやろう』の内容全体から判断するに、アメリカへの二つの相反するように見える気持ちは、ともに小田の本音であったと解釈できる。実際に当時の読者も、小田の著書に、二つの相反する印象を抱いていた。代表的なものとして、『出版ニュース』の書評を取り上げてみよう。

旺盛な好奇心と探求心がじかに読者の胸につたわってくる。〔中略〕コジキに近い貧乏旅行だったらしいことは確かである。この旅行記のとりえはそこにある。こっちが貧乏なら、当然、向うの貧乏人と触れる。庶民の体臭のようなものが、この本にはムンムン立ち込めている。そこがおもしろい。だが、この著者は浮浪ずれのした浮浪者ではない。底辺にあって、ものを考えようとする。その中心となるものは、西洋と東洋だ。前提として、西洋の文化とは何ぞやの問題がある。（『出版ニュース』一九六一年四月中旬号、一二～一三頁）

書評では、『何でも見てやろう』には、「庶民の体臭のようなものが、ムンムン立ち込めている」という、個人の貧乏旅行という側面が強調され、その部分がたいへん「おもしろい」とされている。一方で、「前提として、西洋の文化とは何ぞや」というメタレベルの問題が設定されており、その点も高く評価されているのだ。

では、この二つの論点を、小田自身の言葉によって、より理論化してみよう。小田は、「自民党のおっさんたちとはちがった私なりの愛国心は大事にしたい」と語っていたが、ここでは後の一九六八年に行った石原慎太郎との対談、「日本について語ろう」に注目したい。一九六八年、小田はすでにべ平連の運動に参加していたが、『何でも見てやろう』から社会を分析する際の方法論は一貫しており、この対談ではそれが理論化されている。周知のように、対談相手の石原慎太郎も「自称・愛国者」ではあるが、小田とは決して政治信条の相容れない人物であり、当時は小田が敵視する「自民党のおっさんたち」の一員（自民党所属の参議院議員）だった。その石原が日本社会を論じる際の視点に疑問をもったうえで、小田は次のように語っている。

「飛行機で北海道から鹿児島まで一日で飛んでみたことが二度あるんだ。そうすると何となく日本を大観して見れる、といった気持になるわけだ。バーズ・アイ・ビューというのか鳥瞰図を得たかのような感じがする。勢い日本の改造計画、日本の将来といったようなことを考えがちになる。これには利点もあるけれども、しかし一方に見忘れていくものがあるんだ。なるほど煙突や工場、企業はよく見えるが、それを動かしている人間、労働者に視線がどうもいかない。鳥瞰図も必要だが、地上を虫のように這いずりまわって生きている人間を捉えるには、いわば虫瞰図とでもいったようなものも必要だろう。鳥の視点も必要だが、虫の視点も重要だと思うんだ。石原氏の言動を見ていて非常に不満に思うのは、なるほど鳥瞰図的な構想は出すけれども、虫瞰図の方が全く欠けている。一人一人をとってみれば虫のような人間の組合せから成り立っているはずの政治を、鳥の視野からしか見ていないような気がする。石原氏ももとはといえば文学をやっていたんだから、もう少し人間の、虫の視点を考えていかなければいけないんじゃないか、と思うわけなんだ」。

（「日本について語ろう　石原慎太郎　小田実」『文藝春秋』一九六八年一二月号、九六〜九七頁）

これは石原の政治姿勢への批判であるが、政権与党の政治家を前にして、『何でも見てやろう』から一貫して続いている小田の社会分析の方法が明確に現れている。あくまで「鳥瞰図」のような俯瞰的な視点が必要だとしたうえで、個々の構成員の目から社会をみるという「虫瞰図」の視点が重要だと語っているのだ。『何でも見てやろう』は、アメリカ、メキシコ、中近東、インドなどを、自らの身体をもって歩き、体験し、感じ、そして考える物語である。「身体」「移動」「体験」「触れること」「感じること」「思考」といった一連のプロセスが、まさしく小田の言う「虫瞰図」を描くことである。そして、それを踏まえたうえで社会を考える、すなわち「鳥瞰図」を描くわけだ。「もとはといえば文学をやっていた」はずの、言いかえるならば、大衆の感性や指向に敏感でなければならないはずの石原慎太郎に、「虫瞰図」の視点が決定的に欠けていると、小田は批判しているのだ。

「教養としての冒険」とインテリ左派からの評価

さらに小田は、彼独特の「冒険者イメージ」をもっていた。小田によると、世間には「冒険の神話」というものがあるという。具体的には、巷に溢れる冒険者イメージには、「ぶくぶくみにくく肥ったりしてはいない」「眼が澄んでいる」「みにくい俗世間のゴタゴタなど見ない」『竹を割ったような性格の持ち主」などがあるという（小田編 一九六七：二九七〜二九八）。確かに小田が指摘するように、少なくともメディアに表象される冒険者は、「体力がある」「純粋無垢」「ロマンティスト」「努力家」といったようなイメージに満ち溢れているかもしれない。小田は、大衆が抱くそのような「冒険者像」に疑問を抱き、次のように語っている。

ともすれば〈冒険〉を「知性」と切り離して考えようとする態度も、人々の心のなかにあるにちがいない。つまり、冒険をただもう肉体的な行為としてのみとらえて、〈冒険者〉をプロレスの選手のごとく眺める。〔中略〕訪れてきた編集者がいった。「やっぱり、あなたは大きな体をしてますな。それぐらいボリュームがなくちゃあね」。べつの一人が訊ねた。「目方はどれくらいあるんです？」。私は、私の目方など、一冊の書物という知的労作とはなんの関係もないといった。「だって、あなたは冒険者でしょう」。彼は不服げだった。〔中略〕私はうるさいので、私の大学での専攻だった古代ギリシャ文学の話をした。彼はますますたまげたようだった。そして、それからバカにしたようにいった。「なんだ、あなたもインテリなんですね。インテリなのに、冒険するんですな?」。私はいった。「インテリだから、するんだよ」。知性の裏づけのない〈冒険〉は「無暴」〔原文ママ：筆者挿入〕にすぎないだろう。この単純な事実が、どうやら、世の中の人にはよく判っていないような気がしてならない。〔中略〕知識はたんに当面の〈冒険〉に必要な直接的なものばかりではない。「教養」ということばを使ってさしつかえなければ、〈冒険者〉がこれまでの人生で本と実生活の双方から獲得してきた、あらゆる領域での知識がそこにあるだろう。

（小田編　一九六七：三〇一～三〇二）

小田は、「インテリなのに、冒険する」という疑問に対して、「インテリだから、冒険する」という言葉で返す。なぜならば、冒険に必要なのは知性であり、さらにいえば「教養」にほかならないと考えているからだ。ここでいう「教養」とは、小田の言葉を借りるならば、「人生で本と実生活の双方から獲得してきた、あらゆる領域での知識」である。小田の言うように、冒険を主に「肉体的行為」として捉える傾向は、大衆の中に主流なものとして存在しているのかもしれない。それは、冒険という行為が少なくとも「身体」あるいは「移動」という要素を抜きにしては考えられないからだろう。一方で、冒険で必要な「教養」がないがしろにされていることを、小田は嘆いているのだ。

では、大衆ではなくいわゆる「日本のインテリ」（主に左派）は、小田の冒険をどのように受け止めていたのだろうか。『何でも見てやろう』についていえば、以下のような評価がある。

桑原武夫（京都大学教授）

「体内に「西洋」をもつ戦後世代はスマートな欧米にはびくつかぬが、アジアのどろんこの現実の中に新鮮な衝撃をうける。日本の未来の進路を暗示するところは面白い。主体的な世界現代思想講座だ」。

吉田秀和（音楽評論家）

「これは「世界における日本」を象徴する旅行記だ。米国は百億の金を費して世界中から嫌われ、（敏感で楽天的な）日本の青年は、ろくに元手もかけないで大陸から大陸へと、痛快で有効な冒険をつづける」。

堀田善衛（小説家）

「世界最悪の都市カルカッタの舗道で寝た小田君は、そのとき若い日本人としては最も高貴な乞食であった。垢だらけの彼が世界の底辺から身に食い込んだ垢として持ち帰った結論は、将来の日本のための、その希望のための、最も重要な諸条件となろう」。

（以上、小田 一九六一 裏表紙）

桑原武夫、吉田秀和、堀田善衛など、いわゆる岩波知識人や社会運動家たちは、小田の冒険あるいは著書をそろって高く評価した。評者たちにとって小田の海外体験は、どちらかといえば、「主体的な世界現代思想講座」あるいは「将来の日本」に役立つもの、言いかえるならば、社会における広い意味での「教養」と考えられていた感が強い。すなわち、社会（アメリカ、アジア、日本、人種問題、貧困問題、イデオロギーなど）を問い、主体的な思考を養い、若者（読者）たちが「教養」を身につけるきっかけとして絶好の著書とされていたのである。しかもその「教養」は、「アジアのどろんこの現実」「最も高貴な乞食」などの表現が物語っているように、小田自身が歩きまわって得られた体験によってもたらされたと考えられている。すなわち、小田の思想が「虫瞰図」から生みだされているという指摘が、当時の知識人からもすでにされていたのだ。

重要な事実であるが、小田の著書である『何でも見てやろう』は、決してテレビドラマ化、映画化されることがなかった。もちろん、映像化するにはアメリカやメキシコ、ヨーロッパ、中東、インドなどで膨大なロケが必要である。したがって、映像化は、少なくとも当時の映画界の予算では不可能だったのだろう。しかし、書物としてのみ流通したという点で、スリル溢れる旅・冒険記という面をもちながらも、それ以上に「教養」、さらに言えば「活字的教養」として位置づけられていることがうかがえる。そこには、一九五〇年代からの「学術探検」との共通点も、多少ではあるがみられる。小田の冒険には学術的に（とくに自然科学の分野で）新たな発見があるわけではなく、映画というメディアで社会に広く流通したわけでもない。しかしながら、「社会に役立つもの」として広義で考えるならば、学術探検と同様に、意味のある冒険だとされていたわけだ。一方で、翌一九六二年、「社会に役立つ」という意義から完全に決別した冒険が行われ、日本で大きな注目を浴びることになる。

3　堀江謙一の太平洋単独無寄港横断とその是非論争

堀江をめぐる論争の登場

一九六二年に、上記の小田実とまったく別タイプの冒険を決行したのが、海洋冒険家の堀江謙一である。堀江は一九三八年、大阪市に生まれ、関西大学付属高等学校を卒業する。勉強があまり好きではなく大学へは進学しなかったが、高校時代からヨットを愛する青年だった。堀江は一九六二年五月一二日、兵庫県西宮市から小型ヨットで出国し、約三カ月をかけてアメリカ・サンフランシスコに単独無寄港で到着することに成功した。その詳細は、同年に『太平洋ひとりぼっち』（文藝春秋新社。後に一九六五年にあかね書房、一九七三年に角川文庫、一九七七年にちくま少年文庫より再版）として発表された。さらに翌一九六三年には、石原プロモーション製作、石原裕次郎主演で映画化もされている。映画のタイトルは著書と同一で、『太平洋ひとりぼっち』である。

では、堀江がヨットで出国してからサンフランシスコに到着するまで、さらに日本へ帰国した際、新聞や週刊誌、あるいは日本の文化人たちは、堀江の行動をどのように評価したのだろうか。この件に関する詳細は、本多勝一の『冒険と日本人』（二見書房、一九六八年）で詳しく紹介されている。本多によると、堀江が出国した当初、ほとんどの新聞は日本の海上保安庁の見解を重視し、「人命軽視の暴挙」（無謀）、「不法な密出国」（ビザなし）として、批判的に報道した。万が一、堀江が無事にアメリカへ到着したとしても、堀江は不法入国者としてアメリカで逮捕される、という論調だった。だが、サンフランシスコに到着した堀江は、太平洋を単独で横断した英雄としてアメリカで大歓迎され、サンフランシスコの名誉市民となった。このアメリカ側の反応を受けて、日本の新聞社はアメリカでの堀江評価を輸入し、堀江を称賛する方向へ舵を切り、「英雄・堀江謙一」として持ち上げていったのだ。

一方で、日本の知識人やジャーナリズムの間でも、堀江について、肯定する立場と否定する立場で論争が起こった。堀江を否定的に捉えた人物の代表格として、文芸評論家の江藤淳が挙げられる。サンフランシスコで堀江と対談した江藤は、「堀江君における人間の研究」という文章を『週刊朝日』に発表している。冒頭で、「もともと、私は冒険というものにあまり興味がない。冒険というなら、人生そのものがつねにスリルに満ちていて、危険のタネにはこと欠かない。何を求めてわざわざ海や山に行くことがあるのだろうか」（江藤 一九六二：二三）と述べているように、そもそも江藤は冒険という行為に理解がなく、堀江のような行動を否定的に捉えているのは明らかだった。

では、具体的にはどのような理由で堀江を批判したのだろうか。

冒険家の人格という論点

第一の論点として、江藤の批判の矛先は、堀江の冒険というよりも、堀江の人間性そのものに向けられている。サンフランシスコで堀江と対談した際に、江藤自身が抱いた印象が反映されていると考えられる。以下はその引用である。

堀江謙一君は［中略］自分が主人役であることをよく心得ていて［中略］愛想よく笑いかけた。その目の光かたが尋常ではない。というか、顔は笑っているが、目は笑わずにすばやく相手の値ぶみをしている感じである。［中略］ウワサのひとつは、ある新聞に手記発表の独占契約をしながら、前言をひるがえして数社と次々に契約し、その権利を高く売ろうとしたというのである。もうひとつは、写真の二重売りをしかかって、領事に忠告されて思いとどまったというのである。（江藤 一九六二：二三〜二四）

彼が決して答えたがらないのは家族についてで、そのことは逆にこの青年が時折見せる暗い表情が、家庭的な不幸に根ざしているかも知れないという推測を可能にする。ヨットに入れあげていた青年は、おそらくあまり勉強もせず、余計な金をつかいすぎるので、いつも父親のきげんをそこねていたであろう。母親は反抗的な息子を半ばあきらめ、まさか太平洋横断などはすまいと高をくくっていたにちがいない。［中略］こういう青年は戦後の日本にいくらでもいる。彼らは漠然と大人に不信を抱き、漠然と反抗する。［中略］不信はそれほど深いのである。

（江藤　一九六二：二五～二六）

「すばやく相手の値ぶみをしている感じ」「写真の二重売り」など、江藤は堀江の冒険そのものではなく、彼の行動から推察した「堀江の人格」を否定している。とくに「家庭的な不幸」などは、完全に江藤の憶測にすぎないし、それを「漠然と大人に不信を抱き、漠然と反抗する」という、当時の一般論的な若者批判にまで飛躍させている。

もっとも、堀江の人間性に対する懐疑は、実は同年の一一月に帰国する際にも、週刊誌などをにぎわせていた。マスコミへのインタビューでの対応の悪さや、英雄気どりなど、江藤とほぼ同様の観点からの批判的記事も散見された。これはおそらく、冒険家とは「純粋無垢」「勇敢」「誠実」といったイメージが大衆から勝手に付与されており、江藤もそのような感性を共有していたからだろう。後に小田実は、この江藤の堀江論評に言及したうえで、「江藤氏における冒険者のイメージもまた、「澄んだきれいな眼をもつ冒険者」といったふうなものである」と指摘している（小田　一九六五：三五八～三五九）。

一方で、そのような状況に疑問を呈したのは、作家の三島由紀夫である。

太平洋横断をした青年が、何で英雄気取になってはいけないのか。かういふことをした青年が、凡庸な世間の要求するイメーヂに従って、顔をポッと赤らめて頭を掻いたりする「謙虚な好青年」でなければならぬ義務がどこにあるのか。又世間がどうしてそんなものを彼に要求する権利があるのか。……考へれば考へるほど、腑に落ちないことだらけである。大体、青年の冒険を、人格的表徴とくっつけて考へる誤解ほど、ばかばかしいものはない。ヨットで九十日間、死を賭けた冒険をして、それでいはゆる「人間ができる」ものなら、教育の問題などは簡単で、堀江青年はこの冒険で太平洋の大きさは知ったらうが、人間や人生のふしぎさについて新たに知ることはなかったらう。そんなことは当り前のことで、期待するはうがまちがってゐる。

（三島　一九六二：二七〇）

三島が主張しているのは、冒険家をその「功績」ではなく、「人間性」で評価することの無意味さである。高度成長のさなかにあった当時の日本では、大衆からみれば、冒険家という存在も「消費の対象」の一つだったという見方はできるだろう。D・ブーアスティンは、グラフィック革命以降、かつて「英雄」と呼ばれたような功績のある人間が、たんなる「有名人」へと変化していくという議論を展開した（ブーアスティン 一九六二＝一九六四）。本章の冒頭に挙げた江藤の堀江に対する評価も、ブーアスティンの議論に重なるような論調である。ブーアスティン自身も、「英雄から有名人へ」の具体的な事例として、皮肉にも同じく冒険家のC・リンドバーグを挙げている。一方で三島の議論は、そういった人物の人格的表徴よりも、あくまでやり遂げた壮挙に焦点を置いており、「何で英雄気取になってはいけないのか」と、堀江を受け止める側の大衆の意識に疑義を呈しているのである。当時の堀江は、「優れた冒険家は人格者でなければならない」といった、後に国民栄誉賞を受賞する植村直己のようなイメージを期待されたのかもしれない。いわば、「謙虚な英雄」というメディアの言説・表象である。だが、三島はそのような世間の期待を疑問視し、「堀江青年はこの冒険で太平洋の大きさは知ったらうが、人間や人生のふしぎさについて新たに知ることはなかったらう」という、真っ当な指摘をしているのである。ちなみに、一九八〇年代には冒険を「人間性」や「教育」と強く結びつける時代がやってくるのだが（第4章を参照）、三島の見解はそれに対する疑義を先取りしたものとも言える。

「真正性」への懐疑

第二の論点として、江藤は堀江の航海が本当に行われたものであるのかどうか、いわば冒険の「真正性」について疑義を呈する。「さらに奇怪なのは、持っていると称する航海日誌を、だれひとりとして見たものがなく、いくら頼んでもいつもヨットのなかに入れてあるというきりで、見せようとしないというのである。ここらあたりから、ジャーナリストの間には、はたして堀江君が本当に太平洋を横断したのだろうか、という疑惑をいだくものすらあらわれ出しているらしい」（江藤 一九六二：二四）、といった発言である。江藤は「航海日誌の有無」という事実が非常に重要であるとし、そこに堀江批判の根拠を見出しているのだ。実は週刊誌などにも、この点を指摘した記事は多い。もちろん、航海日誌の存在そのものが、冒険が実際に行われたことの証明になるわけではない。だが、ここで問われているのは、堀江の航海がはたして本当に自力で行われたものなのかという、冒険の「真正性」である。

もっとも、この批判の論点は海洋冒険に限ったものではなく、登山や極地探検など、冒険・探検に関する疑義として歴史的に古くからしばしば語られてきたものである。ちなみに、後に堀江が一九七三年から七四年に成功させた冒険（ヨットにて、西回り単独無寄港世界一周に成功。淡路島の生穂港を出発し、二七五日間かけて、大阪の忠岡港に到着）について、石原慎太郎も航海日誌の有無の視点から批判している。序章で述べたような「たいして危険ではない」といった言説とともに、このタイプの批判がいかにオーソドックスで普遍的なものかがうかがえるだろう。だが、この論点は堀江が『太平洋ひとりぼっち』を出版した時点で、消滅することになる。

「教養としての冒険」という評価軸

第三の論点として、江藤は現地の新聞のコラムを引用する形で、まだサンフランシスコに滞在していた堀江に対して、次のような興味深いメッセージを送っている。かなり上から目線で発言している点に注目すべきだろう。

> 帰りたまえ、若者よ。もし、この国に来たいのだったら、何年かのちにもう一度やって来たまえ。［中略］ただ、もっとしっかりした基礎をつくってからにしたまえ。英語をよく勉強し、あのフラッシュランプのないところで、自分がなにをしたいのかをじっくり考えてから来たまえ。
>
> （江藤 一九六二：二七）

いかにも文系エリートの江藤らしい発言であるが、江藤が堀江に求めていたのは、「しっかりとした基礎をつく」ること、「英語をよく勉強」すること、「自分がなにをしたいのかをじっくり考え」ることなどである。端的に言えば、堀江の冒険を考えのなさ、語学力のなさ、さらにいえば「教養のなさ」という点から否定しているにほかならない。冒険家に対する評価の軸としては不可思議と思われるかもしれないが、これは前年の小田実の冒険に対する評価を参考にすれば、非常に理解しやすい。一年前に出版された『何でも見てやろう』に比べれば、堀江の冒険は決して日本の社会の変革に役だつわけでもないし、「主体的な世界現代思想講座」と呼ばれるようなものでもない。もともと冒険に理解がない江藤とって、堀江の冒険はなんら知的好奇心を満たすものではなかったのだ。

そもそも、東京大学出身で世間的にはエリートとみなされる小田実の行動と、大学進学をせずヨットに打ち込んだ堀江を比較することに無理があるとも言える。いくら両者が「個人的動機」に基づいた冒険を行ったとはいえ、両者の冒険には大きな質的な差異があることは否めないからだ。

さらに堀江の太平洋横断には、一九五〇年代の学術探検のように「社会に役に立つかどうか」という点からも、批判的な見解があった。俳人の三宅久之助は、堀江の冒険について、「冷酷なようだが、私も堀江君を一個のヒーローとは認めない。堀江君のやったことは全く命がけの冒険だったことは間違いない。〔中略〕〔ただし堀江の冒険が：筆者挿入〕人類の福祉に貢献する意義のある事柄だったら、堀江君を俟つことなく、とっくの昔に誰かが計画するか、実行していたと思う。〔中略〕要するに、今回の事は堀江君一個人だけに密着した趣味的冒険だったと言うの外はない」（三宅　一九六二：七五）と酷評している。三宅は、堀江謙一の航海を「命がけの冒険だった」と危険を見事に乗り越えたという意味で一定の評価をしているが、その本質については「趣味的冒険」以上のものではなく、「一個のヒーローとは認めない」という結論に至っているのだ。「人類の福祉に貢献するかどうか」というモノサシも、一九五〇年代の学術探検の価値観、あるいは小田実の冒険に影響を受けている感が強い。

だが当の堀江本人も、江藤や三宅のような反応には十分に自覚的だった。

なん百回……いや、ひょっとすると、なん千回かもしれない。あれ以来、ぼくはどんなに、おんなじ質問ばかり、くりかえされたことだろう。人は口を開けば、きまって、「きみが太平洋をわたった動機は？……理由は？……目的は？」と、まずこうきた。〔中略〕ぼくは、そのたんびに弱ってしまった。これといって、いうことがないものだから、「わたりたいから、わたったんですよ」。正直に、本音を吐いた。これで、ぜんぶなのだ。動機も、目的も、すべては太平洋をわたることズバリにつきる。しかし、このいちばん切実な気持を「なるほど」と、飲みこんでくれる人は、ひとりもいなかった。〔中略〕「わたりたいから、わたった」。こんな単純な気分が、どうしてわからないんだろうと、ぼくはふしぎだった。

（堀江 一九六二：一～二）

このような堀江の冒険、それについての自身の言動などに関して賛否が分かれる中で、著書『太平洋ひとりぼっち』が一九六二年一二月に出版された。それ以降、堀江の航海やこの著書について、他の知識人たちはどのように評価したのだろうか。作家の小林秀雄は、『太平洋ひとりぼっち』について、次のように述べている。

「永遠の青年の姿」とトランスメディア

今の世代を表現した代表的文学は何かと問われても返答はむつかしいが、今日の青年文学なら、直ちに挙げる事ができる。堀江謙一「太平洋ひとりぼっち」である。〔中略〕この青年の行動を、ジャーナリズムは、三十七年度〔昭和：筆者挿入〕十大事件の一つに数えたが、「太平洋ひとりぼっち」という本が現れれば、これは全く別事だ。彼のヨットは記録を作ったが、彼の本は青年を現したのである。私は、この本を三十七年度の文学的一事件だ、と思っている。彼が、この本で、不馴（な）れな言語的表現を用いて、恐らく期せずして現し得たものは、永遠の青年の姿である。〔中略〕なるほど青年は皆面白い。だが、自分の力で自分の若さをしっかりつかんでいる青年は、もっと面白いはずではないか。堀江青年の文章の発想には、だれにも見誤る事の出来ぬ一つの性質がある。それは、自分には功名心も無論あったが、それより自分はヨットが好きだったという事の方は根底的な事であった、という主張である。彼には、どうしても、それが主張したかったというところが、まことに面白い。〔中略〕要するに何一つ突飛な事をした覚えはない。だが、世間は、何百回、いや何千回となく、太平洋横断の動機は、理由は、目的は、と聞いた。この青年は、あたかもこう言っているようだ。世間は新事件と新理論を捜していて、青年など必要としていないのではなかろうか、と。

（『朝日新聞』一九六三年一月五日朝刊九面）

小林は堀江を称賛しているが、それは冒険行に対してだけではない。航海の成功、堀江の人間性、著書の出版などを含めた、いわば「堀江青年現象」の全体について高く評価しているのだ。それは以下の三点に集約できる。

第一に、「自分の若さをしっかりつかんでいる青年」「青年を現した」「堀江青年」など、太平洋横断に成功したという壮挙である。とくに「青年」という言葉に力点を置き、若さの持つ肯定的な意味にこだわりを込めている。第二に、「自分はヨットが好きだった」から太平洋横断を実行したという、純粋かつ明快な主張である。特別な目的を持っていたわけではなく、自分の気持ちに真に忠実だったことが、「永遠の青年の姿」としての称賛とも関連しているのだろう。第三に、「不馴れな言語的表現を用いて」この冒険を『太平洋ひとりぼっち』という書物として文章化したことである。それを「昭和三七年度の文学的一事件」と高く評価しているのだ。小田実であれば、彼は東大卒のインテリなので、「文章化」したことそのものは評価の対象にならないかもしれない。実際、小田はすでに『何でも見てやろう』以前に、数冊の単著を刊行していたからである。しかしながら、堀江の場合は、自らの冒険を言語化することそのものに高いハードルがあったと思われる。その点を克服したことに対して、小林は絶賛しているのだ。

図２-２　堀江謙一『太平洋ひとりぼっち』（文藝春秋新社, 1962年）内表紙

そもそも、「青年」（「若者」も同様であるが）のあり方や特性とは、良くも悪くも両義的なイメージで捉えることができる。プラスイメージで言うならば「勇気」「純粋」など、マイナスでは「無謀」「無教養」などである。江藤があくまで堀江を後者の認識で捉えていたとすれば、小林はあくまで前者の意味で評価していたと考えられるのだ。

この小林秀雄の論評に、強く影響を受けた人物がいる。映画監督の市川崑である。市川崑は、『太平洋ひとりぼっち』を監督として手掛けたきっかけとして、次のように述べている。

　昨年八月、堀江謙一君が単身ヨットで太平洋を横断したということをニュースで知った私は、へえーたいしたことをやったもんだなアとは思いましたが、実感としてはその程度で、だから、その航海日誌みたいなものを映画化しようと各映画会社が競っていると聞いた時も、別に関心はありませんでした。それが、今年のはじめになって朝日新聞に小林秀雄氏が書かれた〔中略〕コラムを読んだのがキッカケで、〔中略〕私はバタバタと「太平洋ひとりぼっち」というものに巻き込まれてしまったのです。（市川 一九六三：一四二）

　当初は堀江にそれほど関心がなかった市川だが、朝日新聞に掲載された小林のコラムの内容に強くひかれたという。さらに、「永遠の青年の姿」という小林の堀江解釈を参照したうえで、次のように述べている。

　いろいろと教えられる言葉でもありました。と言うのは、とかく近頃若い人々が問題にとりあげられる場合、世代的な観点から論じられるのが一種の抜きがたい流行のようになっていて、そのことに漠とした、しかし強い抵抗を感じ続けて来たからでした。早速「太平洋ひとりぼっち」を購入して読みました。この本から、〔中略〕生への非常な信頼というものが、深く感じられました。（市川 一九六三：一四二）

　市川崑は、「若い人々が問題にとりあげられる場合、世代的な観点から論じられるのが一種の抜きがたい流行のようになっていて」、そのことに「強い抵抗を感じ続けて来た」と語っている。これは、常に世代という観点から現代の若者を一般化し、彼らを理解した気になっている人々への強い違和感にほかならない。そして、「永遠の青年の姿」という、世代論に還元されないようなロマンに共鳴し、堀江が壮挙を成し遂げた根源である「生への非常な信頼」に感銘を受けたのだ。このような流れの中で、一九六三年、映画『太平洋ひとりぼっち』は、主演・石原裕次郎、監督・市川崑で製作され、公開された。この作品は、石原裕次郎が社長を務めた「石原プロモーション」の製作映画第一号で、裕次郎・市川崑の主演・監督の組み合わせは後にも先にもなく、この作品のみである。この映画は大ヒットし、同年のキネマ旬報ベストテンで第四位となった。さらに、一九六三年の「芸術祭賞」をも受賞している。映画『太平洋ひとりぼっち』について、映画評論家の井沢淳は次のように評している。

> 別に社会性を持った作品でもない。一人の青年が今日の日本において、どういう考え方をして、どういう結果から、こんな行動に出たかを分析しているのでもない。そういう分析をしたところで、この壮挙は説明がつくものではないと映画はいいたげである。市川崑という作家にとっては、この行動の結果がおもしろいのであって、そこから社会性とか、今日の青年をみちびき出すことは無意味とも思えたのだろう。（井沢 一九六三：四二）

井沢が指摘しているように、この作品は堀江青年が冒険を行った動機や目的、あるいは彼の考えを表現しようとしたわけではない。むしろ、そんなことをしても意味がないと「映画はいいたげ」だったのである。「市川崑という作家にとっては、この行動の結果がおもしろい」とあるように、市川崑も映画の中で「堀江青年」を分析したのではなく、「永遠の青年の姿」を描き出そうとしたのだ。時系列的に言うならば、堀江が書いた著書が小林秀雄による堀江への高評価を生み出し、さらにそれが市川崑の映画的表現力へと受け継がれ、結果として『太平洋ひとりぼっち』が多くの大衆に支持されたのだ。これは、マスメディアによる冒険の報道や論評（新聞、雑誌）から、堀江自身の著書へ、さらに映画へと移り変わっていった「トランスメディア的現象」である。その最終的な行きつく先は、大衆が堀江の冒険に抱いたロマンに他ならなかった。

図2-3　映画『太平洋ひとりぼっち』（©1963 日活）DVD発売中（ハピネット・メディアマーケティング販売，税抜1800円）

当時の日本社会は、戦後復興期から六〇年安保を経て、池田勇人の「所得倍増計画」に代表されるような、経済成長中心の「戦後型政治」への移行期だった。社会学者の見田宗介は、戦後日本社会を分析する際、一九六〇年代の前半を「あたたかい夢」の時代と名づけた。見田によると、この時代は「戦争と敗戦と急激な経済復興という激動の歴史のあとで、もうこの国には基本的には何事も起こらないのではないかといった、幸福な終末の感覚があった」という（見田 一九九五：二二）。堀江の冒険が最終的に、「永遠の青年の姿」というイメージで肯定的に語られたのは、もしかすると当時の「日本人」の社会意識が反映されていたのかもしれない。

4　もう一つの堀江評価

だが一方で、堀江を称賛した言説の中で、小林秀雄や市川崑とは別の観点からの評価もあった。それは、「青年」のイメージでもなければ、冒険の「真正性」、あるいは堀江の人間性を問題にしたものでもない。ここでは、本多勝一による堀江の評価に注目してみたい。本多は、朝日新聞記者という肩書にほかに、冒険家・探検家という側面もあった。『カナダ・エスキモー』（朝日新聞社、一九六三年）、『冒険と日本人』（二見書房、一九六八年）など、冒険に関する著書を多数執筆しており、日本初の大学探検部である「京都大学探検部」の創設者でもあった。当時の本多は、堀江の航海の成功だけではなく、堀江の冒険と同年に同じく太平洋を単独で横断しようとして失敗に終わった金子《かねこ》健太郎《けんたろう》についても言及し、彼らの冒険について論じている。堀江が日本からの出発に成功したわずか三カ月前の二月一八日、金子健太郎という当時二五歳の青年が、千葉県の九十九里浜を出発した。目的は堀江と同じく、太平洋横断である。金子はヨットではなく、ドラム缶を束ねたイカダで太平洋を渡ろうとしたのだが、海岸から三〇キロ沖まで出たとき、海上保安庁の巡視船につかまり、「出入国管理令違反」として逮捕され、半月ほど収容所で拘留された。金子の冒険を阻止したのは広大な太平洋ではなく、あくまで日本の海上保安庁だったのである。

本多は、太平洋横断に成功した堀江や、海上保安庁に阻止された金子の行動を共に高く評価した。そして、冒険家にビザを出そうとしない日本政府や、海上保安庁による規制など、日本の官僚機構的な構造を徹底的に批判する。

本多は、「非冒険族が冒険族を全然尊重しない社会。これは非冒険的カルチュアということができる。それを象徴するように、非冒険的思考の牙城たる官僚から池田勇人や佐藤栄作のような首相が続出する。明らかに冒険族だったチャーチルが首相となるイギリス、冒険族の権化のようなマルローが文化相になるフランスなどとは、きわめて対照的なカルチュアである」（本多　一九六八：六四）と語り、冒険を許さないような日本の風土こそが、ヨーロッパから日本が遅れている後進性にほかならないと主張する。さらに、本多は堀江や金子のような冒険家の行動の中に、「革命」の可能性を見出すのだ。

冒険は、独裁権力にとっては危険な傾向に結びつくものです。世の中が多少なりと変ってはいけないのです。冒険は創造に通じ、創造は変革、変革は革命につながってゆきます。一般民衆が、役人の転任あいさつのリフレインとなっている言葉のように「大禍なく」いつまでも同じ状態でおとなしくしていることこそ、エスタブリッシュメントには望ましいことなのです。（本多　一九六八：二八九）

本多にとっての「冒険」とは「創造」であり、さらに「変革」「革命」へと繋がり、支配層にとっての脅威となり得るものだった。すなわち、冒険の本質を「反権力」や「反体制」といった、きわめて政治的なものとして捉え、そのうえで評価したのだ。もちろん、堀江や金子には、自身が冒険をする上で「反権力・反体制」という意識はまったくなかった。そこにあったのは、堀江の言葉を借りるならば、太平洋を「わたりたいから、わたった」というきわめて単純な動機である。その点は、小田実の冒険とは非常に対象的である。しかしながら、本多は彼らの「意識」にではなく「行動」に着目し、そこに原理的に潜んでいた「政治性」を読み取り、その観点から彼らの冒険を論じた。その根底には、本多の反権力的姿勢や、「冒険」と「革命」を結びつけるような独自の思考回路があったのだ。

これは、堀江に浴びせられた「違法な密出国」といった批判と、表裏一体にあったものとも言える。なぜならば、海外渡航がまだ自由化されておらず、海洋冒険家にビザが下りることなど考えられなかった時代だったからこそ、そのような批判が生じたのだ。「違法な密出国」は、反体制側からみれば、「国家権力への挑戦」と肯定的に解釈可能だったからである。したがって、本多のような堀江評価の背景には、とくに太平洋横断のような海洋冒険の場合、海外渡航の制度的困難という時代状況が大きく関連していたのだ。

5　小田実と堀江謙一の共通点

一九六〇年代前半、小田実の海外体験記は絶賛されたが、一方で堀江謙一の冒険は、ある方面からは強く批判され、別の方面からは高く称賛された。批判の論拠は、あるときは「真正性の欠如」であり、またあるときは堀江の人間性や「教養のなさ」などに求められた。一方で、堀江を称賛する言説のなかには、「永遠の青年の姿」というイメージが投影されていた。それは著書『太平洋ひとりぼっち』の出版、それについての高評価、著書の映画化、さらに映画のヒットという流れによってもたらされていたのだ。小林秀雄や市川崑など、堀江の冒険を肯定的に伝達する論者には、堀江の冒険に「永遠の青年の姿」を見出すという意味で共通点があった。すなわち、いわゆる「トランスメディア」（多メディアの横断）という状況の中で、堀江の「青年」イメージは形成され、流布していったのである。一方で、本多勝一のように「政治的な抵抗」「反権力」という視点から堀江を称賛した論者がいたことも忘れてはならない。その背景には、海外渡航の自由化以前であったことや、当時の海洋冒険の手続き的な困難さ（あるいは不可能性）という時代背景があったのである。

以上のように論じていくと、小田実と堀江謙一の冒険の間には、「大きな断絶」が目立ってしまうかもしれない。そもそも、彼らに対する称賛／批判の論拠、「映画化」されたかどうか、あるいは両者の冒険そのものの内容などに相違点が多すぎるからだ。堀江の航海は自身の「身体」と「自然」（太平洋）を、ヨットを用いて格闘させた記録であり、自然への挑戦、あるいは自分自身への挑戦だった。小田実のように「虫瞰図」「鳥瞰図」という視点もなく、その目的は「社会」ではなく完全に「個人の体験」のみに向いている。ところが、その二つの冒険に共通点を見出している人物がいた。それは、ほかならぬ冒険の当事者だった小田実である。小田は自身の冒険観、および堀江の太平洋横断について、次のように述べている。

「未知なる世界」にはどのようにしても予測不能のものが残るとすれば、最後に残るものは、「まあなんとかなるやろ」というふてぶてしい精神だろう。その精神はときとして、いや、往々にして、他人の眼には傲慢とも鼻もちならないものとも見える、あるいは、軽率のそしりをまぬがれないかも知れない。しかし、結局のところ、その「まあなんとかなるやろ」がないかぎり、〈冒険〉は成立しないのだし、また、そうした精神をいちがいに傲慢、軽率と見る人たちは、これはもう〈冒険〉と永遠に無縁の人であるというほかはない。［中略］彼〔堀江謙一：筆者挿入〕の場合の〈冒険〉は、失敗してしまえば、まさに「あんなバカ者がいた」ですんでしまうような〈冒険〉だったといえよう。［中略］ヨットの腕前も、すくなくともそれでもって日本中に彼の名がとどろいているというのでもなかったらしい。もちろん、彼は太平洋横断にのり出すまでに、忍耐強く準備の日々をついやしているし、あらゆる計算を行なっている。しかし、それでいて、「まあなんとかなるやろ」は、むしろ根本の軸にあるものとして目立つ。（小田編 一九六七：三一〇～三一一）

「まあなんとかなるやろ」は、小田が『何でも見てやろう』の中で、好んで使用した言葉である。小田自身のふてぶてしさを象徴するような表現であるが、そのような態度がときには世間から批判の対象になることもあるという。弁が立つ小田はまだしも、堀江謙一がまさしくそうだった。しかしながら、小田は「まあなんとかなるやろ」という精神がなくては「〈冒険〉は成立しない」と語り、小田自身の冒険にも根本にそれが存在したと認識している。さらに、その精神が「根本の軸にあるものとして目立つ」のは、むしろ堀江の冒険だったと考えているのだ。

既述のように、小田実は「インテリなのに冒険するんですか」という疑問に、「インテリだから冒険するんだよ」

と答えた。この部分だけを強調すれば、小田の冒険は堀江の航海と正反対のものとして理解できるかもしれない。だが、海外渡航が困難だった一九六〇年代前半、小田と堀江の冒険はメディアを通して、多くの人々のこころを魅惑した。その両者の冒険の根本にあったのは、綿密な計画や理性もさることながら、「まあなんとかなるやろ」というふてぶてしい「青年の」精神であり、その点が当時の大衆から大きな支持を受けた理由だったのかもしれない。

参考文献

井沢淳（一九六三）「市川崑の壮挙「太平洋ひとりぼっち」」『キネマ旬報』キネマ旬報社、一九六三年一一月下旬号。

市川崑（一九六三）「太平洋ひとりぼっち　シナリオ」『キネマ旬報』キネマ旬報社、一九六三年七月号。

江藤淳（一九六二）「堀江君における人間の研究」『週刊朝日』一九六二年九月二二日号。

小澤征爾（一九六二）『ボクの音楽武者修行』音楽之友社。

小田実（一九六一）『何でも見てやろう』河出書房新社。

小田実（一九六五）『戦後を拓く思想』講談社。

小田実編（一九六七）『未知への飛躍――冒険と放浪』三一書房。

北杜夫（一九六〇）『どくとるマンボウ航海記』中央公論社。

D・ブーアスティン（一九六二＝一九六四）『幻影の時代――マスコミが製造する事実』後藤和彦・星野郁美訳、東京創元社。

堀江謙一（一九六二）『太平洋ひとりぼっち』文藝春秋新社。

本多勝一（一九六八）『冒険と日本人』二見書房。

三島由紀夫（一九六二）「堀江青年について」『中央公論』一九六二年一一月号。

見田宗介（一九九五）『現代日本の感覚と思想』講談社。

三宅久之助（一九六二）「堀江君の冒険評定」『経済論壇』経済論壇社、一九六二年九月号。

山口誠（二〇一〇）『ニッポンの海外旅行――若者と観光メディアの50年史』ちくま新書。

第Ⅱ部　海外渡航自由化と「前人未踏の地」なき時代——一九六四～八〇年代

第3章　三浦雄一郎の「エベレスト大滑降」（一九七〇年）と大阪万博

――「企業」としての冒険と日本の高度成長期――

いのちを賭ける　ということばをわれわれは日常　あまりに安っぽく口にしすぎるのではないだろうか〔中略〕だが　この大滑降の場合は　〝三浦はいのちを賭けた〟という表現がいちばんぴったりする　そしてその賭けに堂々と勝って　生きてかえったわけだ〔中略〕三浦はたしかに現代の英雄だ　大滑降を終って　日の丸を背にウェスタン・クームを引きあげる姿はまさに英雄の凱旋に　ふさわしい光景だった

（『文藝春秋臨時増刊：三浦雄一郎エベレスト大滑降』一九七〇年七月号（第四八巻八号）六四頁）

これは、三浦雄一郎《みうらゆういちろう》が一九七〇年に行った冒険、「エベレスト大滑降」を称賛した文藝春秋の記事である。三浦の冒険は、今となっては安っぽくなった「いのちを賭ける」という言葉の本当の意味を、あらためて私たちに教えてくれたというのだ。三浦雄一郎は、一九六〇年代から二〇一〇年代に至るまで、プロスキーヤーとしてだけでなく、冒険家あるいは登山家としても活躍し続けた人物である。二〇一三年には八〇歳で三度目のエベレスト登頂に成功し、エベレスト登頂者の最高齢記録を更新した。だが、彼の人生で最も注目された代表的な冒険は、この「エベレスト大滑降」だろう。周知のように、一九七〇年は大阪万国博覧会が開催された年であり、このイベントは一九六四年の東京オリンピックとともに、日本の戦後復興を象徴するものだった。

では、この三浦の冒険は当時どのように語られ、いかなる点が評価、あるいは批判されたのだろうか。その賛否の要因は、当時の日本の社会状況とどのような関わりをもっていたのか。この「エベレスト大滑降」とマスメディアおよび国家の関わりや、三浦の国際的評価の変容、その背景にあった「政治の季節」や万国博覧会、あるいはドキュメンタリー映画など、一九七〇年前後の時代状況なども含め、本章で論じたい。

1 「エベレスト大滑降」への挑戦

「エベレスト・スキー探検隊」の結成と「メディア・イベント」としての冒険

三浦雄一郎は一九三二年、青森県青森市で生まれる。父はスキー選手の三浦敬三であり、妻も元アルペンスキー選手である（ちなみに、後に生まれる雄一郎の二人の息子も、共にプロスキーヤーになる）。三浦が幼い頃は、敬三が仕事の関係で転居することが多く、青森、仙台、東京などを転々とした。幼い頃からスキーで頭角を現し、北海道大学獣医学部に進学し、スキーを続ける。大学院に進学後、北海道大学獣医学部の助手となるが、スキーに専念するため一九五八年に二六歳で退職する。数々の国内大会に参加し、一九六二年からはアメリカやイタリアなどのプロスキー大会にも出場し、好成績を収める。一九六五年四月、富士山でスキーでの直滑降（パラシュートで制動）を成功させ、冒険スキーヤーとして頭角を現した。その後、海外の巨峰でも次々と冒険スキーを行い、一九七〇年には「日本エベレスト・スキー探検隊隊長」としてエベレスト直滑降に挑んだ。その目的は、エベレストに登り、八〇〇〇メートル以上の高さから（当時の世界記録は約六〇〇〇m）滑降することだった。

三浦は、一九六八年にネパールの観光局長や山岳協会の高橋照《たかはしあきら》らと会合をしていた時、偶然「ヒマラヤをスキーで滑るには」という話題になったという。その際に、観光局長が「どうせやるならエベレストはどうです」と言い出し、「ともかくやろう」という流れになったという。そこから、ネパール政府への入山許可申請、資金集め、組織作りなどが具体的にスタートしたのだった。しかしながら、ここで素朴な疑問が生じる。そもそも山とは一般的には「登る」ものである。なぜエベレストを「滑る」という発想に至ったのか。登山に関していうなら、エベレストはすでに一九五三年に登頂されていたが、頂上付近の八〇〇〇メートル以上の高さから滑降した人間はまだ存在していなかった。三浦には一九六五年、富士山を直滑降し成功させた実績があった。したがって、自らの武器であるスキーを用いて、エベレストの山頂近くから滑降しようと考えたのだ。

大阪万博の開催を控えた一九六九年九月、「エベレスト・スキー探検隊」の正式な組織やメンバーが発表された。具体的な編成は、総隊長・石原慎太郎（参議院議員・作家）、総本部長・藤島泰輔《ふじしまたいすけ》（作家）、スキー隊長・三浦雄一郎、山岳サポート・加藤幸彦・佐伯富男（共に登山家）となっていた（※以上は一九六九年九月に発表されたものである。実質的には、一九六九年八月までは、スキー探検隊隊長・高橋照を中心に活動していた）。スキーヤーと登山家のみならず、政治家、作家、映像製作関係者など、バラエティに富んだメンバーである。組織は八部門（本部、スキー、山岳サポート、映画、写真、医学・医療、科学、報道）で構成され、計三三名のスタッフを抱えていた。

さて、三浦雄一郎の「エベレスト大滑降」には、大きな特徴が二点ある。第一に、大阪万国博覧会の記念行事として認定されていたこと、第二に、「記録映画の製作」を義務づけられたメディア・イベントだったことである。この冒険は、外務省、通産省、日本科学振興財団、万国博協会、さらには日本テレビ、文藝春秋社、石原プロモーション、読売新聞社などのメディアが後援していた。ちなみに、松下幸之助や赤井三郎（赤井電機社長）らも出資している。したがって、国家的なイベントでもあり、さらに大規模なメディア・イベントでもあった。当時、六〇〇〇メートル以上の高所でのスキー滑降は世界初であり、後に詳しく述べるが、この三浦の冒険スキーを記録した映像は、二度にわたって映画化されている。とくに一九七五年の作品は、翌年のアカデミー賞記録映画部門で長編映画賞を獲得し、三浦雄一郎を世界的な有名人にしたのだ。

二つのエベレスト隊

まず重要な事実であるが、この一九七〇年には、日本から二つのエベレスト隊が派遣されていた。一つがエベレスト・スキー探検隊であり、もう一つは日本山岳会が中心となっていた「エベレスト登山隊」である。エベレストは一九五三年、イギリス隊によって初登頂されており、当時はすでに五つの国の隊によって制覇されていた。しかしながら、日本隊はまだエベレストを登頂していなかったので、登山隊の目的はもちろん頂上へのアタック成功（日本人初）だった。そもそも、日本山岳会のエベレスト登山計画は一九六三年からすでに始まっており、ネパール政府に登山許可の内諾を得たうえで、一九六六年の登山予定に合わせて着々と準備が進められていた。ちなみに当時、ネパール政府に対して、日本山岳会はすでに登山料の半分を入金していた。だが一九六五年の三月、ネパール政府は突如としてネパール・ヒマラヤ登山の全面禁止令を出し、日本山岳会の計画は無期限で延期されていたのだ。一九六八年八月、ネパール政府は登山禁止を一部解除し、エベレストの解禁を発表した。よって、ふたたび日本山岳会のエベレスト登山計画は動き出したのだ。一方、日本山岳会に先立って、日本のスキー探検隊は一九六九年二月にエベレスト地域でのスキー滑降と映画撮影の許可を、ネパール政府から得ることに成功していた。したがって、一九六三年から計画を進めていた日本山岳会は、スキー探検隊に対してわだかまりを持っていたことは確かだろう。

一九六九年三月、日本山岳会とスキー探検隊との間で交渉が始まった。同年に、日本から二つの大きな隊がエベレストへ遠征することには、容易に困難が予測された。しかもスキー探検隊は、一九七〇年の万国博覧会にエベレスト（および滑降）の映像提供を前提にして、入山許可を得ていた。ネパール観光推進のための映像を万国博覧会で流し、ネパール館で飾られる巨大な写真を撮影することなどが条件に入っていたので、入山時期を一九七〇年から遅らせるという選択肢はなかったのだ。もちろん、一九六三年から登山を計画していた日本山岳会にとって、スキー隊に先を越されるのは決して耐えられないことだった。山岳会とスキー探検隊は交渉を重ね、八月になって山岳会にも登山隊の許可が下りた。スキー隊の実質的なリーダーも高橋照から三浦雄一郎に代わり、両者の交渉は進んでいった。結果としてほぼ同時期に日本から二つの隊がエベレストに入山し、協力できる部分は協力する運びとなったのだ。

当然のことながら、「エベレスト登山隊」にも多額の資金が必要であり、強力なスポンサーが求められていた。日本山岳会には、以前から交渉を重ねていたＮＨＫ、および毎日新聞社が後援に名乗りを上げた。資金提供したのも、ＮＨＫ、毎日新聞社、文部省（助成金）であり、その他の必要資金は募金などによってまかなった。資金の合計は、約一億一〇〇〇万円である（日本山岳会一九七〇年エベレスト登山隊編 一九七二）。ちなみに、スキー探検隊の方の資金は、約二億円とも三億円とも言われている。後に、「エベレスト登山隊」に帯同したＮＨＫによって、この登山隊に関するドキュメンタリー番組が制作され（「エベレストへの道」一九七〇年七月六日から三夜連続放送・各三〇分）、著書も出版されている（内藤敏男『エベレストへの道』日本放送協会、一九七一年）。その意味ではエベレスト・スキー探検隊と同様に、「エベレスト登山隊」の冒険にもメディア・イベント的な側面が強かったのだ。

結果的に、一九七〇年に日本からエベレストへ二つの隊が遠征し、それぞれが別の大きなスポンサーやマスメディアに支えられるという状況になった。しかも、「山頂へのアタック」（とくに、未だに達成されていない南壁ルートからの登頂）、あるいは「八〇〇〇メートル以上からの大滑降」という、それぞれが別の目的を掲げていたのだ。各々の情報は、スキー隊に関しては読売新聞を中心に、登山隊に関しては毎日新聞を中心に報道された。ちなみに、前者は後に石原プロで映画化され、後者はNHKでドキュメンタリーとして放送された。すなわち、一九七〇年という年は大阪万博が開催されただけではなく、日本からエベレストに二つの大部隊が乗り込み、両者をそれぞれ日本の大スポンサーがこぞって支えるという、今後は起こり得ないような歴史的瞬間となっていたのだ。

一九五〇年代の「学術探検」との距離

この二つの隊は、一九五〇年代の「学術探検」あるいは「マナスル登山」との連続性および差異という意味で、大きな違いがあった。エベレスト・スキー隊には科学部門が設置され、日本でも数少ない高所医学の学者である本山十三生が加わっていた。隊員の体から貴重なデータを収集していたのだが（小谷・安久 一九七〇：九八）、あくまで三浦のスキー隊の目的は、エベレスト滑降の成功、および記録映画撮影である。したがって、研究や学術はまったく隊の活動の中心ではなかった。一方で、日本山岳会の登山隊は、もちろんエベレスト山頂へのアタックが最大の目的であり、その点は「マナスル登山」と共通していた。しかしながら、一九五〇年代の学術探検の特色も兼ね備えていた。日本山岳会は、エベレスト登頂を成功させ、帰国した後に『一九七〇年エベレスト登山隊報告書』という最終報告書を提出している。報告書は二部構成であるが、その第Ⅱ部は一四三頁にわたり、内容は全て「学術報告」だけで占められている。分野的に言うならば、「医療（とくに高所医学）」「地球物理学」「ヒマラヤの気候分析」などを中心にした論文で構成されている。ちなみに日本山岳会は、社団法人日本気象学会、日本生気象学会高所医学専門部会、日本雪氷学会など、学術の世界で多方面からの協力を得たうえで、「エベレスト登山隊」を編成している。したがって、学術探検としての側面は、三浦のスキー隊よりも日本山岳会の方がはるかに強かった。すなわち、日本エベレスト・スキー探検隊は、ほぼ学術探検との断絶の上で成り立っていたと言えるだろう。

このように、両者の隊には多くの差異があったのだが、注目すべきは登山隊の存在が、スキー探検隊、および三浦雄一郎の冒険の社会的意味づけに、大きな影響を与えたことである。それはどのようなものだったのだろうか。

2　「プロの冒険」に対する批判と称賛

「プロ」であることへの批判

実は、当時のスキー探検隊は、エベレスト滑降計画を遂行していくプロセスの中で、「プロ」と「アマチュア」をめぐる山岳界からの、あるいは世間からの認識に戸惑いを覚え、違和感を抱いていた。スキー探検隊の総本部長を務めていた藤島泰輔は、「プロ」と「アマチュア」をめぐる当時の認識について、次のように述べている。

同じ時期に、日本山岳会がエベレスト登山を目的とする登山隊を派遣することになったため、私たちスキー隊は、日本独特のスポーツ・アマチュアリズムとも真っ向から対決する羽目となった。実に不可解なことだが、同じ一つの企業から同額の資金を引き出しても、日本山岳会はアマチュアといわれ、われわれはプロといわれた。彼等の登頂計画はアマチュア・スポーツであり、私たちの滑降計画はアクロバット・サーカスだと呼ばれた。日本山岳会隊を後援するマスコミ団体は公然と私たちの計画を非難した。［中略］非公式にではあるが、再三、日本山岳会の幹部に合同を申し入れた。［中略］日本隊の登頂班は頂きを極め、滑降班はサウス・コルから滑ればよいと考えた。だが、アマチュアリズムは私たちを拒んだ。合同申し入れの答はいつも同じだった。「きみたちはプロフェッショナルだから…」。［中略］一億円を超える資金を集めた二つの隊の一方がアマチュアで、一方がプロフェッショナルという区別をつけられるのは笑止といわずして何か。映画撮影はコマーシャリズムだというが、英国のエベレスト隊の映画も一般公開されているし、トール・ヘイエルダールのコンティキ号漂流の映画はアカデミー記録映画賞を受けている。何もかも不可解だった。私たちは半年の間、そうした不可解の中で闘った。（藤島　一九七〇：七〇〜七一）

一番の当事者であるスキー隊長の三浦も、「われわれの方は、もうすっかり悪口には馴れてしまい、かえって聞くたびにもっとシャレたセリフがいえないもんか、とさいそくめいた気持にすらなっている。ハッタリだ、サーカスだ、売名だ、インチキだ、危険だ、命知らずの冒険だ、ヤバンだ、金もうけのためだ、プロだ、ゴロツキの集まりだ、といわれるたびに」（三浦　一九七〇a：二六四）、「どうしてわれわれは罪もないのに、なにも悪いことをしたこともないのに、プロといわれてさげすまれなければいけないのか」（三浦　一九七〇a：二七四）などと語っており、「プロであること」を批判の根拠とした誹謗中傷を受けていた。

注目すべきは、当時は「日本独特のスポーツ・アマチュアリズム」が現代よりもはるかに力を持っており、営利目的であることが大きな批判の論拠になっていた点である。そもそも、日本山岳会は歴史的に大学山岳部にルーツがあり、権威があったことは事実だろう。それに加え、一九七〇年代までの日本のスポーツ界では、日本山岳会だけではなく、アマチュアリズムという言葉に強い「美意識」が付与されていた。その根底には、もちろん当時のオリンピックの理念がある。オリンピックは「職業」「金儲け」としてのスポーツとは一線を画し、スポーツによる国際親善や人間形成、あるいは労働から自由であることなどが、表面的にではあるが重視されていたのだ。

もちろん、少なくとも資本主義社会で行われるスポーツであれば、現実的にはマーケットの理論から逃れることはできない。当時の日本では（現在もだが）、プロ野球や大相撲などのプロスポーツが代表的だろう。しかしながら、少なくともオリンピックが商業主義の権化のように言われ批判を浴びるのは、一九八四年のロサンゼルス大会からである。それ以前の日本社会では、「アマチュアリズム」という言葉が、まだ美しいイメージを帯びていた時代だったのだ。そのような日本社会の中で、三浦の言葉を借りれば「プロといわれてさげすまれなければいけない」風潮の中で、スキー探検隊は「プロ」という言葉の意味を肯定的に使用する戦略をとった。

「プロ」のイメージを変えるという戦略

三浦に対して援護射撃を行ったのは、第二次ＲＣＣ（ロック・クライミング・クラブ、一九五八年）の創立メンバーだった奥山章《おくやまあきら》である。奥山は一九六九年四月に、ヒマラヤの六〇〇〇メートル級の山でスキー滑降に成功した人物である。三浦にしてみれば、奥山はヒマラヤ滑降の先輩になるが、行動を共にする仲間というわけではなかった。一九七〇年当時、奥山はヒマラヤ委員会委員長であり、登山や滑降の第一線からは離れ、山岳記録映画などを製作していた。一九七〇年、彼はスキー隊および登山隊のいずれにも参加しなかった。当時、三浦のスキー隊の目的について、あくまでもロマンチシズムがいちばん大きいと答えたうえで、次のように語っている。

——ほかに理由はないのか。カネとか名声は…。

奥山：スキー隊には当然ある。なぜなら三浦氏はプロ。世の中の注目を集め、同時にこんどの滑降にカネを出した映画会社などのスポンサーの宣伝意図を満足させるために命をかけたことは、職業に忠実だったということだろう。アマ規定を気にしながら、こそこそとカネをかせいでいるスポーツ選手よりましだ。

——それでは、三浦氏の大滑降は一種の〝企業〟？

奥山：もちろん企業です。エベレストでは直滑降をやるのはムリ。本当ならいろんな技術を駆使して安全第一にするべきだろう。しかし、そんなシーンを映画にしたって観客は喜ばない、綱渡りのとき、芸人がカサをパッと開くように、豪快に直滑降して、オレンジ色のパラシュートを次々と開いていく。こうすれば演出効果満点。［中略］世界最高所での滑降記録はつくるし、これを実現するため、政財界、マスコミなどにわたりをつけ、一億数千万円もの資金をつくった腕は、並みのスキーヤーではない。（『朝日新聞』一九七〇年五月一七日朝刊二〇面）

奥山は、資金集めの大変さを語り、三浦の冒険心もさることながら「一億数千万円もの資金をつくった腕」を高く評価している。三浦の大滑降を「もちろん企業です」と言い切っており、営利事業としての冒険として絶賛している。美徳とされていたアマチュアリズムからあえて距離をとる三浦の姿勢に、強く共感していたのである。さらに言うならば、奥山の発言は、序章ですでに述べたような「アドベンチャー」の本来の意味を、一九七〇年代に蘇らせたとも言えるのだ。

一方で、登山関係者ではなく、マスメディアは三浦の冒険をどのように捉えていたのだろうか。当時、日本エベレスト・スキー隊（読売新聞社後援）にも、登山隊（毎日新聞社、NHK後援）にもかかわらず、中立な立場にいたのが朝日新聞社である。朝日新聞は、三浦の冒険について、「この冒険、そのアイデアは、時代の動きにのって、なかなか現代的である。〔中略〕すぐれた滑降技術は買える。だが、これはスポーツというには余りにも冒険的すぎる。むしろスポーツを越えたショーという方が当っているかもしれぬ。プロなら、これくらいのことをやらぬと世間は〝アッ〟と驚くまい。〝アッ〟と驚かせる発想が何はさておき面白く、これがプロスキーヤー三浦氏の面目でもあろう」（『朝日新聞』一九七〇年五月一二日朝刊一一面）、と評している。すなわち、朝日も三浦の「プロ」としての技術や発想の素晴らしさを称賛しているのだ。

このように、「プロ」にこだわる意識は、スキー探検隊の中でも共有されていた。隊の総本部長を務めた藤島泰輔は、当時のスキー隊メンバーの総意として、次のように語っている。

> 私たちはプロフェッショナルの集団であることを誇りに思っていた。今日の日本を支えているのは、政治家でも経済人でもプロフェッショナルばかりだ。明治の文明開化以来、日本はアマチュア国家としてずっと半人前だった。これからは、日本が列強に伍して行くためには、あらゆる分野で責任あるプロフェッショナルを養成していかなければならない。私たちは、資金計画に参画してくれた人たちのためにも、是が非でも三浦の大滑降を成功させなければならないのだ。（藤島　一九七〇：八二）

藤島の日本近代史に対する認識が正しいかどうかはさておき、彼は「プロフェッショナルであること」のマイナスイメージを逆転させ、逆にアマチュアに勝るものとして発信し、マスメディアや大衆に働きかけるという戦略をとった。「日本はアマチュア国家としてずっと半人前だった」と、「アマチュア」を「半人前」に対応させ、「今日の日本を支えているのは、政治家でも経済人でもプロフェッショナルばかり」とし、日本の高度成長の要因を「プロフェッショナル」に求めたのである。日本山岳会やアマチュアリズムに対する当てつけやライバル心があったのかはさておき、ともかく三浦の冒険の価値を高めるために「プロフェッショナル」の意義を強調したのだ。

3　「一九七〇年」の時代背景と「エベレスト・スキー滑降」の意義

「政治の季節」の中で

日本において、一九六〇年代の後半は「政治の季節」の真っ只中だった。ベトナム反戦運動、全共闘運動など、若者を中心とした政治運動・社会運動が高まり、その勢いは一九六九年頃には一部の高等学校にまで及んでいた。「反戦平和」を掲げた「反博」などの動きも見られ、体制側と反体制勢力の若者との間で、対立が深まっていたのだ。

このような時代の中で、日本エベレスト・スキー探検隊は、万国博覧会を冒険のスポンサーとし、さらに博覧会の展示にも協力する立場だった。実際に、大阪万博ではネパール館で、三浦がヒマラヤを滑り降りる巨大写真（縦四m、横二五m）が展示された。三浦が滑降した映像は石原プロによって編集され、ネパール観光のPRとしてネパール館で上映されていた。このような状況の中で、高橋照（日本エベレスト・スキー探検隊の発案当初からこの計画に関わった人物。著名な登山家でもある）は、「現在のようにおとなと青少年の間に、これほど対話のない、あすなき時代はない。なにか世界中をアッといわせるようなことをやって、大いにこの偉大な祖国日本の本当の姿を、行為を通じて日本中の青年、とくに少年たちに対話する必要がある」（『読売新聞』一九六九年三月一一日朝刊一九面）と、三浦の冒険スキーの意義について語っている。同様に、総本部長の藤島泰輔も日本の若者との関係に言及し、「日本の若者たちが、失った夢を取り返してくれれば、われわれの目的のなかばは達せられたことになる」（『読売新聞』一九七〇年二月一三日朝刊一四面）、と主張している。

すなわち、スキー探検隊の中心人物たちは、学生運動などにみられるような「若者たちと大人たちの分断」を指摘したうえで、この冒険の意義を「青少年との対話」へ接合しようとした。かなり強引な意味づけであることは否めないが、そもそも冒険・探検というものが、青少年の夢と親和性が高いことは確かだろう。実際に一九七〇年当時の日本の総人口は、その約六割が三〇歳未満だった。団塊の世代を中心とした若者や子どもたちが、大衆の数的マジョリティを占めていたことは事実である。そのために、三浦は滑降を実行する日を、五月五日の「子どもの日」に設定した。実際にはエベレスト山頂付近の天候の影響により、決行日は五月六日に変更されたが、あえて「端午の節句」の日に合わせて「エベレスト大滑降」のクライマックスを行おうとしたことは重要である。

科学技術を駆使する冒険

すでに述べたように、一九七〇年には北極、南極、エベレスト、そして月面さえもがすでに人類によって制覇されていた。そのような時代の冒険・探検の意義について、エベレスト・スキー探検隊はどのように提示していたのだろうか。まず、総隊長の石原慎太郎は、時代による冒険の中身の推移について、「時代の推移とともに冒険の内容も変わってくる。〔中略〕それは人間の勇気と知恵と尊厳さの最も凝縮された発揮でなければならない。この冒険の本質に、きわめて複雑な技術性を加味した今回のプロジェクトは、そうした意味できわめて現代的、現代人的な試みと思われる」（『読売新聞』一九七〇年二月一三日朝刊一四面）と語っている。石原の言うように、時代とともに冒険の内容も変化することは事実だろう。とはいえ、石原の表現はかなり抽象的で、三浦の冒険が具体的にどのような方向性を持っていたのかが非常に分かりにくい。三浦は、「スキー大滑降」の特徴について次のように述べる。

むかしの探検のように、だれも行かなかったところに一番乗りをして、それだけで意義があるという時代は過ぎたと思う。これからの冒険は、その時代の最高の技術と結びついた総合的なものでなければならない。

各種の科学機器材を駆使することになるが、この意味で自然に対する人間頭脳の挑戦ということにもつながるだろう。（『読売新聞』一九六九年九月二日朝刊一五面）

かつて、最も偉大な冒険・探検として世界で評価を得たのは、人類未踏の地に立つことだった。しかしながら、エベレストがすでに登頂されていた時代における冒険は、「その時代の最高の技術と結びついた総合的なもの」であり、「自然に対する人間頭脳の挑戦」だと、三浦ははっきりと語った。その「最高の技術」とは、当時の日本の「各種の科学技術」であり、この冒険が科学機材を駆使するものだという事実を、三浦は公然と言い放ったわけだ。強靭な肉体やスキー技術だけではなく、科学技術をも駆使することが「自然に対する人間頭脳の挑戦」だったのだ。（『読売新聞』一九六九年二月二六日朝刊一四面）

具体的には、まずコンピューターやテレメーターなどの最新機器をフル活用した。テレメーターとは、遠地の測定データ（電気信号）を電話や無線にのせて監視センターに一定の時間間隔で自動送信し、センターで現地の状況を「オンライン、リアルタイム」で認識するために用いられる。いわゆる、「遠隔自動データ収集装置」である。もちろん、実際に滑降で使用する装備も、スキーに使用される一般的なものではない。日本科学振興財団や自衛隊などから支援を受け、パイロット使用のヘルメットをスキー用に改良したものを装備している。さらに、極端な高地での滑降であることを考え、酸素ボンベの使用なども計画したのだ。このように、「命をかける」あるいは「人々を魅了する」というだけではなく、科学の発展を利用し、「自然に対する人間頭脳の挑戦」という側面を三浦は強調したのである。

万国博覧会とアポロ計画

もっとも、一九六〇年代の日本には、科学技術の発展に対する不信感も蔓延していた。当時の日本では公害が社会問題となって相次ぐ訴訟が行われていたし、ベトナム戦争での「枯葉作戦」などによる惨事も重なり、「科学」への不信感が蔓延していたのだ。しかしながら、エベレスト・スキー探検隊は、科学の持つ輝かしいイメージを強調することに力点を置いた。その際に利用できたのが、冒険のスポンサーでもあった万国博覧会である。

高橋照は、「二十一世紀は日本の世紀といわれているが、はたして経済力や科学の力に人間性が追随していけるのだろうか？　わたくしたちは、この国の科学を駆使し失いかけている人間性の回復をねがいつつ、不可能を可能にしようという、地球上での人類今世紀最大のアドベンチャーにあえて挑戦し、科学と人間、人間と自然、人間と技術の調和のとれた進歩発展を目ざして、「人類の進歩と調和」をはかりたいものである」（『読売新聞』一九六九年三月一一日朝刊一九面）と述べ、科学や経済で日本が世界をリードするとともに、冒険の成功、さらにその行き着く先を大阪万博の理念に結びつけている。すなわち、高橋は三浦の大滑降を「人類今世紀最大のアドベンチャー」と位置づけ、その成功が万国博覧会のテーマである「人類の進歩と調和」へ繋がるというストーリーを提示したのだ。そもそも大阪万博は、「太陽の塔」や「月の石」もさることながら、華々しい科学のイメージに彩られていた。たとえば、数々の先進的なパビリオン（「三菱未来館」「電気通信館」「松下館」「ＩＢＭ館」、他多数）や、リニアモーターカー、電気自動車、あるいはテレビ電話など、科学で未来を彩るような内容に満ち溢れていたのである。

さらに、一九六九年にクライマックスを迎えた「アポロ計画」とスキー探検隊が、対比して語られていた事実も大きい。

〔三浦の冒険は：筆者挿入〕アポロの打ち上げを連想されるかも知れない。月への到達と、エベレスト・スキー滑降と、どちらがより冒険か。これは愚問には違いないが、人間が生命をかけ、より新しい可能性を求めて、はじめてのものに挑戦することにおいては、なんの変わりもないのである。

（『読売新聞』一九七〇年二月一六日夕刊一〇面）

アポロ11号の月面着陸、および人間が初めて月面に降り立ったという事実は、言うまでもなく人類史に残る大事件である。一方で、三浦のエベレスト滑降は、冒険としてのインパクトはあるものの、南極・北極・エベレストの

図3－1　三浦雄一郎『エベレスト大滑降』（文藝春秋，1970年）

初制覇やアポロ計画が達成した偉業に比べれば、少なくとも人類史上の意義という点では見劣りするかもしれない。しかしながら、両者を共に「冒険」という言葉で表現し、「はじめてのものに挑戦する」という意味で連続的なものとして捉えている点には注目すべきである。また、両者とも「科学技術の発展」が原動力となっており、「科学イメージ」と「冒険イメージ」を結合させている点も見逃せない。すなわち、エベレスト大滑降は、前年（一九六九年）のアポロ計画の成功をうまく利用しつつ、三浦の冒険の歴史的意義を創出していたとも考えられるのだ。

「大滑降成功」とナショナルな欲望の接続

三浦雄一郎自身は、エベレストでの大滑降を自身のためだけではなく、「日本人として」成功させたいという気持ちも抱いていた。国民の注目を自身の冒険へ引き付けたいという意図もあったかもしれないが、大滑降を行うにあたって、「アドベンチャーは未来の世界産業だ。平和の中にもヤマトダマシイを必要とするものがあるはず。日本人の勇気を示したい」（『読売新聞』一九七〇年二月二四日夕刊一一面）、という言葉を口にしている。

しかし、三浦よりもこのイベントに「ナショナルな欲望」をこめていたのが、ほかならぬ総隊長の石原慎太郎である。三浦の冒険が成功した際、石原は、「三浦がやったことは、スキーではない。それは、既成の概念に収まり切れぬ、既成の範疇を超えた、一つのそれ自体の行為である。［中略］我々がこの計画遂行の中で確認し、果し得たものは、新しい歴史の内での新しい興隆に欠くことの出来ぬ民族の連帯感といえるだろう。それこそが、日本人が日本人の手で二十一世紀を造形するための要件に他ならない」（石原 一九七〇：六七）、と語っている。石原は、「日本人」「民族の連帯感」という言葉を巧みに使用し、この冒険をあくまで「日本人」がなし遂げた偉業として捉えている。さらに、「日本人が日本人の手で二十一世紀を造形するための要件」であるとも表明しているのだ。一方で、高度成長の真っ只中にあった日本経済や、国際関係に注目しつつ、三浦の冒険を論じた人物もいる。評論家の虫明亜呂無《むしあけあろむ》は、三浦のエベレスト滑降を、当時の日本の経済面、あるいはナショナリズムの観点から鋭く捉えている。

ネパール国王は、おいそれと、諸国の勧誘にはのらないそうである。むろん、日本もこの国へ進出したい。それには、万博とおなじくらいに効果的な日本のＰＲが必要である。ネパール国王はじめ政府から日本へならば安心して金をだしてもよいと先方に積極的な関心をひきださなくてはならない。〔中略〕つまり、一種の外貨獲得用のＰＲなのである。三浦の滑降そのものの、世界で一番最初の、一番高い所からの意義はもとより大きいのは当然だが、一方では、世界との外資運営競争に先んずる効果も大きいのである。一億五千万円の金をかけ、死の恐怖に直面した〔中略〕背後には、日本のネパールへの経済進出の将来性がかかっていた。ここではじめてエベレストをきわめ、またエベレストを滑降した日本人と日本が、大きく世界的にクローズ・アップされてくるのである。三浦雄一郎は、その意味でジュネバ・スパー〔原文ママ：筆者挿入〕（岩尾根）の大滑降により、日本の国威発揚に貢献したことになる。

（虫明　一九七〇：三八二〜三八三）

虫明亜呂無によると、三浦の大滑降成功は「日本の国威発揚」のみならず、「世界との外資運営競争に先んずる効果」も大きかったという。世界がネパールへの経済進出を目指している中で、三浦の冒険は日本が経済競争の中で一歩抜き出ることに貢献したというのだ。その背景には、当時の日本の経済力が高まっていたという事実がある。日本のＧＮＰは、一九六六年にフランス、一九六七年にイギリスを抜き、一九六八年にはアメリカに次ぐ規模に達していたのだ。当時、経済的に先進国の一員となった日本の象徴がまさしく大阪万博であり、エベレスト大滑降の成功だった。すなわち、三浦の冒険は日本における「経済ナショナリズム」のイメージとも重なっていたのである。

三浦雄一郎は確かにこの冒険を成功させ、一躍国民的スターに躍り出た。だが、決して無視できない事実がある。三浦のスキー隊が行ったエベレスト登山で、六人のネパール人シェルパ（山の案内人）が、雪崩で命を落としたという悲しい事件である。もちろん、登山で雪崩に遭遇することは、それほど珍しいことではない。しかしながら、一度に六人の犠牲者を出したのは、当時のエベレストでは一九二二年にイギリスの隊における七人のシェルパの死に次いで、二番目に多い数字だった。朝日新聞はこの点に言及したうえで、「エベレスト・スキー滑降は、金と名誉を追っかける冒険。この意味で三浦氏は、成功者だが、六人のシェルパの悲しい死を思うと、スポーツとしては成功と、いえるだろうか」（『朝日新聞』一九七〇年五月一二日朝刊二二面）と、やや批判的な見解を述べている。しかしながら、この事件を考えるうえで重要なのは、「スポーツとしては成功」なのかどうか、あるいは「人間の命と冒険の価値」といった論点よりも、むしろ国家間の「経済格差」の問題である。

シェルパの死に対する「冒険批判」と経済格差の露呈

まずは基本的なことだが、当時のシェルパの労働条件について確認してみよう。シェルパの労働は、睡眠時間を除いて一日の行動全てが登山のために拘束される。日給は一日で一〇～一五ルピー（当時の日本円で三六〇～五四〇円）である。高地や厳冬期の登山では凍傷で指を失うことも多いが、凍傷で親指をなくしたら一〇ルピー、他の指は五ルピーが補償され、指を全部なくしたら馬一頭がもらえる（生 一九七二）。シェルパが死亡した場合、補償金は一人につき三万ルピー（当時の日本円で約一〇五万円）である（『朝日新聞』一九七〇年四月一〇日朝刊一三面）。残酷な言い方をすれば、金銭的に余裕があるならば、シェルパ一人の命を一〇五万円で買えるという表現もできる。生和寛は、一九七〇年当時、約半年間にわたってヒマラヤにあるシェルパの村に滞在し、多くのシェルパにインタビュー調査を行った。インタビューを通して、シェルパにとっての登山とは何なのか、その意識を明らかにしている。

「山は好きです。山がなければチベットに行けない今、収入がなくなってしまいます。私の希望って？　それは山で死なないこと。それがいちばんです」（シェルパ　三二才）。「私はいつも日本の隊です。日本人がヨーロッパ人やアメリカ人より親しみがあるからです。〔中略〕山はシェルパにとって、物やお金をくれるところです。そういう意味で山は好きです。山へ登るのは、もちろんこわいです。だからできれば危険の少ないコックとして、いつも行きたいと思っています」（シェルパ　二八才）。

（生　一九七一：一四六）

さらに生は、シェルパが日本人の登山家や冒険家のような感覚で、純粋に「山が好きだ」とは言わない理由について、「これは簡単に想像できることである。人間が山に登りはじめて、どのくらいになるか。そしてそれはどういう条件のもとでか。〔中略〕無意味なことにお金を投ずるには、かなり文明的な余裕が必要である。さらに、登山などは国威掲揚のため、あるいはそれに利用されて行なわれる。国威を掲揚するにいたっていない国は、登山などできないのである。できないし、また、想像もしないことなのだ。発展途上といわれる国が、登山隊を出さないのもこの理由による。ならば、シェルパが、我々と同じようには、山を好きではないと考えることは容易だ」（生一九七一：一四八）、と述べている。日本の冒険家や登山家たちは、エベレストに夢やロマンを感じ、純粋に「山が好きだ」と答える。だが、そこには「登山や冒険を楽しめる国（国民）」と、そんなことなど想像すらできない発展途上国（そこで暮らす人々）というヒエラルキーがあるのだ。シェルパは無意味なことにお金を投じないし、「国威」よりも大切なのは自身の生活である。したがって、三浦のようにエベレストを登ったうえで、そこからスキーで滑降することなど、もはや想像力の域をはるかに超えているだろう。

一方で、本多勝一は、一九七〇年当時、日本からのヒマラヤ隊などが増加していった事実について、次のように述べている。

日本から出る探検隊や海外登山隊が、いかに「学術」や「スポーツ」であって、侵略とは直接関係のないものであろうとも、それらの隊が爆発的にふえてゆく趨勢は、日本経済の膨張とほぼ同じ曲線を描いて今日に到っています。その日本経済繁栄の有力要因に、朝鮮戦争、ベトナム戦争、および第三世界への経済侵略があったことは、おおい難い事実です。

（本多 一九七〇：六二）

本多が指摘しているように、戦後の朝鮮特需を経て、日本が高度成長の流れに乗っていったプロセスの中で、第三世界から多大な恩恵を受けていたことは事実である。それを「経済侵略」と呼ぶかは別として、安価な労働力や資源を得ていたことは、歴史的な事実だろう。そのような状況は経済的側面だけではなく、日本人の意識にも表れていたかもしれない。生和寛も、当時増加していた日本人の登山家たちの意識について、次のように述べている。

数人の日本人に会ってシェルパの話をした。これから登るんだという人が最近のシェルパについていった。「どうも、このごろのシェルパは生意気になった。こっちが英語を間違えてしゃべると、ニヤリとしゃがる。マナーが悪くなったな。そこで私は考えているんだが、シェルパの学校をつくる。マナーをぴっちりしこむ。言葉も教える。日本人の隊が多いんだし、日本語がいいんじゃないかな」。これを読んでなんとも感じない人は、すでに侵略者の兆候ありと思ってよろしい。［中略］マナーが悪いとメクジラをたて、日本語を教えるという論理は、侵略者のものなのである。

（生 一九七一：一四八）

もちろん日本人全体に、あるいはヒマラヤを愛する登山家や冒険家たち全員に、このような侵略者的な意識がいきわたっていたとは言えないかもしれない。一方、スキーによるエベレスト大滑降を成功させた三浦は、自身の冒険について次のように述べている。

心のエベレストとは何であったか。私をあの死の世界からつれもどして、人の世に人間としてもどしてくれたものの意志は何であったか。私は新しい人生の巡礼者として、それを探し求めるために、〝残り〟の人生をはるかなるものに向けて歩みつづけねばなるまい。［中略］私達は人間の肉体が、それはちっぽけなものだけど、そこに心や魂が働けば、ときには命をこえて、はるかなる永遠につながるかなたまで、歩きつづけ登りつづけ、そして帰ってくることを知った。［中略］人生なんて、一瞬のうちに消えていくはかない夢である。だから同じ夢なら、素晴しい夢を持とうではないか。

（三浦　一九七〇c：九三〜九四）

「エベレスト大滑降」が三浦にとって、まさしく生死をかけた極限の冒険だったことは、間違いない事実である。その成功について、三浦が饒舌に語ったとしても、なんら批判に値することではない。しかしながら、スキー滑降や冒険、あるいは生死に関する考えを日本人とネパール人シェルパで比較してみれば、三浦雄一郎のそれがいかに恵まれており、かつ先進国の立場の意識であるという事実が浮き彫りになる。もちろん、「命の危険」という点を考えるなら、雪崩に巻き込まれる可能性は、日本人のエベレスト探検隊メンバーにも多分にあった。今回は、雪崩が偶然にして六人のネパール人シェルパを襲ったのである。三浦を含めた日本人のスキー探検隊メンバーは、六人の遺体を見つけ出し、丁寧に埋葬している。しかしながら、「生死をかける」というスポーツ的・冒険的行為を「選ぶことの出来る人間」（日本人）と、「それを職業として選ばざるを得ない人間」（ネパール人）という経済的ヒエラルキーの中で、三浦の冒険は行われ、三浦は（そして日本は）それを成功させたのである。この構造は、万国博覧会の開催、そしてその成功とも共通している。いわば、先進国であり「アジアの盟主」としての自国を提示する立場と、「ネパールでシェルパとして山を登りながら生きるしかない」立場が、見事に対比されている。

すなわち三浦のスキー滑降は、「人類の進歩と調和」という万国博の標語で国家間のヒエラルキーを隠蔽しつつ、「冒険成功」の背後にあった経済格差をかき消し、シェルパの死という悲劇を無きもののようにしてしまったのだ。

4　ドキュメンタリー映画化と「世界的英雄・三浦雄一郎」の誕生

石原プロによる冒険の映画化

ここでは三浦の冒険と、その後の二度にわたるドキュメンタリー映画化、およびその評価についてメディア論的視点から論じる。三浦のエベレスト大滑降は大きな危険を伴う大冒険だったが、スキー探検隊は全員無事に帰国することができた。その中でも、三浦の登山や滑降をカメラに収める役割を担っていた石原プロの製作者たちは、三浦と同様に、最も危険な仕事に携わっていたと言えるだろう。三浦の映画は石原プロによって製作され、『エベレスト大滑降』というタイトルで一九七〇年七月に日本で公開された。一一九分間の映画で、撮影総監督は『黒部の太陽』（一九六八）や『富士山頂』（一九七〇）、『ある兵士の賭け』（一九七〇）を手掛けた金宇満司、配給は松竹だった。この作品は文部省特選映画にも指定され（『読売新聞』一九七〇年七月一八日朝刊一四面）、大ヒットは間違いないと考えられていた。『エベレスト大滑降』の映画パンフレットには、「世界に大反響!!勇気をたたえる各国」という読売新聞の記事が転載されており、「日本人、スキーでエベレストを滑降」というニュースが、ロンドン、パリ、モスクワ、カトマンズなどを駆け巡ったことが強調されている（『エベレスト大滑降』二七頁）。この映画も、これまでのスキー探検隊に関する報道と同様に、「日本が誇る世界の三浦雄一郎」という点を強調していた。

だが、結果的に『エベレスト大滑降』の興行成績はふるわなかった。映画の内容に賛否があったことも事実だが、失敗の要因は、日本テレビと興行会社（松竹）の間でトラブルが起こったことにある。映画は七月から上映されたが、公開前に三浦が大滑降するクライマックスシーンが日本テレビの番組で放送されたのだ。いわば、映画会社としてはメインの映像をテレビ局に先取りされた形である。その放送をめぐり、松竹側が日本テレビに抗議し、週平均の収入では好成績を上げながら、わずか三週間で上映が打ち切られてしまったのだ（『読売新聞』一九七一年七月七日夕刊七面）。映画の内容に関しても、賛否が比較的はっきりと分かれていた。三浦の冒険のスポンサーでもあった読売新聞は、当然のことながら『エベレスト大滑降』を高く評価した。

三浦雄一郎は、エベレストに初めて登頂したヒラリー卿から、挑戦は人間の本質である、という言葉をきく。三浦の場合、それは死に対する挑戦であったというのが映画の第一の主題である。〔中略〕映画は自身の力で、三浦の死に対する挑戦は同時に、それを実現するために結集した集団全体の課題でもあったという第二の主題を、雄弁に語りかけてくるのである。〔中略〕三浦は激しいトレーニングを自身に課す。〔中略〕そこにきびしいプロフェッショナリズムを見ることができるというナレーションも共感を呼ぶ。スキー技術の華麗さなどという外見にとらわれず、映画は生と死の対決という本質をみごとに描き出した（『読売新聞』一九七〇年七月二三日夕刊七面）

三浦の「死に対する挑戦」や、エベレスト・スキー隊のチームワーク、さらに「厳しいプロフェッショナリズム」を強調したことなど、石原プロが三浦やスキー探検隊の意思に忠実な形で製作したことがうかがえる。だが一方で、映画評論家の中にはかなり厳しい批評もあった。飯田心美は、この映画を次のように評している。

図３－２　映画『エベレスト大滑降』（1970 年）パンフレット

作品を見るにおよびその作り方の手軽さに少からぬ失望を禁じえなかったことを痛感した。〔中略〕その一つは、この映画が三浦個人のスター映画で終ってしまったこと、言いかえれば未知の冒険にかけた彼の表面的な挑戦姿勢は出ているが、それを成功させるための裏面の苦労が示されていないことが、全体の印象を浅いものにした。〔中略〕その二はこの映画にほんとうの意味でのプロデューサー及び記録映画作者がいなかったことだ。〔中略〕名手金宇満司の陣頭指揮だからソツはなかった筈だが作者の目を具えた人がいなかったことがせっかくの状況説明を不鮮明にした。〔中略〕なお付言すればシェルパ六名のギセイ者を出した惨事のくだりが安直に片づけられているのも気になった。

（『キネマ旬報』一九七〇年九月上旬号、七〇頁）

三浦個人のスター映画、ほんとうの意味での記録映画作者の不在、シェルパ六名の犠牲が安直に片づけられているなど、かなり痛烈な批判がされている。もっとも石原プロとしては、実はこの作品が社内で初のドキュメンタリー映画の製作だった。その点で、名手といわれた金宇満司カメラマンの映像を活かしきれなかったのかもしれない。

だが、この作品が公開された五年後の一九七五年、三浦のこの冒険を題材にした新たなドキュメンタリー映画が海外で製作される。しかも、石原プロが撮影した映像を使用して、この作品は作られているのだ。実は一九七〇年頃から、石原プロは映画の興行成績でピンチに立たされていた。石原プロは『黒部の太陽』（一九六八）で大成功を収めたものの、『ある兵士の賭け』（一九七〇）で大きな損失を出し、『エベレスト大滑降』も不発に終わった。一九七〇年の石原プロは約八億円の負債を背負い、社長だった石原裕次郎の入院も重なり、経営難に陥っていたのだ。

その背景には、日本におけるメディア産業の転換という構造的な事情もあった。石原プロや裕次郎の古巣である日活に代表される邦画業界が、当時は低迷期に入っていた。それに代わってメディア業界の中心になったのが、テレビである。映画からテレビへ娯楽メディアが変化していく中でも、裕次郎はあくまでテレビを過小評価し、映画に固執し続けていた。一方で、石原プロは一九七一年以降、徐々に経営再建を進めていった。そして、ついにテレビ番組制作へと舵を切り、『太陽にほえろ！』（一九七二年〜）や『大都会』（一九七六年〜）、『西部警察』（一九七九年〜）などのドラマをヒットさせたのだ。いずれにしても、経営再建のため、石原プロはエベレスト・スキー探検隊が撮影したフィルムを、『エベレスト大滑降』での未使用部分も含め、海外の製作会社に売り渡すことを決心した。そのフィルムが再編集され、一九七五年に公開された作品、“The Man Who Skied Down Everest” へと繋がる。

“The Man Who Skied Down Everest” の成功

映画、“The Man Who Skied Down Everest” の監督は、カナダ人のバッジ・クローリー（Budge Crawley）である。クローリーはもともとドキュメンタリー映画製作の専門家であり、その点では石原プロよりも製作能力に優れていたと考えられる。クローリーは製作元の石原プロで眠っていた『エベレスト大滑降』を、未使用部分も含む千フィートのフィルムごと買い取り、新しい映画として製作・発表したのだ。この作品は、一九七六年にカナダ製作の映画として初めて「アカデミー賞」（第四八回 長編ドキュメンタリー映画賞）を受賞した。アメリカやカナダでの評価も高く、三浦は映画の上映に伴い全米と欧州を回り、現地でテレビなどにも出演した（『読売新聞』二〇一二年四月一四日朝刊一七面）。たとえば、アメリカのジミー・カーター元大統領はこの映画に深い感銘を受け、三浦雄一郎の熱烈なファンになったという。後に三浦がアメリカを訪れた際、カーターと面会し、「悩むたび、ホワイトハウスの映写室に行ってあの映画を見た。人間の夢にかけた勇気と気概をもらった」と三浦に語ったと言われている（『読売新聞』二〇一二年四月一四日朝刊一七面）。さらに、海外メディアからも多くの賛辞を受けている。「目もくらむばかりの迫力。そう快なあと味、掛け値なしのユニークさ」（ロサンゼルス・タイムズ）、「スポーツ映画としては最上級であるばかりでなく、人生の夢に挑む男の物語」（夕刊紙ヘラルド・エクザミナー）、「これこそ、すべての映画愛好家とスキーヤーを魅了するすてきな記録映画」（CBS系KNXTテレビ、デビッド・シェーハン氏）など、最大級の称賛を得ていた（『読売新聞』一九七六年四月一〇日七面）。

では、この作品は石原プロのものとどのように違っていたのだろうか。まずクローリーによって、映画全体の構成やストーリー展開が一新されていた。具体的には、冒険の主人公・三浦の手記でもある書籍『エベレスト大滑降』（文藝春秋、一九七〇年）を英語に翻訳し、基本的に三浦自身の手記中の言葉をナレーションとして使用している。もちろん、この作品でもスキーヤー三浦の技術の凄さや美しさ、冒険への執念などを表現している。しかしながら、この作品の主題は、冒険をする中で葛藤する三浦の心の再現であり、心理ドラマの様相がきわめて強い。基本的には、三浦のその時の心理状況を描写する言葉の後に、それにふさわしい映像が挿入されるという流れである。たとえば、三浦が家族への思いを語った後に、日本で三浦の帰りを待つ幼い息子の姿を映し出す。エベレストへの熱い思いを語った後に、今まさに三浦の前にそびえたつ壮大なエベレストの映像を流す、などの構成である。このように、コンセプトを完全に変えたうえで、新たな構成・脚本が作り上げられたのだ。ちなみに、この作品の中で最も時間をかけているシークエンスは、シェルパの死に関する部分である。六人のシェルパが不幸にも雪崩に襲われ、命を失い、一人一人運ばれて埋葬されるシーンがある。そして、死んだシェルパの弟や三浦が、哀悼の言葉を捧げる。このシーンが、なんと八分四〇秒間も続くのだ。三浦の大滑降というクライマックスでさえ、七分間にも満たないのだから、シェルパの死をいかに強調しているかがうかがえる。したがって、この作品にはかつて飯田心美が映画『エベレスト大滑降』（一九七〇）について語った論評、「シェルパ六名のギセイ者を出した惨事のくだりが安直に片づけられている」という批判は、まったく当たらないものに仕上がっていたのである。

以上をふまえ、このカナダ版作品の特徴を二点ほど指摘することができる。第一に、物語が一九七〇年当時の「ナショナルな欲望」から解放されていることである。その理由は、カナダ人製作者があくまで自身の発想でこの映画を作り上げた結果、冒険のスポンサーだった万国博覧会や「日本人の功績」という表現が消えたからにほかならない。三浦は主人公として登場しているが、あくまで「偉大なスキーヤー」あるいは「冒険の中で葛藤する人物」として描かれており、「日本人である」ことは強調されていない。第二に、このような製作手法、すなわち「三浦の言葉をナレーションとして挿入すること」が可能だったのは、一九七〇年とは事情が異なっていたからである。石原プロの場合、大阪万博の開催期間中に映画を製作し終え、すぐに上映する必要があった。そのような事情はクローリーには一切なく、三浦の手記を英訳する作業にも時間を費やすことができたのだ。三浦の手記『エベレスト大滑降』が出版されたのは、石原プロ作品が公開された後の一九七〇年八月である。したがって、仮に映画製作の際に三浦の手記を使用するという発想があったとしても、それは時間的にまったく不可能だったのである。

マスメディア・国家・資本を「飼いならした」三浦雄一郎

最後に、この一九七〇年の三浦の冒険を総合的に捉えるならば、その特徴として次のようなことが言える。第一に、この冒険に対する批判の特徴は「プロである」という点にあった。アマチュアリズムがまだ価値を持っており、「プロ」が「商業主義」のイメージと結びつきやすく、さらに同年に日本山岳会のエベレスト登山が行われていた時代だったからこそ、このような理由での批判が成立していたのだ。それに対して三浦は、「プロフェッショナル」という言葉をプラスイメージに変換させ、「科学技術の進歩」および「その有意義な活用」へ接続させた。その背景には「万国博覧会」や「アポロ計画」の成功という、一九六九年から七〇年にかけての輝かしい「科学イメージ」が影響していたのだ。一方で「六人のシェルパの死」という点からの批判も見られた。その背景には、一九六〇年代後半に、日本が名実ともに先進国の仲間入りをしたという状況があった。だが、シェルパの死に対する批判も「悲劇的な事件」という意味付けにしかならず、マスメディアや日本の文化人たちも、経済成長した日本と発展途上国の間にみられた「格差」という根本的な問題にまで踏み込むことはなかった。

第二に、三浦の冒険が一九七〇年、七五年と二度にわたってドキュメンタリー映画化され、一九七五年のカナダ製作の作品の方が高評価を得た点である。一九七〇年の作品が日本で、しかも万国博覧会の真っ只中に製作されていたため、ナショナリズムの影響を強く受けていた。一方、一九七五年作品では主人公・三浦雄一郎の「語り」をナレーションに使用することにより、冒険家・三浦の心の動きを表現することに成功したのだ。言葉をかえれば、三浦の映像（身体・肉体の表象）もさることながら、三浦自身の「語り」（英語ではあるが）が強力なメディアとして機能したのである。その結果、たんなる「英雄・三浦雄一郎」ではなく、「人間・三浦雄一郎の内面」（家族への思い、シェルパの死に対する葛藤、冒険への強い意志など）が強調され、オーディエンスに感動をもたらし、世界で高く評価されたのだ。その背景として、製作された時代・場所が、一九七〇年の日本から七五年のカナダへと変化していたのが重要だったのだ。第三に、三浦の冒険を「壮大なメディア・イベント」として捉えれば、一九七〇年の日本では、国家、万博、新聞社などが相互依存の関係を結んでいた。しかし三浦の側からみれば、自らの大規模な冒険を実現するため、国家やマスメディア、万国博覧会、あるいはその他のスポンサーを、うまく「飼いならした」という解釈も可能である。したがって、三浦は卓越したプロスキーヤー、冒険家であるとともに、優れた「プロデューサー」だったとも言える。それこそが、まさに「プロとしての冒険」だったのである。他人に利用されない「主体的な冒険家」として、三浦は自らを意味づけし、言説化した。そして、マスメディアからもそのように語られ、高く評価されていたのである。

参考文献

石原慎太郎（一九七〇）「透明な「行為」の重み」『文藝春秋臨時増刊　三浦雄一郎エベレスト大滑降』一九七〇年七月号（第四八巻八号）文藝春秋。

今泉容子（二〇〇六）「ドキュメンタリで結ばれた日本とカナダ――『エベレストを滑降した男』」『文藝言語研究。文藝篇』第五〇巻、筑波大学文藝・言語学系。

小谷明・安久一成（一九七〇）『エベレスト――日本エベレスト・スキー探検隊の記録』文藝春秋。

生和寛（一九七一）「素顔のシェルパ、その生涯と意見」山と溪谷社編『現代の探検』No.6、山と溪谷社。

藤島泰輔（一九七〇）「エベレスト作戦」『文藝春秋臨時増刊：三浦雄一郎エベレスト大滑降』一九七〇年七月号（第四八巻八号）文藝春秋。

文藝春秋（一九七〇）『文藝春秋臨時増刊　三浦雄一郎エベレスト大滑降』七月号（第四八巻八号）文藝春秋。

本多勝一（一九七〇）「探検の夢と独立の夢」山と溪谷社編『現代の探検』No.2、山と溪谷社。

三浦雄一郎（一九七〇ａ）『エベレスト大滑降』文藝春秋。

三浦雄一郎（一九七〇ｂ）「農耕民族の中の冒険野郎」山と溪谷社編『現代の探検』No.1、山と溪谷社。

三浦雄一郎（一九七〇ｃ）「生と死の二分二〇秒」小谷明・安久一成『エベレスト――日本エベレスト・スキー探検隊の記録』文藝春秋。

虫明亜呂無（一九七〇）「三浦雄一郎　死の壁に見せられし冒険王」『潮』潮出版社、一九七〇年七月号。

映画『エベレストを滑降した男』（*The Man Who Skied Down Everest*）（一九七五年）。
※日本山岳会のエベレスト登山隊については、左記を参照。
日本山岳会一九七〇年エベレスト登山隊編（一九七二）『一九七〇年エベレスト登山隊報告書　第Ⅰ部』日本山岳会。

日本山岳会一九七〇年エベレスト登山隊編（一九七二）『一九七〇年エベレスト登山隊報告書　第Ⅱ部　学術報告』日本山岳会。

第4章　「自分探し」と「メディア・イベント」の狭間で

――国民的英雄・植村直己の誕生――

1　植村直己と「単独行」の意義

墓石に刻まれた詩が語るもの

一九八五年六月一日、冒険家・植村直己《うえむらなおみ》の一周忌法要の場で、詩人の草野新平によって植村の墓石に、次のような詩が刻み込まれた。

地球上に　もう彼はゐない　けれども生きている
修身に化けて　植村直己は　私たちの中に　いきつゞける

（『毎日新聞』一九八五年六月二日朝刊二二面）

植村直己は、一九七〇年に日本人として（松浦輝夫《まつうらてるお》と二人で）エベレストに初登頂し、七〇年代後半には「北極点単独到達」「グリーンランド横断」などで名を馳せた人物である。八四年二月にアラスカのマッキンリーで消息を絶ち、同年には生前の冒険家としての功績を称えられ、国民栄誉賞を受賞している。草野は「修身に化けて」という言葉を用いているが、これは「正しく生きる」あるいは「立派な行いをする」など、「自律して行動する人間」を意味しているのだろう。すなわち、植村はみなが尊敬すべき冒険家として「私たちの中にいきつゞける」と表現されているのだ。

もっとも、「偉人」としての植村の評価は、一九八四年の国民栄誉賞受賞以降、日本社会にすっかり浸透している感がある。たとえば二〇〇〇年四月、朝日新聞紙面で、「この一〇〇〇年「日本の冒険・探検家」読者人気投票」

という企画があった（『朝日新聞』二〇〇〇年四月三〇日朝刊二八面）。植村は、総投票数六四三五票のうち実に一六九六票を獲得し、みごと第一位に輝いている。ちなみに以下は、二位・伊能忠敬（九二七票）、三位・毛里衛（四六二票）、四位・最上徳内（三八九票）、五位・堀江謙一（三六一票）という順である。二位の伊能忠敬は江戸時代に日本地図を完成させた地理学者で、日本史の教科書にも必ず登場する歴史的人物である。しかし、植村は学校の授業で必ず習うはずの伊能に大差をつけ、ただ一人四ケタの票数を獲得している。戦後の冒険家だけに限定しても、宇宙飛行士として九〇年代から活躍した毛利衛や、海洋冒険家として六〇年代以降名を馳せた堀江謙一などを抑えて圧倒的一位であり、その人気の高さが窺える。さらにいえば、歴代の日本の国民栄誉賞受賞者を見渡しても、スポーツ選手やミュージシャン、あるいは俳優などが目立つ中で、冒険家としての受賞者は植村ただ一人である。したがって、植村直己は戦後の日本社会において最も知名度の高い冒険家の一人とも言えるだろう。

一九七〇年代の社会意識と「冒険」の意味づけ

植村がこれほどまでに大衆の関心を引き付けた理由は、いったいどこにあるのだろうか。まず、冒険家・植村が高く評価された要因を、一九七〇年代から八〇年代半ばにかけての大衆の意識変容に求めることも可能かもしれない。当時の日本社会の変貌については、すでに多くの学者が議論してきたところでもある。たとえば、山崎正和の『柔らかい個人主義の誕生』（一九八四年）によれば、「政治」や「生産」を志向する「硬い個人主義」の時代から「時間の消費」（旅行やイベント）や「モノの記号消費」、あるいは生産よりも「プロセス重視」の脱産業社会へと時代が変化していったという。同様に、浅田彰は『逃走論』（筑摩書房、一九八四年）の中で、「パラノ人間」（国家、学校、会社、立身出世などの「大きな物語」に依存する人々）から、「スキゾ人間」（「大きな物語」から距離を置き、他者との差異化を志す人々）へという、社会における価値観の変容を指摘した。浅田がいう「逃走」は「個性への志向」であり、いわゆる「自分探し」に近いものとも言えるだろう。これらの議論に合わせた形で、冒険家・植村直己が世間から広く受け入れられ、称賛された理由を説明することも可能かもしれない。というのも、彼の冒険は決して「前人未到の地への到達」や「未知を既知にする」という点で評価されたわけではない。社会的あるいは歴史的意味ではなく、「より困難な状況に立ち向かう個人」として称賛されたからである。

とくに、植村の冒険が基本的に組織ではなく「単独行」を中心に行われたという事実は、彼を語るうえで決して欠かせない。たとえば、一九七一年に植村は初の著書、『青春を山に賭けて』（毎日新聞社）を出版した。その内容は、植村が五大陸の最高峰を全て制覇した際の詳細な記述である。一般的に最も重要なのは、世界最高峰エベレストの「日本人初登頂」と思われるかもしれない。だが、当時この本を書評した瓜生卓造《うりゅうたくぞう》（登山家、小説家）は、「この五山のうち、エベレストを除くと、他の四つは登頂したからといって、それほど山男の箔がつく山ではない。〔中略〕しかし、彼の場合は、エベレスト以外はすべて単独行であり、しかも最低の資金、最悪の装備のもとで行なわれている。〔中略〕これら四山の登頂は、強力な隊組織にささえられて成功したエベレスト以上に感激があったにちがいない」（瓜生 一九七一：六六）と、あくまで「単独行」の素晴らしさを強調していたのだ。

そもそも、序章でも触れたように、近代初期に行われていた世界初到達を目指す冒険・探検は、決して「個人のもの」ではなかった。北極点・南極点・エベレストなどを制覇することを目的とした競争は、国家の威信をかけた戦いだったのだ。戦後の日本における冒険・探検も、実態はともかく、正式名称としては「海外学術調査」あるいは「海外観測隊」などと呼ばれ、あくまで学問や社会に寄与するものとされていた。しかも、そういった冒険・探検はほぼ全て国家やマスメディアなどによって支援され、チームの主導で行われていたのだ。学術探検ではないが、第1章のマナスル登頂や、第3章の三浦雄一郎の「エベレスト大滑降」も、あくまで組織によって成功に導かれた冒険である。それらに対して、植村の冒険は決して国家のためのものではなく、ましてや社会や学術への貢献でもなかった。どちらかといえば、「個人としての冒険」、あるいは「壮大な自分探しの旅」といった方がふさわしいだろう。植村自身も、「南極大陸を、たったひとりでイヌとソリでやってのけるのが、私の最大の夢である。私は地理学者でも、物理学者でもない。南極に入っても科学調査をする知識も持っていない。ただ、いまの私にとって、自分の限界を求め、何かを見いだしたい。〔中略〕人のためにやるのではなく、自分のためにやるのだ」（植村 一九七一：二八〇）と語っていた。「南極大陸の単独横断」という夢は結局のところ叶わなかったが、植村のこのような冒険に対する考え方は、晩年になっても変わることがなかった。植村自身は「自分のためにやる」と明確に語っていたし、一九七〇年代から八〇年代にかけての日本社会も、植村のような「自分自身のための冒険」を求めていたのかもしれない。すなわち、山崎や浅田が論じたような日本社会の当時の価値観と、植村の生き方に親和性が見出されるというわけだ。

だが、実は植村の冒険に対する世間の評価は、各時代において決して一貫して高かったわけではない。とくに植村の絶頂期と言われた一九七〇年代後半、彼の冒険に対する評価は多様であり、植村を英雄視する言説、たいした冒険家ではないという酷評、あるいは別視点からの批判的な見解などが錯綜していた。世間の大勢が一貫して彼を高く評価するようになったのは、むしろ八〇年代半ば以降である。では、なぜ植村に対する評価は、それほどまでに錯綜していたのだろうか。さらに、それがいかなる理由で「修身・植村直己」という、自律した行動者の代表のような評価に収斂していったのだろうか。本章では主に一九六〇年代後半から八〇年代における「冒険・探検観」の変容、あるいは学術や「教養」に対する認識の変化に注目し、植村に関する言説が変容した要因を分析する。それによって、人々が植村の冒険に何を見出し、いかなる期待を抱いていたのかを考え、改めて当時のメディア状況や教育などの社会背景を検討する。言葉を変えるならば、植村を中心として冒険家に対する「評価の指標」（「称賛」あるいは「批判」の根拠）の変化を追い、当時の大衆や知識人にみられた価値意識の変容を明らかにしたい。

2　「冒険家・書き手」植村直己の登場

「政治の季節」の終焉と「異質な若者」としての登場

まずは、植村直己が冒険家となり、メディアに登場するまでの道のりを追ってみよう。植村直己は一九四一年、兵庫県豊岡市の農家で、七人兄弟の末っ子として生まれた。高校卒業後に就職するがわずか一年で退職し、六〇年に明治大学農学部に入学する。明治大学山岳部の部員だった植村は、大学卒業後に海外の山を登ることを夢見ていた。一方で、日本社会の流れも植村の夢を実現させる方向に向かっていた。日本から海外への旅行が自由化されたのは一九六四年四月であり、ちょうど植村の大学卒業直後にあたる。同年五月、単身でアメリカへ渡り、海外を股にかけた冒険の旅に出かけた。六六年にモンブラン（ヨーロッパ最高峰）およびキリマンジャロ（アフリカ大陸最高峰）、六八年にはアコンカグア（南米大陸最高峰）を登頂し、登山以外では六八年のアマゾン河約六〇〇〇キロイカダ下りが有名である。一九六九年に一時帰国した際、植村は新聞・雑誌などのメディアに登場し、世間で知られるようになる。『文藝春秋』一九六九年三月号に、「無一文の一千日世界探検――氷河がみたい一心で日本を飛びだした一青年が、無手勝流で達成したかがやかしい大記録」という記事が掲載される（『文藝春秋』一九六九年三月号、三一〇〜三一八頁）。内容は、六六年のモンブランから六八年のアマゾン河イカダ下りまでの冒険物語である。この記事によって植村は一躍有名になった（『朝日新聞』一九八三年二月二五日朝刊一六面）。

一方で、一九六〇年代の後半は「政治の季節」の終焉期だった。植村がしばしば原稿を寄せていた『文藝春秋』も決して例外ではなく、植村の記事が掲載された同号の特集は、「東大最後の日　安田トリデ籠城記」である。内藤国夫、開高健、野坂昭如、立花隆などが執筆し、東大安田講堂事件についての一大特集となっていた。さらに七〇年、植村はエベレスト（日本人初）、マッキンリー（北米大陸最高峰）を登頂し、世界初の五大陸最高峰登頂者となった。同年の『文藝春秋』一九七〇年一二月号にも、植村の手記「世界の五大巨峰を征服して――エベレストの頂きに立った〝アニマル〟登山家が世界を股にかけた数々の大冒険を回想する」（植村 一九七〇：三二一〜三二六）が掲載されているが、同号の特集も「大学紛争のあとで」である。すなわち、当時の植村は、「政治の季節」という日本社会の状況から離れ、政治や学生運動ではなく、自身の「冒険・探検」を追求する稀有な若者として描かれていたのだ。さらに同年、植村はテレビのドキュメンタリー番組にも登場する。

ナレーション：「植村直己、二九歳。「アニマル」というあだ名をもっている。彼はいまだかつて定職についたことがない。日本にいるときも、外国を放浪しているときも、率の良いアルバイトをみつけてはせっせと金を貯め、それをふところに、山にとんでいくという暮らしを繰り返してきた」。

（『ドキュメンタリー青春・わが名はアニマル』毎日放送（大阪）、一九七〇年一二月五日放送）

就職が決まって髪を切っていく若者が当時を象徴していた中で、植村は「定職についたことがない」、世界中を放浪して山登りを続けるような異質な若者として、団塊世代とは対照的に描かれていた。言いかえるならば、「社会に抵抗するも、結局は社会に飲み込まれていった若者たち」に対して、「社会へ背を向け続け、自身の生きざまを貫く稀有な若者」という対比で表現されていたのである。既述のように、かつて一九六二年の堀江謙一は、本多勝一から「反権力」という意味で、その冒険を高く評価された。一方の植村は、決して反権力ではなく、ましてや若者の主流としても描かれていない。どちらかと言えば、当時は「傍流」の若者として表現されていたのだ。

メディア・イベント化する植村の冒険

植村は、五大陸最高峰登頂者となった一九七〇年から、自身の冒険の「書き手」としても注目されるようになる。植村自身が自分の冒険に関する記事を多くの雑誌に執筆し、さらに著書を出版し始めたのだ。七一年には初の単著、『青春を山に賭けて』（毎日新聞社）を出版する。本書は七六年に毎日新聞社から再発刊され、七七年には文春文庫からも再発刊されるなど、ロングセラーとなった。当時の新聞や一般誌で植村に関する記事・特集が多かったのは、『毎日新聞』『サンデー毎日』『文藝春秋』『週刊文春』などである。また、雑誌媒体の幅広さも特筆すべきだろう。『中二時代』『高一時代』などの子ども向け雑誌から、梅棹忠夫らが編集する学術本『探検と冒険：朝日講座 四』（朝日新聞社編、一九七二年）まで、様々なジャンルの出版物で執筆活動を行っている。すなわち、一般誌から子ども雑誌、あるいは学術書まで、植村の活躍は広範囲にわたっていたのだ。

いずれにしても、ここで一つのサイクルが生まれてくる。すなわち、植村は自身の冒険に関して文章を書き、さらに「冒険・探検」を援助するスポンサー（文藝春秋社、その他）を得ていくのだ。一九七三年から七六年にかけては、山を中心とした冒険から方向転換し、エスキモーとの共同生活や、北極圏（カナダ、アラスカ、グリーンランドなど）を中心に活動を展開する。スポンサーとして、毎日新聞社、文藝春秋社などがつき、七四年からはＮＥＴテレビ（現テレビ朝日）も加わる。七四年に結婚した後も彼の活動は衰えを見せず、『極北に駆ける』（文藝春秋、一九七四年）、『北極圏一万二千キロ』（文藝春秋、一九七六年）を出版する。さらに七四年からは自らのドキュメンタリー番組をテレビ局が制作できるように、自身の冒険・探検行の映像記録フィルムを残していった。『ひとり北極を駆ける!!　植村直己の一万二千キロ犬橇旅行記録』（NETテレビ、一九七五年一一月一日放送）、『植村直己の北極大冒険犬ゾリ一万二千キロ！』（NETテレビ、一九七六年六月一〇日放送）などである。すなわち、スポンサーの後援を利用して冒険を実践し、さらに、著書の執筆・ドキュメンタリー・新聞や雑誌などへのメディア露出を行うというスタイルが徐々に出来あがったのだ。言葉を変えるならば、植村の冒険が、メディア・イベント化していったとも言えるだろう。

もちろん、「冒険・探検」がメディア・イベントになることは、日本でもとくに新しいことではなかった。新聞社などが記者を帯同させて冒険・探検の模様を詳細に報道したり、資金的にバックアップするような現象は、すでに明治期には現れていた。序章でも述べたように、郡司成忠の千島探検（一八九三年）や、白瀬矗の南極探検（一九一〇年）は、その一例である。しかしながら、それらの「冒険・探検」と植村の冒険の間には大きな違いが挙げられるだろう。前者は、形としては組織で行われる冒険だが、それに対して植村の行動は、大学時代に山岳部に所属していた一人の私人の冒険にすぎない。あくまで「個人の冒険」として活動しており、それがいつの頃からかスポンサーとしてのメディアと結びつき、メディア・イベントと化していったのである。

図4－1　植村直己『青春を山に賭けて』（毎日新聞社, 1971年）

冒険に対する知識人の「意味づけ」の変化

一九七〇年以降、「個人の冒険」がもてはやされた背景として、一般大衆からの評価もさることながら、知識人なども含めた「冒険へのまなざしの転換」があった。七二年、朝日講座『探検と冒険』第一〜七巻が発刊されるが、このシリーズの書き手は、学者やジャーナリストなど、いわゆる知識人（あるいは、知識人でもあり冒険家・探検家でもある人々）だった。この出版の中心的人物だった梅棹忠夫は、第一巻の「前書き」で次のように述べている。

現代という時代は、われわれ日本人にとって、歴史上はじまって以来の「体験の時代」ではないだろうか。おびただしい日本人が、この世界を、書物による知識としてではなく、みずからの行動的体験としてとらえはじめているのである。〔中略〕近代における探検の理論は、要するに学術探検の理論にほかならなかったであろう。つまり、探検はつねに客観的な発見をともなわなければならなかったのである。〔中略〕しかしながら、一方では、探検の本来の意義のとおり、「さぐりしらべる」ことに無上のよろこびを感じただけで、なぜいけないのか。客観的に科学に寄与することよりも、主観的な人間存在のあかしをたてることのほうが重要ではないか。〔中略〕そういうかんがえ方を、探検における主観主義の理論ということができるだろう。科学とさえいえば、すべてが正当化された時代はすぎさったのだ。〔中略〕もちろん、ここでは探検と冒険とは、おおっぴらに再結合する。冒険をともなわない探検なんて、無意味ではないか。（梅棹　一九七二：一二～一七）

周知のように、梅棹は一九四〇年代から数々の海外学術探検に参加し、人類学者として活躍し、一九七〇年の大阪万博のような巨大イベントにも着手した人物である。これまでの人生において、常に学問という世界の王道を歩んできたわけで、しかも国家的プロジェクトにも協力してきた。その梅棹が一九七〇年代になると、「探検と冒険」に関して、「主観的な人間存在のあかしをたてる」という意義を打ち出していったのだ。まず、梅棹は「現代という時代は、われわれ日本人にとって、歴史上はじまって以来の「体験の時代」」という認識に立っている。当時はすでに、日本人の海外渡航が自由化されてから八年が過ぎており、学者、ジャーナリスト、一般大衆にかかわらず、海外へ行くことのハードルがそれほど高くない時代へと変化しつつあった。

梅棹はこのシリーズの中で、「探検」と「冒険」を分けて論じるというよりも、むしろほぼ同一のものとして扱っている。それは、科学の発展に役立つ「探検」を主観的な人間存在の証をたてる「探検≠冒険」として理解する、あるいはその方向に意味を拡張しようとする言説実践とも解釈できる。「ここでは探検と冒険とは、おおっぴらに再結合する。冒険をともなわない探検なんて、無意味ではないか」という記述からも、その意図は明確だろう。著書のタイトルも『探検と冒険』となっており、旧来的な意味で言えば「探検家」というよりはむしろ「冒険家」のイメージが強い植村を書き手の一人として加えている。その事実からも、梅棹の言説実践的な意図がうかがえるだろう。すなわち、科学の発展に対して寄与することもないような「探検≠冒険」を、梅棹などを中心とした研究者や知識人たちが推奨し始めたのである。これは、一九七〇年代に入って、冒険に対する知識人たちの「意味づけ」が変化したと理解できるだろう。「主観的な人間存在のあかしをたてる」ような冒険の意義は、それまでも一般大衆や子どもたちにとっては身近な感覚だったかもしれない。ただ、一九七〇年代はそれを知識人たちが堂々と語りだした時代だったのだ。ちなみに、本書の編集委員は、加納一郎（極地探検研究家・探検ジャーナリスト）、泉靖一（文化人類学者）、梅棹忠夫（文化人類学者・理学博士）、樋口敬二（雪氷物理学者）、本多勝一（ジャーナリスト）などであり、「文／理」あるいは「学術／ジャーナリズム」にまたがる錚々たる顔ぶれだった。

「社会変革のための冒険」への哀愁

一方で、この時代に誰しもが「個人としての」冒険・探検を無条件に称賛していたわけではない。当時の植村やその他の若者たちの冒険に対して、批判的な意見も時折みられた。たとえば、第六次『思想の科学』の編集代表を務めていた室謙二は、植村らが当時書いた冒険の体験記に関して、次のような批判を加えている。

> それら〔植村直己や鈴木《すずき》紀夫《のりお》が書いた冒険著書：筆者挿入〕は楽しい読み物になっていて、少しは真実も書かれている。しかしどれもひ弱で、自分たちの冒険をその冒険の中でもう一度とらえなおすような骨組みがない。〔中略〕金子《かねこ》光晴《みつはる》が中国、東南アジア、ヨーロッパの放浪の中から確実に一つの認識を持ち帰り、その認識で戦時下を生きぬいたように、あるいは小田実がその世界旅行から持ち帰った理解をもとにこの十何年間活躍しているよ

うに、今、次から次へと外国に出かけて行く青年層は、その海外体験の中から共有可能な一つの認識を持ち帰ってくることができるだろうか。本屋に並べてある外国冒険体験記を読むかぎりにおいて、それは悲観的にならざるを得ない。（室謙二「若者の海外冒険旅行記」『読売新聞』一九七六年六月一四日朝刊八面）

室は、大正期から昭和初期にかけて世界を旅した金子光晴や、まだ日本人の海外旅行が自由化される前に世界を旅した小田実などを引き合いに出し、彼らのように「世界旅行から持ち帰った理解をもとに」、それらを社会に還元し、日本をより良い方向に導けるような冒険家を称賛している。植村の海外体験では、日本にとって「共有可能な一つの認識を持ち帰ってくること」ができていないとされているのだ。室は、一九七〇年代前半に次々と生まれた青年冒険家たちに批判的なまなざしを向けているのだが、その中でも植村以上に徹底的に非難した人物が、冒険家・鈴木紀夫である。鈴木は、一九四九年生まれの「団塊世代」であり、沢木《さわき》耕太郎《こうたろう》（一九四七年生まれ。後に七〇年代の自らの旅を題材にした『深夜特急』で名を馳せる）とほぼ同世代にあたる。鈴木紀夫は、一九七三年一二月にルバング島で潜伏していた旧日本兵・小野田寛郎を発見したことで一躍マスコミから大々的に取り上げられ、当時は最も有名な青年冒険家だった。鈴木は、一九七四年に『大放浪』（文藝春秋社）を出版する。その内容は、一九六九年からバックパッカーとして世界を旅した経験、および一九七三年に小野田寛郎を発見した際の冒険を詳細に描いたルポルタージュである（鈴木は一九八六年、雪男を探索中にヒマラヤで遭難し、翌年に遺体で発見された。詳しくは第8章を参照）。鈴木に対して室は強烈な批判を浴びせたが、その根拠は「教養の欠落」と「無知」である。

まず最初に、驚かされるのは、この「小野田元少尉、雪男、そしてパンダをみつけるのが僕の夢である……」という男の、その良く言えば「素朴さ」、悪く言えば「無知」についてである。この本で読むかぎり実際に彼は何も知らずに、世界に飛び込みその反応は素朴＝無知だ。［中略］彼の文章を読むと、金をつかわないでどう旅行したか、どう苦労して金を作ったか、どういうトラブルがあったか、いっしょに旅行する、また時々出会う同じような日本人青年の仲間たちのことは書いてあるが、彼が通過した国々で何を見、何を感じ、何を考えたかは、ほとんどない。時々あらわれる感想は子供っぽい、紋切り型の反応だ。それぞれの国の人びとの生活とその風土は、彼の旅の中の主役ではない。主役は、お金なしでそれらの国々を移動する、というそれ自体だ。

（室 一九七五b：一三八〜一四二）

室は、鈴木の海外体験記に「無知」「子供っぽさ」「巡った国々の人々の生活に対する無関心」などを見出し、徹底的に批判する。室は「海外体験記」や「そのあるべき理想」などに関する書物を何冊か出版しており、さらにベ平連の運動に参加する社会運動家でもあった。とくに、小田実については「小田実とアメリカ体験」（室 一九七五a：一二八〜一三七）という論考を書くほど、社会の変革を志す人間として心酔しきっていた。そもそも既述のように、一九六一年に出版された小田実の『何でも見てやろう』は、刊行当初から岩波知識人や社会運動家たちにとって非常に評価が高く、小田の海外体験記は大絶賛されていた。小田の海外体験記は、アメリカ、アジア、日本社会のあり方、人種問題、貧困問題などを問い、その体験を国家・社会のために役立てるきっかけになるとされていた。もちろん、植村や鈴木など、当時の若者の海外体験記にも、貧乏体験や貴重な経験などのエピソードがちりばめられている。しかし室は、そこから「将来の日本のための、その希望のための、最も重要な諸条件」を見出すことはできなかった。そもそも植村や鈴木の冒険記には、小田のような「虫瞰図」の視点が薄く、「鳥瞰図」の視点に至っては皆無である。したがって、当然のことながら、植村の冒険記は、きわめて低く評価されたのである。

ここで室は、明らかに「海外体験」をある種の「社会変革のための教養」として捉えている。おそらく室も、梅棹らと同様に「おびただしい日本人が、この世界を、みずからの行動的体験としてとらえはじめている」という認識は共有していたであろう。梅棹らは同じ前提から、冒険・探検の価値を「科学の発展に寄与するかどうか」という視点のみから判断することに疑問を呈した。それに対して、室は一九六〇年代の小田のような、社会に役立つ冒険に価値を置き、当時の植村に代表されるような「主観的な人間存在のあかしをたてる」冒険・探検を懐疑している意味づけの基準も社会においてきわめてアンビバレントな状態であり、またその移行期でもあったのだ。乖離しつつも、一方でその両者の関係性が未だに残存しているような状態だった。言いかえるならば、冒険に対すたのだ。すなわち、一九七〇年代の初頭は、科学の発展や社会の変革といった「大きな物語」が、冒険の価値から

3 「ロマン主義」と「商業主義」との狭間で（一九七六～八〇年）

メディア・イベント化と「ロマン主義」の矛盾

植村は一九七三年から、グリーンランドや北極圏へと冒険の舞台を移し、犬ぞりでの単独行やエスキモーとの暮らしなどをテーマに、メディア露出を続けていた。執筆活動だけではなく、現地で撮影した映像などを利用し、ドキュメンタリー番組にも出演する。多くの読者や視聴者に対して、植村の著書やドキュメンタリーはのきなみ好意的に受け入れられた。たとえば、NETテレビで放送された『植村直己の北極大冒険　犬ゾリ一万二千キロ！』（NETテレビ、一九七六年六月一〇日放送）は、テレビの前の視聴者たちに感動を与えた。この番組は、植村が撮影した三万フィートにも及ぶフィルムを使用し、「犬との関係」「エスキモーとの生活」「北極の自然」という三部構成にまとめられている（『朝日新聞』一九七六年六月一〇日朝刊二四面）。放送後、NETテレビとは関わりの薄い読売新聞の読者投稿欄ですら、「この番組に感動した」という視聴者の投書が六通も寄せられており（『読売新聞』一九七六年六月一九日朝刊二四面）、植村を「孤高のヒューマニスト」（『読売新聞』一九七六年九月二五日朝刊七面）などと称賛する記事も散見された。そのことからも、当時の植村の冒険が、多くの人々の心を捉えていたことがうかがえる。だが一方で、植村の冒険に対する否定的な見解が示されていたことも忘れてはならない。それは、室謙二が呈したような疑義とはまた別次元のものだった。

〔植村直己が：筆者挿入〕自ら写したフィルムが、近づく白クマをとらえ、やがて感激的なラストシーンとなる。〔中略〕おもしろい番組だった。豊富なフィルムと生なましい音声が、彼の冒険をドラマチックに見せていた。

しかしまた、番組の見事さは、この快挙があらかじめテレビのためにセットされたものであったことを明らかにした。ひとりの青年の冒険にしては、記録に残すことをあまりに意識しすぎていると感じたからだ。そしてその瞬間から、北極横断は良くできたフィクションに変わっていった。積み荷にカメラやテープレコーダーを加えることで、飢えて死んだ犬が何匹もいたそうだ。植村氏はそのことをくり返し話した。テレビをスポンサーにしたことに、彼なりの後悔があったのかも知れない。にもかかわらず、司会者は次の冒険を期待するコメントを最後に述べた。冒険が夢から義務に変わったら、苦痛でしかないだろうに。

（『朝日新聞』一九七六年六月二五日朝刊二四面）

一九七〇年代は「テレビ黄金時代」と呼ばれており、この時期に植村がテレビメディアへの露出を強めたことは、ある意味で必然だろう。この番組には植村直己本人、植村の妻・公子夫人、さらに海洋冒険家の堀江謙一も出演している。役者を揃えて満を持しての「冒険ドキュメンタリー」であり、前述のようにこの番組は多くの視聴者に感動をもたらした。だが、ここで注目すべきは「メディア媒体としてのテレビ」ではなく「冒険スポンサーとしてのテレビ」である。出版社や新聞社だけではなく、テレビ局もがスポンサーとなり、植村の冒険は「メディア・イベント」として大規模化していった。しかし、それが結果的に、「番組の見事さは、この快挙があらかじめテレビのためにセットされたものであったことを明らかにした」という印象を与え、植村の冒険を「良くできたフィクション」に変えてしまっているのだ。さらに、「冒険が夢から義務に変わったら、苦痛でしかないだろうに」という視聴者の皮肉な感想を生み出していたのである。もっとも、植村本人もこのような批判があることは承知していた。

今回の一万二千キロの旅で、一番精神的な苦痛だったのは、最後まで自分の意思を通しつづけるということでした。実際一度もはいったことのないところで、できるかどうかもわからない。でもそう言ったのではお金を出してくれる人はいませんから。絶対にできる、といって出してもらう。一種のサギです（笑）。お金がはいったときから苦痛がはじまるわけで、途中で犬に逃げられてこの先どうなるかわからなくなったときでも、もし投げだしたら、後援会やその周辺の人たちに反することになってしまう。援助をしてくれた人にぼくは金銭的に返せるものは何もない。返せるのはやろうとしていることをやりとげるということしかないわけです。

（「みんなで語ろう男のロマン――対談：植村直己 君原健二 黒佐年明 戸塚宏」『レクリエーション』日本レクリエーション協会、一九七六年一一月、二八頁）

「返せるのはやろうとしていることをやりとげるということしかない」というのは、植村の本音だろう。しかし、だからこそ第三者からは、植村の冒険が「義務化」しているように見えた。冒険のロマンよりも、「人間関係のしがらみ」が前景化してしまったからである。

さらに、スポンサーメディアなどを引き合いに出して、植村批判は先鋭化していく。後にスポーツライターとなる犬塚進、およびメディア評論系の雑誌は植村の冒険を次のように論じている。

スポンサーとなった各社はいずれも雑誌、新聞、テレビなどのジャーナリズムである。彼らは、できるものなら、単独行の一歩後からついていってフィルムを回し、レポートを送りたがっている。しかし、そこまでやれば〝単独行〟のリアリティーは逆に薄れてしまう。無線連絡を保ちながら、つねに現場へ直行できる態勢をとって待ち構えている。〔中略〕そうして北極点を目前にする。各社の記者は小型飛行機に乗って空から北極点に向かう。植村直己が北極点に到達する。すると、爆音が聞こえて、飛行機から記者が降りてくる。ムービー・カメラが回る。孤独の冒険、探検はもはや冒険者の思い込みの中にしかない。

（犬塚 一九七八：四六）

植村の後援者たちのなかにはいろんな人がいる。自分たちが果たせなかった夢を植村がかなえてくれていると、まるでペットのように可愛いがっている登山界の長老も多い。植村の本を出版したりしてカネもうけの手段に使っている人もいる。新聞人や雑誌の編集者は部数を伸ばそうと考えている。いま、植村はこうした人たちにもみくちゃにされ、旅館にカン詰めにされて原稿を書かされたり、テレビに出たり、講演会、展示会に引っぱり回わされ、席があたたまるヒマもない。まさにロボットだ。

（「植村直己に見る現代の〝マスコミ冒険〟を笑う！」『マスコミ評論』一九七八年一一月、二二頁）

一つ目の論評を書いた犬塚進とは、後に『江夏の二一球』（一九八〇年）などで注目を浴びた、ノンフィクションライターの山際淳司である。山際はスポンサーとしてのメディアの本音と、「単独行」の内実の矛盾を指摘し、その文脈で植村を批判しているのだ。すでに述べたように、梅棹忠夫は一九七〇年代初頭、「主観的な人間存在のあかしをたてること」が新たな冒険の醍醐味であると説いた。そこで取り上げられていた植村の冒険は、六八年の「アマゾン河六〇〇〇キロメートル単独いかだ下り」である。この冒険には一切スポンサーがついておらず、植村がまったくの無名時代にまさしく「単独で」行ったものだが、七〇年代半ば以降の植村の冒険は、雑誌や新聞、テレビ局などから強力な支援を受けていた。したがって、すでに「単独行」と呼べるものとみなされず、「孤独の冒険、探検はもはや冒険者の思い込みの中にしかない」と括られているのだ。二つめの論評は、同年の『マスコミ評論』に掲載された「植村直己に見る現代の〝マスコミ冒険〟を笑う！」という記事である。メディア批判が新たに「商業主義批判」と結びつき、それによって、植村の冒険にいわゆる「主体性」が欠如しているとの解釈がされている。「カネもうけの手段」として使われており、「まさにロボットだ」という言葉からも、そのことがうかがえる。

第3章で取り上げた三浦雄一郎は、多くのスポンサーを利用していたにもかかわらず、アマチュアリズムに強い価値を見出す人々を除けば、批判されることがほとんどなかった。三浦は数億円単位の資金を集めていたが、むしろ資金調達の腕が「プロの証」として評価されていたのである。もちろん、一九七〇年の三浦の場合は、前年の「アポロ計画」や同年の大阪万博を追い風に利用することができたということもある。だが、三浦と植村の最大の違いは、三浦が「チーム」を率いて冒険をしていたのに対して、植村はあくまで「単独行」に力点を置いていたことにある。植村が批判されたのは、「単独行のリアリティ」が求められていたにもかかわらず、そこに疑問の生じる余地を少なからず残してしまっていたからなのだ。さらに、植村の冒険に関連して「メディア主導」「商業主義」の象徴として一九八〇年代頃から名指しで批判されていったのが、ほかならぬ電通である。

本多勝一による植村批判

植村直己に関する評価を分析するうえで、どうしても外すことのできない人物がいる。ジャーナリストの本多勝一である。既述のように、本多は冒険家・登山家という一面ももっており、京都大学探検部の創設者でもある。冒険や登山に関する書籍も多数執筆しており、植村についても、『植村直己の冒険を考える』（一九八四年、植村の死後に出版）という共著を編集している。本多は植村が全盛期を迎えたとき、彼の冒険についてどのような見解をもっていたのだろうか。以下は一九八〇年当時、植村の冒険に関する本多勝一のコメントである。

一昨年の植村直己氏による北極点到達が、人間の生き方の積極的な好例として紹介された。確かに一般世間では、これは「世紀の壮挙」であり、植村氏が高く評価されるときの核は北極点にあるようだ。電通が二億円余り金を集めるべく各方面にスポンサーを求めた結果、植村氏の過去のいかなる冒険よりも大々的に宣伝されたのだから、こうなるのも無理はない。だが、探検界・登山界の中では、この北極点単独行に関するかぎり、酷評する声が少なくない。飛行機で四回も補給され、それも食料だけならともかく、犬やテントや、はては犬ゾリまでも空からとどけられる。人工衛星をはじめとする各種通信手段の大規模な利用。そして帰途は犬ゾリも使わずにサッサと飛行機で……。〔中略〕約七十年前のペアリー以来何人目だか数えるのも面倒な北極行の方は、とても「歴史的壮挙」にはなりえない。

（『朝日新聞』一九八〇年二月一七日朝刊四面）

この本多勝一による論評には、巷にみられた「植村批判」のエッセンスとして、三つの論点が含まれている。第一に「商業主義批判」、具体的にいえば電通批判である。そもそもビッグイベント、とくにスポーツイベントと電通が強く結びついていったのは七〇年代後半からである。たとえば、七七年九月、「サッカーの王様」と呼ばれたペレの引退試合が日本で行われたが、これをプロデュースしたのは電通である。さらに電通は八〇年、サッカーのクラブ世界一決定戦「トヨタカップ」の第一回大会をプロデュースし、同年には「電通ロサンゼルスオリンピック委員会」を設立した。当時はタブーとされていた「アマチュアスポーツの商業化」に着手し、世間からの批判を浴びていたのだ。植村の冒険に関して、電通は一九七八年の「北極点単独到達」および「グリーンランド横断」に関係する数多くのスポンサーを束ねていた。錚々たる著名人たちが名を連ねる「植村直己後援会」が組織されていたが、その実質的な運営に携わっていたのも電通だった。個人から植村への寄付金集め、植村を応援する有識者のための「二万円パーティー」、植村自身の講演会、CM出演、植村の記念レコード発売、グッズ販売などを取り仕切ったのも電通である。集めた資金は一億三〇〇〇万から七〇〇〇万とも言われているが、実際に北極圏での冒険にかかった費用は約二億円であり、帰国後の植村は借金返済のため、講演活動やテレビ出演などに追われるようになる。このように、スポーツと金の結びつきが問題視されていた一九七〇年代後半だったからこそ、植村の冒険を懐疑するような視線が生まれたのだ。本多も、「植村氏の過去のいかなる冒険よりも大々的に宣伝された」と指摘しているように、電通が保持している宣伝力と資金力こそが、この冒険を「世紀の壮挙」に仕立て上げたとみているのである。

第二に、冒険が本来もっているはずの「ロマン」の欠如、言いかえるならば「真正性」の欠落である。事実として、植村は確かに犬ぞりというレトロな手段で、地上では誰ともチームを組まず、単独で北極点に到達した。しかし、飛行機による食料調達のみならず、壊れたそりに代わる新しいそり、死んだ犬に代わる新しい犬などが、何度も空から補給されている。これがはたして「単独行」と呼べるものなのかという疑問が生じていたのだ。さらに、植村の移動地点は常にNASAのGPSによって監視され、北極点に到達後は、自力ではなく飛行機に乗ってグリーンランドまで移動している。本来、冒険には危険や困難が不可欠であり、それらを自力で乗り越えることが冒険の「真正性」を創出する。しかし、植村の冒険があまりにも当時の最新技術によって管理されすぎていたため、本多もそこに冒険の「真正性」を見出すことができず、「世間からの酷評」に賛同しているのである。もっとも、このような評価の背景には、当時の「管理主義批判」があった。管理主義とは、一般的に会社組織であれば、上層部による現場を無視した意思決定や規制、部下への一方的な指示など、社員の「主体性」を阻害することである。ただし、一九八〇年前後であれば、なんといっても日本のスポーツ界における「管理野球」の流行が挙げられるだろう。一九七八年、ヤクルトスワローズがセリーグで初優勝を果たし、さらに初の日本一となった。だが、監督の広岡達朗が掲げた「管理野球」は日本一という成果を残した一方で、世間での評判は著しくなかった（その後、広岡は西武ライオンズの監督も務め、一九八二年、八三年、八五年にパリーグ優勝を飾り、管理野球の黄金時代を築いた）。それは、広岡が選手の「個性」や「自主性」よりも、コーチ陣による綿密な練習スケジュール管理、選手の食事・夜遊びの制限、集団行動の規律などを強調したからである。すなわち、本多が植村の北極行に見出したのは、単独行であるにもかかわらず、「主体的な冒険」ではなく、「管理される冒険」だったのだ。

第三に、歴史的意義の欠如である。本多の言う通り、人類で北極点に初めて到達したのは一九〇九年のロバート・ピアリーである。植村の到達はその約七〇年後であり、「何人目だか数えるのも面倒な」くらい数多くの冒険家たちが北極点に到達していた。つまり、すでに「世界初の到達」というものはほとんど残っておらず、あらゆる初到達が「カッコ付き」になっていた時代である。たとえば「女性初」「日本人初」「犬ぞりで初」「最年長記録」「最年少記録」「このルートでは初」などである。したがって、「とても「歴史的壮挙」にはなりえない」という本多の指摘は、前人未到と呼べるような場所がほぼなくなった時代において、生じるべくして生じた批判だったのだ。

「植村評価」と「植村批判」のアンビバレンス

だが一方で、少なくとも社会の表舞台では、当時の植村は高い称賛を受けていた。一九七八年六月四日の北極点到達、さらに同年八月二四日には、人類初のグリーンランド横断を成し遂げ、七八年九月には、世界的に権威のある雑誌『ナショナル ジオグラフィック』(National Geographic)の表紙に植村の写真が起用されている。さらに、メディア・イベントとして捉えても、植村の冒険は大成功を収めたと言えるだろう。「植村直己 北極点を越えて四〇〇〇キロ 孤独の一六五日」（TBS系、一九七八年一〇月一〇日放送）は、メディアのドキュメンタリー作品として、植村直己が八ミリフィルムで撮影した映像をもとに、毎日放送が制作したものである。この作品は「芸術祭賞」（第三三回　優秀賞）、「日本テレフィルム技術賞」（第一八回　撮影・録音）などを受賞している。受賞記念パーティーには、各スポンサー企業の社長などは言うまでもなく、当時の内閣総理大臣・福田赳夫も出席していた。この年、国民栄誉賞の受賞対象候補になっていることからも分かるように、植村の冒険を称賛するような意見が大勢を占めていたのは事実だった。本多勝一も、決して植村の冒険の全てを否定していたわけではない。では、本多は植村の冒険のどのような点を高く評価していたのだろうか。

これ以前に書かれた植村氏の著書三冊を読んでみて、私の考えは変わった。〔中略〕そのような私の『視点の置き方』が間違っていたのだ。植村氏と直接話してみて、その感をますます深めた。〔中略〕モンブランを皮切りに五大陸の最高峰を次々と登ってゆく過程は、対象が山だから登山には違いない。が、より本質的には「世界放浪」であり、冒険をともなった「旅」なのだ。その〝旅行記〟を読むと、登山行為そのものもさることながら、むしろそれ以外のところ——彼自身の痛快な行動や、行く先々で親しく接する人々の話が実におもしろく、かつ感動的である。〔中略〕現在、極地探検も登山も「人類の課題」よりは「個人の課題」へ移っている。人間個人の可能性を賭（と）として、より困難な条件を求める。そのような時代的背景を、植村氏の冒険はまことに象徴的に反映した。〔中略〕誠実な人柄、強じんな神経、断固たる意思。それらが学生時代に抱いた劣等感をバネに一層鼓舞され、ここにたぐいまれな冒険児「世界のウエムラ」が出現した。

（『朝日新聞』一九八〇年二月一七日朝刊四面）

第一に、本多は室謙二のように植村の冒険の価値を「社会（あるいは社会変革）に役立つ」という観点から判断しているわけではない。言葉を変えるならば「小田実的な海外体験」を基準に、その価値をはかろうとしているのではない。植村の冒険を「世界放浪」「旅」として捉えており、「彼自身の痛快な行動や、行く先々で親しく接する人々の話が実におもしろく、かつ感動的である」と評しているのだ。すなわち、「世紀の壮挙」ではなく、むしろ

「感動的な人間物語」として、植村の冒険を捉えているのである。第二に、植村の「人間個人の可能性」「より困難な条件を求める」「誠実な人柄」「強じんな神経」「断固たる意思」などに注目し、それが「世界のウエムラ」を生み出した要因であるとしている。要するに、不滅の大記録でなくとも、あるいは歴史的な大偉業でなくとも、個人の人間性やチャレンジ精神を重視し、冒険を「個人の問題」に落とし込みつつ評価しているのだ。

この二点は、ともに「達成した記録・結果」ではなく、「個人の意思・プロセス・行動」を重視しているとも言えるだろう。すなわち、本多勝一の考えには、「痛烈な植村批判」と、時代の変化に即したうえでの「世界のウエムラ」という評価が同居していたのだ。しかしながら、これは決して不思議なことではなかった。植村の冒険の価値を測る物差しとして、一九八〇年前後から顕著になった「商業主義／個人のロマン」「科学技術の発展／人間個人の精神的・肉体的努力」「歴史的快挙／個人の感動物語」といった様々な対立軸が、それぞれの中である程度の均衡状態を保っていたのだ。その緊張関係の中で、植村の冒険はあるときは評価され、またあるときには批判されていたのである。だが、一九八〇年代以降、このような植村を評価する多様な軸にも、変化が現れてくる。

4　「国民的英雄・植村直己」の誕生

植村の失敗と挫折

一九七八年の北極行で植村の知名度は最高潮に達したが、八〇年以降、彼の冒険人生は苦難の連続となる。一九八〇年一〇月、植村直己は日本冬期エベレスト登山隊隊長として、十数名を率いて日本を出発する。しかしながら、登山の途中で隊員一人を失い、さらに気象状況の悪化のため、八一年一月二七日、冬期エベレスト登頂を断念した。自らが隊長だった登山で人命を失ったことは、植村にとってたいへんショッキングな出来事であり、大きな挫折でもあった。翌一九八二年一月、アルゼンチン軍基地から許可を得ることに成功し、南極大陸三〇〇〇キロの犬ゾリ走破、および同大陸最高峰ビンソン・マシフの登頂のため日本を出発する。この際のスポンサーは、毎日放送、毎日新聞社、文藝春秋社の三社だった。今回の南極行も、植村のソリにカメラをつける単独撮影を予定していた（大谷 一九八三：四七）。いわば北極行と同様にメディア・イベントを意識したような、映像を持ち帰る形式である。だが、八二年三月にフォークランド紛争が勃発し、アルゼンチン軍基地からの援助が得られなくなり、翌八三年三月、南極計画を断念して帰国する。一方で、冒険が立て続けに失敗に終わるにもかかわらず、植村の新たなテレビドキュメンタリー番組は毎年のように制作・放送され続け、新聞・雑誌などの植村特集も続いていく。すなわち、この時期の植村は、冒険の成功ではなく「冒険すること」そのものが話題になり、メディア露出を続けていったのだ。

そして一九八四年二月、厳冬期のマッキンリーで遭難し、生存が絶望視される。ちなみに、最後のマッキンリー登頂には、いっさいスポンサーがついていなかった。しかしながら、テレビや新聞、各種メディアは植村の遭難に関するニュース一色になり、冒険家・植村直己の壮絶な死は、日本中に大きなインパクトを与えた。植村の死の直後、植村に関する著書も出版しているスポーツライターの中島祥和は、その生涯について以下のように記している。

> 人間的なつながりや、一時期でも旅を助けてくれた人に対してもまた、強い義務を感じていた。そういう植村さんの性格を知っている人達が、植村さんの支援者であり、時にはスポンサーでもあったことが、植村さんの苦しみでもあった。［中略］原稿を書き、演壇に立ち、追われるように植村さんは都会での生活を送った。決して泣き言はいわなかった。頭を下げ、誠意を尽し、自分の時間がほとんどない状況の中で次の旅への準備を進めていた。
>
> （中島 一九八四：九四）

植村の死に関しては、朝日新聞や毎日新聞の「社説」でも詳細に論評されたが、いずれも強調していたのは、冒険家・植村の「偉大な功績」ではない。もちろん、それが皆無というわけではないが、それ以上に力説されていたのは中島の記事と同様に「植村直己の苦難の人生」だった。すなわち、周りの人々やスポンサーとの関係、あるいは冒険行だけではなく「原稿を書き、演壇に立ち、追われるような都会での生活」などである。したがって、植村の生きざまのリアリティは、彼の冒険そのものよりも、むしろ「人間・植村直己の葛藤」に付与されていたのだ。

「真正な冒険家」という意味付け

植村の死後、彼の冒険に対する評価も、徐々に変化を見せていった。たとえば、本多勝一・武田文雄編『植村直己の冒険を考える』（朝日新聞社、一九八四年）は植村の死後の著作であるが、そのなかには「現代の〝マスコミ評論〟（『マスコミ冒険』を考える」というタイトルの論考が収録されている。この論考の初出は一九七八年の『マスコミ評論』一九七八年一二月号）であるが、初出時のタイトルは「植村直己に見る現代の〝マスコミ冒険〟を笑う！」である。記事の内容がほぼ同じであるにもかかわらず、タイトルが完全な別ものにされているのだ。死者を冒瀆するようなタイトルを変更するのは一般的かもしれないが、明らかに植村の冒険に対する評価は死後に高まっていった。いわば、「真正な冒険家」というイメージである。

その背景には、テレビ文化の中で「笑う！」対象である冒険が、新たなジャンルとして生じていた点も無視できないだろう。一九八〇年代の「メディア文化としての冒険・探検」に注目した場合、どうしても無視できないのは、次章で詳しく言及する『川口浩探検シリーズ』（「水曜スペシャル」テレビ朝日系、一九七八〜八五年放送）である。番組の内容は、タレントである隊長・川口浩が率いる「川口浩探検隊」が未確認生物や原始民族などを追って、全世界（おもに南米、東南アジア、オーストラリアなど）の秘境を冒険・探検するというものだった。当時は絶大なる人気を誇っていた番組だったが、八三年頃からこの番組を嘲笑するような言説が雑誌やテレビなどのメディアで急増していった。そしてその傾向にダメを押したのは、植村の遭難死と同年・一九八四年六月に発売された『ゆけ！ゆけ！川口浩！』（嘉門達夫、シングルレコード）である（詳しくは第5章を参照）。すなわち、川口浩がバカにされていく時期と、植村直己が最後の冒険で死を迎える時期が、見事に重なっていたのだ。ここで、「笑う対象としての冒険・探検」が、完全に『川口浩探検シリーズ』へと移行してしまった。一方で、植村の冒険やドキュメンタリーは、同じく「テレビメディアで描かれるもの」だったにもかかわらず、決して「笑う対象」ではなく、「真正な冒険・探検」と意味づけられていったのである。当時、川口浩の冒険・探検は、世間では「やらせ」という言葉で揶揄されていた。「嘲笑されるメディア的冒険」があまりにも肥大化したのだ。それに対して、マッキンリーで遭難死した植村は、きわめて真っ当な「真正な冒険家」として認識され、その評価を高めていったと考えられる。

学校教材としての植村直己の誕生

一九八四年四月、植村は生前の冒険の数々が高く評価され、「国民栄誉賞」を授与される。

その後、八五年以降、植村に関連した学校や記念館などが次々と創設されていった。八五年、「植村直己・帯広野外学校」が開校し、九二年に「植村冒険館」（東京都板橋区、公益財団法人植村記念財団が経営）、九四年四月に「植村直己冒険館」（兵庫県豊岡市）が設立される。そして九六年には、毎年その年に最も活躍した冒険家に授与される「植村直己冒険賞」が制定された。その目的は、「世界的な冒険家である故植村直己氏の精神を継承し、周到に用意された計画に基づき、不撓不屈の精神によって未知の世界を切り拓くとともに、人々に夢と希望そして勇気を与えてくれた創造的な行動（業績）について表彰すること」*とされている。すなわち、死後の植村は、冒険家として「評価される立場」（称賛も批判も含め）から、「冒険家を評価する側の権威」へと、大きくそのポジションを変えていったのだ。

＊「植村直己冒険館」公式ホームページ https://www3.city.toyooka.lg.jp/boukenkan/pages/special/special.html。

そういった流れの中で、植村に関する書籍の出版や、雑誌・テレビなどの特集が、彼の死後に数多く現れる。そのなかには、もちろん大人向けのものもあったが、注目すべきは子ども向けの植村関係書（絵本や教育関係書、偉人伝など）の出版が相次いでいる点である。中島祥和『遥かなるマッキンリー――植村直己の愛と冒険 少年マガジン特別編集』（講談社、一九八四年）、岡本文良『植村直己地球冒険六二万キロ（文学の扉）』（金の星社、一九八五年）、さかいともみ『植村直己ものがたり――オーロラにかける（ジュニア・ノンフィクション）』（教育出版センター、一九八五年）、向田邦子『ノンフィクション名作選（少年少女日本文学館 第三〇巻）』（講談社、一九八八年）、岩間芳樹『植村直己：たった一人の冒険者（にんげんの物語）』（ブロンズ新社、一九八八年）などが代表的である。『川口浩探検シリーズ』の主たる視聴者も、子どもたちや若者だった。その関係性で言えば、「偉人・植村直己」（真正な冒険家）と「タレント・川口浩」（ヤラセの冒険家）という対比はいっそう明確になっていたと考えられる。

さらに、一九八六年六月には映画『植村直己物語』が公開される。この作品は、毎日放送および電通が製作し、

図４－２　映画『植村直己物語』（1986年）
DVD発売中（発売・販売元：アミューズソフト，税込5280円）Ⓒ電通・毎日放送

配給は東宝、主演・西田敏行である。興行収入は約二〇億円で、同年の邦画では第二位の興行成績であり、老若男女が観る映画となった。とはいえこの作品の最大の特徴は、「文部省特選映画」として位置づけられたことだろう。注目すべきは、八六年に「映画・『植村直己物語』感想文全国コンクール」という企画が行われたことである。対象は全国の小・中・高校生で、企画は毎日新聞社、毎日放送、日本コダック、東宝である。感想文の応募総数は、八二九七点だった（『毎日新聞』一九八六年八月一四日朝刊一八面）。すなわち、映画『植村直己物語』はたんなる映画ではなく、子どもたちを対象とした教育的イベントになっていたのだ。その証拠に、最高賞は「文部大臣奨励賞」（小学生・中学生・高校生に各一名ずつ）だった。入選した生徒・児童は、感想文の中では、「彼は、決して生まれながらの天才的冒険家ではなかった。彼は幾度も失敗している。しかし、彼の凄さは、失敗しても怯むことなく、さらに血のにじむような鍛錬を重ねていたところにある（Tさん　中学二年生）」「孤独に耐え冒険を成功させる植村さんの精神力の強さに感激（M君　小学五年生）」（『毎日新聞』一九八六年八月一四日朝刊一七面）などと書かれていた。

ちなみに、『植村直己物語』の比較として、参考までに一九七八年に放送された植村のドキュメンタリー番組『植村直己北極点を越えて四〇〇〇キロ――孤独の一六五日』の紹介文を挙げてみると、非常に対象的である。

〝現代を生きるあなたにとって冒険とは何か〟という問いに、サラリーマン諸氏は――ヨソの会社の社員食堂に行った、デート代を営業費から浮かせた、勤務中お茶のかわりにウイスキーを飲んだ……と答えております。何とつつましいではありませんか。そこへ行くと植村直己サン、五月はじめに北極点に立ったと思ったら、その足で今度はグリーンランドを縦断してしまった。おまけに自分で八ミリも一二時間分、音は一二〇時間分をとってしまったというからスゴイ。午後のひとときは芸術祭参加のドキュメンタリー『植村直己北極点を越えて四〇〇〇キロ―孤独の一六五日―』で、男と犬と自然の感動を味わっていただこう。

（『週刊TVガイド』一九七八年一〇月一三日号、一〇五頁）

既述のように、『植村直己北極点を越えて四〇〇〇キロ――孤独の一六五日』は様々な賞を獲得し、高評価を得たドキュメンタリー番組である。しかしながら、植村の生きざまを感じる「受け手」として想定されているのは、「サラリーマン諸氏」だった。ジェンダー的にも、視聴者の年齢層的にも、「若手あるいは中堅の男性サラリーマン層」を対象に絞っている感がある。同じように植村直己を取り上げた作品であっても、一九八六年では「失敗しても怯むことなく、さらに血のにじむような鍛錬を重ねていたところ」がポイントだったのに対し、一九七八年では、その「売り」が「男と犬と自然の感動」だったのである。

教育問題の前景化と植村直己の消費

では、なぜ植村を消費する人々として、児童・生徒たちが浮上してきたのだろうか。その背景として、一九七〇年代後半から八〇年代にかけての「管理教育批判」があった。そもそも一九七〇年代後半は、共通一次試験の開始（一九七八年度）によって、受験戦争がさらに過熱した時代である。それに加え、高校、中学、小学校など学校内で、少年非行、生徒の校内暴力、教師による体罰（一九七九年から八二年にかけて、「戸塚ヨットスクール」に所属する青少年の計五名が体罰などによって死亡したことなどが代表的である）、いじめ、不登校などが問題化した。その混乱した学校教育現場は社会の中で大きなアジェンダとなり、その対策として現れたのが「管理教育」の徹底である。管理教育とは曖昧な言葉ではあるが、典型的には「校則至上主義」や、「教師によって生徒・学生の身体や行動を統制すること」を指す。具体的な例では、頭髪や服装、持ち物、校内での行動など、児童・生徒の一挙手一投頭足までが学校によって管理されるということだった。しかしながら、そもそも学校問題を解決するために導入されたはずの管理教育だったが、一九八〇年代に入るとその管理教育そのものが批判に晒されるようになる。その反動で、画一化された管理教育ではなく、生徒の「自主性」や「主体性」が求められるようになっていった。そのような背景の中で、植村の冒険には、教師によって無理やりやらされるのではなく、自ら考え行動するような「主体性」が付与され、まるで「生き方の人間教材」のように扱われていったのである。

かつて一九七〇年代までは、植村も三浦雄一郎や他の冒険家たちとの対談で、極地での大便や小便の上手なやり方、あるいは極地での自慰体験を語るなど、きわめて俗物的な側面も残していた。だが、死後の植村を語る言説の中で、そのようなエピソードはそぐわないものとなっていったのだ。それよりも、「失敗しても怯むことなく、さらに血のにじむような鍛錬を重ね」る姿勢や、「孤独に耐え冒険を成功させる精神力の強さ」が、文部省や学校教育現場、および社会が求める人間像と一致し、植村直己はそのアイコンとして機能していったのである。

植村直己の「偉人化」

以上のように、一九七〇年代に植村の冒険がメディア・イベント化していく中で、彼の冒険を称賛する声のかげで、様々な植村批判が生まれていたことを、当時の時代背景から明らかにしてきた。「主観的な人間存在のあかしをたてる」ためという冒険思想が登場し、「科学の発展」や「社会の変革」に寄与するかどうかという価値軸で判断される時代から、そうでない時代への移行期を、植村直己は生きたのである。それは、まさに一九七〇年代における冒険への意味づけが、「学術探検」や「小田実的な海外体験」からの転換期だったからとも言える。この時代の植村は、「ロマン主義」と「商業主義批判」（あるいはメディア批判・巨大資本批判）の狭間で押しつぶされそうになりながらも、「壮大な自分さがし」をしていた。だが、マッキンリーでの遭難死以降、つまり一九八五年以後の植村は、学校教育の視点から見習うべき人間として扱われ、「偉人化」していったのだ。冒頭に紹介した草野新平の詩に戻るならば、一九八五年以降、「修身に化けて、植村直己は私たちの中にいきつゞけ」たのである。

ちなみに、植村直己の「教材化」「偉人化」は、時代が平成以降になってもとどまるところを知らない。『国際交流につくした日本人 二』（くもん出版、一九九〇年）、『人物日本の歴史：まんがで学習 五』（あかね書房、一九九〇年）、『大自然にいどんだ冒険（まんが世界のノンフィクション 二）』（金の星社、一九九一年）、『植村直己――エベレストから極点までをかけぬけた冒険家（小学館版学習まんが人物館）』（小学館、一九九六年）など、子ども向けの植村関係書籍は枚挙にいとまがない。平成も終わり近くになると、『脳の専門家が選んだ「賢い子」を育てる一〇〇のものがたり』（瀧靖之監修、宝島社、二〇一八年）という変わり種の本にまで、植村直己が採用されている。一九七〇年代に称賛のみならず、数々の批判を浴びた植村直己はもはや忘れ去られ、令和以降も「人間教材」あるいは「偉人」として、教育の世界に君臨し続けることだろう。

参考文献

犬塚進（一九七八）「現代人劇場　北極点単独到達を目指す植村直己の冒険稼業一代」『週刊サンケイ』扶桑社、一九七八年一月二六日。

植村直己（一九七〇）「世界の五大巨峰を征服して――エベレストの頂きに立った〝アニマル〟登山家が世界を股にかけた数々の大冒険を回想する」『文藝春秋』一九七〇年一二月号。

植村直己（一九七一）『青春を山に賭けて』毎日新聞社。

梅棹忠夫（一九七二）「朝日講座『探検と冒険』について」朝日新聞社編『探検と冒険　朝日講座1』朝日新聞社。

大谷丕昭（一九八三）「「植村直己・南極に挑む」を取材して」『映画テレビ技術』日本映画テレビ技術協会、一九八三年五月号。

瓜生卓造（一九七一）「すさまじい〝最高峰征服男〟」『サンデー毎日』一九七一年四月一八日。

中島祥和（一九八四）「植村直己――冒険とビジネスの間で」『Ｗｉｌｌ』中央公論社、一九八四年六月。

本多勝一・武田文雄編（一九八四）『植村直己の冒険を考える』朝日新聞社。

室謙二（一九七五ａ）「小田実とアメリカ体験」『現代の眼』六（一）現代評論社、一九七五年一月号。

室謙二（一九七五ｂ）『旅行のしかた――内側からタマゴを割る』晶文社。

「みんなで語ろう男のロマン――対談：植村直己　君原健二　黒佐年明　戸塚宏」『レクリエーション』日本レクリエーション協会、一九七六年一一月。

「男のロマン　それは未知の世界への出発（三浦雄一郎と植村直己の対談）」『ＳＫＩ』第一号、実業之日本社、一九七八年。

第5章　テレビ時代のスペクタクルな冒険・探検

――『川口浩探検シリーズ』と「真正性」の変容――

1　テレビで観る「冒険・探検」の誕生

当然のことだが、メディアを通した冒険・探検は、人々が手軽にそれらを「疑似体験」できるものである。たとえば、戦前から存在し続けている「冒険小説」や冒険・探検をテーマにした映画、あるいはマンガなどは、現在も人々に消費され続けている。そして、ある頃からテレビ文化の中でも「観る冒険・探検番組」が登場してきた。言い換えるならば、「お茶の間で体験できる冒険・探検」である。「観る冒険・探検」には、テレビにおいても様々なタイプがある。たとえば、「未知の生物」の発見を目的にする番組は、典型的な「テレビ的冒険・探検」だろう。あるいは「冒険・探検番組」を幅広く捉えるならば、リポーターのタレントが実際に現地の生活に飛び込み、様々な困難を乗り越えていくようなストーリーもある。一方で、少数民族の生活を詳細に描き出したり、希少動物・獰猛な生き物の生態を追うようなドキュメンタリーの番組もあり、「冒険・探検番組」の種類は枚挙にいとまがない。いずれにしても、これらは現在のテレビ文化の中でも、しばしば見受けられる番組と言えるだろう。

その中でも、かつて日本のテレビ史において絶大な人気を博した冒険・探検番組が存在した。それが『川口浩《かわぐちひろし》探検シリーズ』（一九七八年〜八五年、「水曜スペシャル」テレビ朝日系）である。番組の内容は、隊長・川口浩が率いる「川口浩探検隊」が未確認生物や原始民族などを追って、全世界（おもに南米、東南アジア、オーストラリアなど）の秘境を探検するというものである。川口浩は、同様の冒険番組『ショック!!』（一九六九〜七一年、日本テレビ系）にも出演しており、かつてはこの手のアドベンチャーものの常連だった。『川口浩探検シリーズ』は一九七〇年代から八〇年代にかけて大きな反響を呼んだ。では、この番組は一般的に、現在ではどのように評価されているのだろうか。『川口浩探検シリーズ』は、二〇〇〇年以降もしばしば振りかえられることがある。だが、主に川口浩探検隊を上から目線で馬鹿にする、あるいは「あの番組を過剰な演出と理解したうえで、視聴者たちは楽しんでいた」という認識を示すものがほとんどである。たとえば、以下のようなものがある。

水曜スペシャル　川口浩探検シリーズ　世界の謎を巡る探検のテロップに謎の「脚本」の文字が……。出演：川口浩　ゲスト：猿人バーゴン、双頭の大蛇ゴーグ　ほか多数。

（『八〇年代こども大図鑑』宝島社、二〇一二年、九三頁）

今月二日、新春冒険スペシャルと銘打って、「藤岡弘探検隊シリーズ　エチオピア奥地三〇〇〇キロ！　幻の白ナイル源流地帯!!　古代裸族に人類の原点を見た!!」（朝日系）が放送された。この番組は、往年の「川口浩探検隊シリーズ」の隊長・川口浩の遺志を受け継いだ新隊長・藤岡弘（以下、隊長）による探検シリーズなのである。［中略］要するに、藤岡弘の探検隊コント。笑いのツボも計算済み。金と時間をかけた壮大な探検ごっこである。

（『朝日新聞』二〇〇四年一月一三日夕刊一一面）

俳優の故川口浩さん率いる探検隊が「未開の地」を訪ね、「大発見」をするという「川口浩探検シリーズ」（七〇～八〇年代）など、多くの視聴者も「演出」と理解した上で番組を楽しんだケースもあった。

（『毎日新聞』二〇〇七年四月一三日朝刊一四面）

この番組について、「過剰な演出」という評価や、世間からの「嘲笑」は未だに存在している。だが、一方で川口浩探検シリーズは当時「水曜スペシャル」の特番として高視聴率をたたき出しており（平均視聴率は二〇％を超える）、一部の視聴者をおおいに魅了していたことも忘れてはならない。したがって、『川口浩探検シリーズ』を「まじめな」研究対象として議論の俎上に載せ、「テレビ時代のスペクタクルな冒険・探検」の魅力を明らかにすることは、「メディアの中での冒険・探検」を議論する上できわめて重要なことではないだろうか。

そのような認識のうえで、ここでは次の三つの論点を提示したい。第一に、川口浩の冒険・探検番組は「テレビ黄金時代」と呼ばれていた一九六〇年代後半から八〇年代にかけて、いかなる番組を目指して制作されていたのだろうか。また、その冒険・探検はどのように評価されていたのだろうか。ここでは分析視点として、本書でたびたび登場している冒険・探検の「真正性」（やらせではない「ホンモノ」の冒険・探検、あるいはそうでないもの）についての「語り」に注目したい。それは、あるときは番組プロデューサーや川口浩自身によって視聴者に提示され、またあるときは視聴者が番組に対する見解を示す際に使用された。このような「真正性」に対する「語り」が、川口浩の冒険・探検を論じる中でどのように現れ、いかに変容していったのかに注目する。

第二に、上記のような「語り」は川口浩が生きた時代や、彼のライフヒストリーといかに関わっていたのだろうか。それは、他の映像ドキュメンタリー作家とどのような違いがあったのか。「テレビ的冒険・探検」を広義に捉えるならば、少数民族や貴重な野生動物を描き出すようなテレビドキュメンタリー作家を無視することはできないだろう。その代表格として、著名なプロデューサー・牛山純一《うしやまじゅんいち》が挙げられる。牛山は、四半世紀にわたって放送された『すばらしい世界旅行』（一九六六～九〇年）をはじめ、『冒険者たち』、『ナブ号の世界動物探検』、『ナゾの海底探検』など、六〇年代から八〇年代にかけて数多くの「冒険・探検番組」を制作してきた。では、川口浩と牛山の作品には、どのような差異あるいは共通点があったのだろうか。そこにはいかなる要因があったのかを論じる。

第三に、川口浩の冒険・探検に対するイメージが変容していく中で、視聴者はそこにどのような意味を付与したのだろうか。議論を先取りするならば、「真正性」を消失した冒険・探検番組に、人々はいかなる魅力を見出していたのだろうか。言葉を変えるならば、「真正性」を失うことは、テレビ的冒険・探検の存在意義を喪失することと同義だったのだろうか。

強調しておくが、本章は「冒険・探検番組がやらせか否か」に注目するものではない。そうではなく、制作者による冒険・探検に関わる「真正性」への評価や、「やらせ」という断罪が生じた背景、視聴者の意味付与の変化、

「冒険・探検番組」に視聴者が求めていたものなどに焦点を当てる。さらにそれらを総合しつつ、「川口浩の冒険・探検」をメディア史、冒険・探検史の俎上に載せ、学問的な意味づけを試みたい。

2　高度成長期の冒険・探検番組と川口浩

冒険番組『ショック!!』における「真正性」の強調

川口浩は一九三六年、東京に生まれた。父は著名な小説家（劇作家、あるいは大映の専務取締としても有名である）で、直木賞や菊池寛賞を受賞した川口松太郎である。母は戦後に大映「母ものシリーズ」で一世を風靡した女優・三益愛子であり、川口浩は少なくとも芸能界でサラブレッドのような存在だった。一九五六年に映画俳優としてデビューし、太陽族映画など数多くのヒット作品に出演した。大映の看板スターとなった彼だが、一九六三年に芸能界（映画俳優）を一度引退し、同年に「株式会社 川口エンタープライズ」を設立する。主にマンション経営を中心に、事業に取り組んでいた。だが六七年、テレビドラマ『青春気流』（NHK）にて俳優業に復帰し、その後『キイハンター』（TBS、一九六九年～）などのドラマに多数出演する。一方で六九年、「川口プロモーション」を設立し、『ショック!!』など冒険を売りにする番組を制作していた。この時期から俳優、テレビタレント（競馬中継の解説やテレビ番組司会など）、あるいは事業家といった二足、三足のわらじをはくことになったのだ。さらに、七八年からは『川口浩探検シリーズ』で一世を風靡し、八五年にガンで闘病生活に入るまで番組は続けられた。

それではまず、冒険番組『ショック!!』の中で、川口浩はどのような冒険を売りにしようとしたのかを考えてみたい。すでに論じてきたように、一九六〇年代は、戦後日本における冒険・探検の流行期だった。まずは六一年に小田実の『何でも見てやろう』が出版され、六二年には堀江謙一が単独での太平洋横断に成功し、世間をにぎわせた。六四年には、戦後の日本において海外旅行が自由化され、六六年には、東南アジアや南米などの未開社会を描いたテレビ番組『すばらしい世界旅行』（日本テレビ系・日立ドキュメンタリー）が放送を開始した。植村直己や三浦雄一郎などが国民的な注目を集めたのも、六〇年代後半のことである。そのような状況の中で、冒険番組『ショック!!』は一九六九年一〇月、国内シリーズをスタートさせた。番組の内容は、たとえば「アイヌのクマ狩り」や「大自然に挑む、恐怖の海中ダイビング」など、国内における奇行の紹介や、大自然に挑む冒険を中心にしており、川口浩は主にスタジオでの進行役、そしてときには現場へ登場することもあった。放送時間帯は一九時三〇分スタートの三〇分番組で、一九六九年はあくまで国内での撮影のみである。

だが、大きなターニングポイントは、一九七〇年一〇月からの「海外シリーズ」だった。川口浩を中心としたスタッフが世界の国々をめぐり、各地域の奇習や奇行、限界に挑む人間の姿などを映像に収め、それらを詳しく紹介したのである。たとえば、現地人が牛の首を切り落とすシーンや、川口浩が「猿のすがた焼き」を食べるシーンなど、ショッキングな映像で溢れていたのだ。一九七〇年は、言うまでもなく大阪万国博覧会が開催された年である。大阪万博は、それまで多くの日本人にとって漠然としていた「外国」のイメージを、具体的なものとして提示するイベントだった。さらに、それを機にしてテレビの海外旅行番組や秘境探検番組が絶大な人気を誇るようになったという（原田 二〇〇八：一三九）。もちろん、一九七〇年以前から海外や秘境に関する番組は放送されていた。『兼高かおる世界の旅』や『すばらしい世界旅行』が代表的である。だが、それに加えて秘境を題材にしたドキュメンタリーや特別企画番組、『ショック!!』などが現れ、視聴者の関心を大きく引くようになったのだ。

『ショック!!』は、川口浩が現地で突撃取材する様子を前面に押し出し、番組のキャッチコピーも「冒険男・川口浩の猛烈取材、体当たり司会」だった（『読売新聞』一九七〇年一〇月五日夕刊）。では、この『ショック!!』（海外シリーズ）は、どのようなコンセプトでつくられたのだろうか。この冒険番組の仮想敵は、ヤコペッティ監督が製作したドキュメンタリー映画『世界残酷物語』（一九六二年）である。ヤコペッティはイタリア人で、もともとは週刊誌記者という異色の経歴の持ち主である。『世界残酷物語』は、彼が実際に二年間かけて世界を旅し、世界中の蛮行や奇妙な風習を発見し、それらを映像に収めたものである。『世界残酷物語』は世界的な大ヒットをもたらし、興行的には大成功を収めていた。では、一九六〇年代のヤコペッティに対する評価は、実際にどのようなものだったのだろうか。実は、映画評論の世界では、彼の作品に批判的な論評も目立っていた。批判の矛先は、作品の「芸術性の低さ」だったりもしたのだが、とくにその「演出」に対しては、しばしば批判が向けられていた。たとえば、映画評論家の飯田心美は『世界残酷物語』を次のように評している。

気になるのはエピソードのあるものが現実の姿そのままでなく、撮影にあたり作為的に演出されていると見られるものがあり、それが我々に疑惑を起させる。ニューヨークでロッサノ・ブラッチが女性群の襲来にあうところ、南洋土人娘たちのマン・ハント、豚の子が人間の乳房をすうところ、シンガポールの中国人の家で死の床につくという老人、ニューギニアの穴居人生態は部分的に怪しい。ビキニの島で海鳥や海亀が核実験のギセイとなり哀れな生き方をみせるくだりも果して事実そのままかどうか？　（飯田　一九六二：七五）

飯田が展開したヤコペッティ批判は、映像が本当にありのままを撮影したものなのか、「事実そのものかどうか？」という疑念である。すなわち、まさしくヤコペッティの映画の「真正性」に対して不信感をもっていたのだ。一方で、川口浩および『ショック!!』のスタッフたちは、事実であるかどうかにあくまでこだわった。自らの番組のアピールとしてヤコペッティを批判しつつ、自分たちの作品の「真正性」を主張するという戦略をとったのだ。

図5-1　映画『世界残酷物語』パンフレット（1962年）

『週刊TVガイド』での番組紹介

この作品、世界の奇習奇行や、極限に挑む人間のようす、マカ不思議な怪奇な世界をさぐるのを主眼としている。〔中略〕プロデューサーの太田杜夫氏にいわせると「この番組の八〇パーセントはハプニングでとらえたもの」という。次のショックが、あのイタリアの監督ヤコペッティが、まず足を踏み入れていたということだ。なんだか彼の後を追う取材のようで、報道にたずさわるものとしては、これは相当なショックだったようだ。しかし話をしているうちに、ヤコペッティ側は、どうやらカネを出してのいわゆる〝やらせ〟シーンが多いこともつきとめられて、わが日本の取材班は〝生の素材〟をそのまま扱ったと、ヤコペッティの後塵を仰いだうらみのシッペ返しをこんな所でしている。

（「ヤコペティにシッペ返し　大アマゾンの奥地で見せた日本人の意地」『週刊ＴＶガイド』一九七〇年一〇月九日号、三五頁）

川口浩

「偶然だったんですが、ねらった素材がほとんど〝世界残酷物語〟のヤコペッティ監督がねらったものと同じだった。彼の方は悪評が高くて拒絶されたが、ぼくの方はうまく取り入って成功した」。

（『週刊ＴＶガイド』一九七〇年一〇月九日号、四一頁）

大山プロデューサー（『ショック!!』担当）

「ヤコペッティの〝世界残酷〟は各地で評判悪いんだナ。ぼくらが撮影しようとすると、イタリア式はご免だと何度もいわれたもの。ヤラセ、ツクリがあって、見世物的に撮るからなんだ。ぼくらのは本当のドキュメントでフィクションはない。ブラジル・サルバドールのシャム双生児姉妹やブラジルの密教カンノンブレーの入信儀式は、ヤコペティがことに撮影を断わられたものなんだ。フィルムになったのはこれが最初ですよ」。

（『週刊ＴＶガイド』一九七〇年一〇月一六日号、三五頁）

川口浩や『ショック!!』のプロデューサーたちは、冒険・探検としても、あるいはドキュメンタリーとしても「ヤコペッティの二番煎じ」という批判をかわそうとした。そのために、自分たちが生の素材を「そのまま」扱ったことを強調し、「ぼくらのは本当のドキュメントでフィクションはない」と主張したのだ。すなわち、ヤコペッティを「やらせ」という言葉で攻撃しつつ、自身の番組に「真正性」を付与しようとしたのである。

視聴者に与えるインパクトの重視

だが、ここで一つの疑問が浮かぶ。『ショック!!』がテレビ番組である以上、ライバルとして想定すべきはヤコペッティのような映画ではなく、テレビドキュメンタリー、それも未開社会をテーマにするような作品なのではないだろうか。当時であれば、一九六六年にスタートした『すばらしい世界旅行』（日本テレビ系・日立ドキュメンタリー）が挙げられるだろう。この番組は、プロデューサーの牛山純一を中心にして制作され、当時、東南アジアやアフリカ、南米などの様子をテレビで伝えていた。牛山は日本テレビの『ノンフィクション劇場』に代表されるように、六〇年代からテレビドキュメンタリー業界では第一人者だった人物である。たとえば、大島渚が監督を務めた「忘れられた皇軍」（一九六二年）や、土本典昭の作品「水俣の子は生きている」（一九六五年）など、数々の著名な作品が『ノンフィクション劇場』で放送されている。ちなみに牛山は、ドキュメンタリーだけではなく、五九年四月の「皇太子ご成婚」中継の総合プロデューサー、あるいは六〇年安保では安保取材班の総責任者を務めたことでも知られている。一九六〇年代半ば以降、その牛山が全精力を込めて取り組んだ番組が『すばらしい世界旅行』だったのだ。では、ここで『ショック!!』（海外シリーズ）と『すばらしい世界旅行』を比較してみたい。

まず、『ショック!!』と『すばらしい世界旅行』には、ある種の共通点もあった。両者はときとして、未開社会の残酷な風習を伝えることも多かったのだ。まだ大阪万国博覧会の余韻がさめやらぬ一九七〇年一〇月、『ショック!!』（海外シリーズ）はスタートしたが、ちょうど同時期に『すばらしい世界旅行』は「最後の原始境をゆく」と題し、ニューギニアの「人食い人種」を一〇月一一日から四週連続で特集していた（放送時間帯は、二一時〜二一時三〇分）。ちなみに、第一週目放送のサブタイトルは「人肉を食う人々」、二週目は「原始人と戦争」、三週目は「裸族の女たち」、四週目は「石器時代を生きる」である。この放送は『週刊読売』（一九七〇年一〇月二三日号）にも取り上げられ、「人食い人種」の写真が計八頁にもわたってセンセーショナルに掲載されている。牛山は記事の中で、「こんどフィルムでも記録している大ヤマ場なんですが、一番ショックだったのは、人肉を食べているところを直接見たということでしょうね」（牛山　一九七〇：四〇〜四一）とも語っていたのだ。

一方で、『ショック!!』の当時のタイトルを概観してみよう。「神秘心霊手術師!!アリゴー」（一〇月五日）、「流血の密教カンドンブレー」（一〇月一二日）、「生きよ!!ブラジルの双生児」（一〇月一九日）、「ケニアの巨象を撃つ!!」（一〇月二六日）、「本場スペインの闘牛!!」（一一月二日）、などである。冒険とオカルトが入り混じったような内容だが、基本的なコンセプトは、川口浩が世界の未知なるものを捜し求める、あるいはその場所で様々な困難に立ち向かうというものである。このように、視聴者に衝撃を与える番組という意味では、川口浩と牛山純一には多少なりとも共通点があった。牛山に対抗したわけではないだろうが、『ショック!!』の「海外シリーズ」は、番組のセンセーショナルさを煽り、前年に放送された「国内シリーズ」（一九六九年）とも違うことを強調した。まずは、一九時三〇分開始から二二時三〇分開始へ放送時間帯を移したのだが、番組の大山プロデューサーはその理由を、「放送時間を夜の十時過ぎという中途半端な時間にしたのは、あまりに〝どぎついシーン〟に溢れているから、食事どき、子どもの起きている時間を避けたかったから……。それだけの配慮を必要とするドキュメントなんです」（『週刊ＴＶガイド』一九七〇年一〇月一六日号、三四頁）、と説明している。

放送時間が遅い時間帯にずらされた理由は、もちろんショッキングなシーンが国内編に比べてはるかに増加したことにあるが、カラーテレビが一気に普及したことも影響しているだろう。一九七〇年は、日本で初めてカラーテレビ受信機の生産が白黒受信機の生産を上回った年でもある。もちろん、それは残酷シーンの強烈さと大きく関係していた。たとえば「猿のすがた焼き」を食べるシーンが白黒映像で流されるのか、あるいはカラー映像で流されるのかを比較すれば、インパクトの違いは容易に想像できる。ちなみに、川口浩が当時出演していたテレビドラマ『キイハンター』（一九六九年〜）は白黒映像での放送だったのだが、それに対して『ショック!!』はカラー映像だった。そういったテレビメディアの変化も、番組の「どぎつさ」を後押しする要素になっていた。当時のテレビガイドにも、「この残酷シーンがカラー放送で　取材の川口浩が震え上がった本当のドキュメント!!」（『週刊ＴＶガイド』一九七〇年一〇月一六日号、三三頁）と、映像のインパクトの強さが強調されていたのだ。もちろん、その「どぎつさ」がリアルであること、すなわち「真正性」を視聴者に感じさせることに繋がったのだろう。さらに、取材する川口浩の「冒険・探検的なイメージ」を強く引き出していたとも考えられるのである。

「教養的」ドキュメントではなく「血わき肉おどる」冒険・探検へ

一方で、川口浩と牛山では、番組制作に対する態度が根本的に異なっていた。牛山は既述した「人食い人種」のドキュメンタリーに関して、「こんどの取材行では、人間が人肉を食べるという、大変ショッキングな現場をとらえたわけだけど、これはまったく偶然のチャンスに恵まれたからだったんです。最初から〝人食い人種〟をねらって行ったわけではないんです。われわれが興味を持っているのは、未開社会のルポなんでして…」（牛山 一九七〇：四〇）、と語っている。これは決して牛山の言い訳ではなく、座談会の中でも「人食い人種はなぜ人を食べるのか」（それは死者、とくに「戦死者」に対する敬意の表れであるという）、あるいは部族のなかの「権力関係」「婚姻関係」、他部族との争いの要因などについて言及し、文化人類学・民俗学的な視点から分析しているのだ。この事実からも、牛山にとって本来「人食い人種」のレポートが「冒険・探検的」というよりも、むしろ「学術」「教養」に近かったことがうかがえる。

実際に『すばらしい世界旅行』を制作していた当時、牛山は文化人類学者の泉靖一（東京大学）や山口昌男（東京外国語大学）、民俗学者の岡正雄（東京外国語大学）らと交流を深め、番組への協力を仰いでいた（読売新聞芸能部 一九九四：五一三）。牛山は『すばらしい世界旅行』に関して、一九七二年の時点で次のように語っている。

> 私は当時（一九六二年：筆者挿入）から、放送局と放送のあり方について、一つの考え方を持っていた。それは、そのまま「ノンフィクション劇場」の制作方針でもあった。放送事業は、「日本の文化をより実り豊かなものとし、人類の平和と幸福に寄与するために存在する」という考え方である。この方針は今でも変らない。私が放送番組のうち報道、社会教養の分野を選んだのも、映像文化全体の中で、この分野が重要な役割を持っており、しかも、娯楽分野等に比べて、重要視されていないことを憂えたからである。
>
> （牛山 一九七二：二三七）

娯楽的な「冒険・探検」よりも「社会教養」を重視する牛山の志向は、一体どこから生まれたのだろうか。まず、牛山の両親がともに教育者だったことは考慮すべきだろう。牛山純一の父、牛山栄治は教師を志し、四谷で小学校教員となり、四谷や江戸川などで青年学校の校長を務めた。戦後は、全日本青年学校長会の会長として学制の改革にも携わり、その後は日本大学商学部教授（豊山高校校長も兼務）、群馬女子短期大学（現・高崎健康福祉大学）学長など、常に教育と関連する仕事に力を注いできたのだ。さらに、母の貞も小学校教員（栄治と結婚後、退職する）であり、純一の姉（二歳上の長女）の治子は中学校の教師である（鈴木 二〇一六：二八〜三六）。家族の影響もあってか、牛山は一九四九年、早稲田大学第一文学部に入学し、東洋史を専攻しつつ、大学内でも幅広い交友関係を築いている。その相手は三宅久之（後に政治評論家）、土本典昭（後に記録映画監督）、早坂茂三（後に田中角栄の政務秘書）など、後に日本の政治やメディアなどと深く関わる人物だった（丹羽 二〇一五：一〇五）。牛山は大学を卒業後、日本テレビに第一期生として入社し、常に「戦争」や「政治」「社会問題」といった硬派なテーマに取り組んだ。したがって、牛山がテレビを「教養を深めるもの」として捉えていたのは、ある意味では必然的だったのだ。

教育一家の牛山に対して、川口浩の育った家庭はきわめて対照的である。川口浩の父・松太郎は著名な作家であり、文学や大衆文化についての知識は豊富だった。だが、生い立ちとしては私生児で親が誰かも分からず、幼少期は貧しい養父母に育てられた。学歴も小学校卒で苦労を重ねながらも出世し、松太郎は小説家として大成功を収めた（日本経済新聞社編 一九八三）。しかし、私生活では女性関係が激しく多くの愛人をもち、三益も元は正式な妻ではなく、数いる愛人の一人だった。若い頃の川口浩はそのような松太郎が母の三益を苦しめていると感じ、父に対して憎しみすら持っていたようである（野添 一九八八：五三）。川口松太郎と三益愛子は、ともに文学・芸能の世界で大きな成功を収めた人物だが、牛山の両親のように、教育に関心があるわけではなかった。二人の長男として生まれた川口浩は、当然ながら経済的にはたいへん裕福な家庭に育ったと言える。だが、若い頃から生活はすさんでおり、中学の頃は新宿二丁目の赤線から学校に通い、慶應義塾高等学校は中退してしまった。牛山とは違い、川口浩は学校教育からは常に自身を遠ざけており、「社会問題」にも関心が薄かったと思われる。ちなみに、一九六〇年六月一五日という日に注目してみよう。周知のように、六月一五日は六〇年安保闘争のまっただ中であり、警官隊とデモ隊が衝突する中で、樺美智子が不幸にも亡くなった日である。既述のように、牛山はこの日に日本テレビの安保取材班の総責任者として活躍したが、川口浩はちょうどその日、帝国ホテルで女優の野添ひとみと結婚式を挙げていた（野添 一九八八：一一六）。もちろん、結婚式の日取りの方が先に決まっていたのだが、このような事実にも両者の生き方の違いが表れているのかもしれない。

一方、川口浩は子どもの頃から『少年倶楽部』の愛読者で、自身も大の冒険好きだった。したがって、そもそも自身の番組にも「教養」のような意味合いを与えるのではなく、あくまで冒険・探検的な要素を強く加えようとした。後に探検シリーズで隊長として活躍していた際にも、「子供たちや大人の人が〝血わき肉おどる〟ような番組を作りたいと心掛けて、大分無茶なこともやってきました」と語っている（「川口浩〝名物探検隊の舞台裏――毒ヘビ、サソリがぼくの友だち〟」『現代』講談社、一九八五年一一月、一八五）。その証拠に、『ショック!!』（海外シリーズ）を制作するために海外へ行くにあたっても、民俗学者や人類学者に頼ってはいない。たとえば、取材スタッフの人選についても川口浩は、「この海外取材で一番必要とするスタッフの条件は、まず身体が丈夫であること。どんな事件にぶつかってもあわてずさわがず、冷静でいられる精神力の持ち主であること。外国人の中にはいっても、毛唐なんかクソクラエーという図太い神経でいること。冒険が大好きであること等々」（川口 一九七一：三）と語っている。なんともお気楽な様子であるが、「冒険が大好きであること」というスタッフに対する条件からもうかがえるように、学術的な野心ではなくあくまで「冒険・探検的な野心」を重視しているのだ。『〝ショック〟世界旅行』というレポートによれば、川口浩が夜に現地で売春婦を買ったエピソードや、昼間にマグロ釣りを満喫した体験なども描かれており、『ショック!!』の取材班にはどこか「過酷ではあるが、楽しい冒険」という印象がある。

一方で、当然のことながら、海外ロケには様々な困難がある。たとえば、ジャングルで過酷な生活を強いられたり、あるいは闘牛士の若者が即死する現場に立ち会ったりなど、しばしば恐ろしい経験をしたようである。まさしくショックな出来事に何度も直面していたのだ。とはいえ、『ショック!!』（海外シリーズ）では、決してインパクトのあるシーンを次々と垂れ流していただけではない。では、この番組において、具体的にどのような方法によってショッキングなシーンを強調し、さらに「冒険・探検」的な要素を充実させていったのだろうか。

『ショック!!』には、ヤコペッティのドキュメンタリー映画や、牛山の『すばらしい世界旅行』とはまた違った仕掛けも用意されていた。この番組の演出について、大山プロデューサーは、「川口浩がいなければ、この企画は成功しなかったでしょうよ。あらゆるシーンに〝入れ込み〟で川口を登場させたからネ。いわば、彼は現場での証人なんだ。絶対にインチキじゃないことがわかるでしょう」（『週刊TVガイド』一九七〇年一〇月一六日号、三六）と語っている。テレビガイドにも、「確かに試写を見ると、川口浩の登場によって臨場感と親密感がぐっと盛り上がっている」（『週刊TVガイド』一九七〇年一〇月一六日号、三六頁）という感想が残されているのだ。一方で『世界残酷物語』は、現地の映像とナレーションのみで構成され、いわゆる写実主義的な手法が取り入れられている。川口浩のような入れ込み人物、あるいはスタッフなどの映像は基本的に使用されていない。他方で、『すばらしい世界旅行』では、ディレクターの豊臣靖や市岡康子、中村稔などが現地映像に登場することもあり、現地に精通している「語り手」として（聞き手はナレーターの久米明）解説することもあった。だが、あくまで彼らの役割は「冒険の主人公」ではなく、現地でのシーンを詳しく説明し、「視聴者の教養取得」へ寄与することだった。

「入れ込み」による「真正性」「冒険・探検らしさ」の創出

それに対して、『ショック!!』では、普段は現地に存在しないはずの川口浩を投入し、川口浩をあえて冒険の「主人公」とし、それによって臨場感を掻き立てようとした。もちろん、いかなる演出もすることなく「客観的」に番組を作り上げるということが可能なのかと言えば、そこには大いな疑問が残る。むしろ主観的（主体的）に映像を作り上げる（しかない）ということは、番組制作の宿命でもあるだろう。牛山は、『すばらしい世界旅行』の制作に関して、「映像プログラムは、単に組織や機構が制作するものではなく、具体的な「ある人間」の意志と責任において制作するのだという考え方」を重視したと語っている（牛山 一九七二：二三七）。すなわち、牛山も映像は「客観的」（超越的）な第三者の視点のもとにつくられるわけではないと考えているが、『すばらしい世界旅行』の映像制作では、主に写実主義的な手法を採用していた。それは牛山が「冒険・探検」ではなく、「教養」を最重要視していたからにほかならない。だが、「冒険男・川口浩」をキャッチコピーとする『ショック!!』は、あくまで「教養」よりも娯楽性、すなわち「冒険・探検」的なスリルを全面的に押し出した。したがって、「冒険の主人公である川口浩の投入」というスタイルを採用したのである。

もちろん、普段はそこにいないはずの人間をあえて投入することは、本来ならば「真正性」を失わせるような番組作りのようにも思える。だが、逆に「現場での証人」によって番組の「真正性」を創出するという、新たな発想のもとに番組を制作したのである。さらにこの手法は、「真正性」をつくるのみならず、番組に「冒険・探検」的な要素を強く与えることになった。なぜならば、視聴者はたんに現地の映像を観るだけではなく、冒険する「現場での証人」・川口浩にも同一化することができたからである。映像の「どぎつさ」が「真正性」や「冒険・探検的なイメージ」を引き出していたことは、すでに述べた通りである。だが、それだけではなく「主人公」の入れ込みこそが、『ショック!!』が生み出す冒険・探検の特徴であり、完全に牛山の守備範囲から外れた部分だったと言えるだろう。

3　『川口浩探検シリーズ』と「真正性」の変容

『川口浩探検シリーズ』の特徴

前述の『ショック!!』では、少なくとも川口浩の登場が「真正性」を担保することに繋がり、さらに「冒険・探検らしさ」の創出に貢献していた。では、『川口浩探検シリーズ』（「水曜スペシャル」テレビ朝日系、一九七八年三月～八五年一一月）において、それはどのように変化していったのだろうか。この番組は一九時三〇分から二一時までの九〇分番組であり、スペシャル番組として、一年におよそ四～五回程度の頻度（年によって異なる）で放送されていた。一九七八年から八五年までの八年間で、最終的には全四四回で終了している。カメラは基本的に探検隊とそれを取り巻く様子のみを追い、「スタジオ」（現場の映像を観るタレントや観客たちがいる）は存在しない。当然のことながら、ドキュメントバラエティのようにカメラが「スタジオ」へふられることもない。そもそも、典型的なドキュメントバラエティの形式は、「現場」と「スタジオ」がテレビの中で交互に映し出され、「視聴者」がそれを観るという形式である。だが、『川口浩探検シリーズ』はそれらとは明らかに形式が異なり、テレビには「現場」しか映らず、「視聴者」はそれを観るだけという、むしろ一般的なドキュメンタリーに近い形式である。

　川口浩はこの番組の主人公であり、「探検隊の隊長」という設定である。このような形式は、実は過去に牛山純一が制作したドキュメンタリー番組でも使用されていたことがある。たとえば『ナブ号の世界動物探検』（一九七二～七三年、日本テレビ系列）では、近藤典夫（当時、東京農業大学教授）が探検隊長となって、アフリカや南米などで動物探検を行っていた。番組内では、野生のゴリラやハゲタカなどを探索し、隊長の映像や探検隊を乗せる車が走る様子も頻繁に流れ、「探検隊」という言葉もナレーションの中で登場する。しかしながら、近藤は隊長として画面のなかに頻繁に登場するものの、番組の主人公というより「現場での解説者」という役割が強く、主人公はあくまでも野生動物たちである。その点で「川口浩探検隊」とは一線を画していると言えるだろう。

　『川口浩探検シリーズ』のサブタイトルは、派手でセンセーショナルなものが非常に多い。たとえば、第一回：「人跡未踏の密林に石器民族は一〇〇〇年前の姿そのままに存在した!!」（一九七八年三月一五日放送）、第二回：「驚異の人食いワニ・ブラックポロサスを追え！」（一九七八年六月二八日放送）、第三回：「暗黒の魔境アマゾン奥地三〇〇〇キロに幻の原始民族を追え!!（第一部）」（一九七八年一一月二八日放送）などである。だが、このころ『すばらしい世界旅行』でも、同じように派手なサブタイトルがなかったわけではない。いくつか挙げるならば、「アマゾン　幻の原始人をさがしに行く」（一九七七年一月二三日放送）、「首狩り族の子守歌―カリマンタンのダヤック族―」（一九七八年一一月一二日放送）、「ナタで頭を割る女　アマゾン最後の裸族」（一九八一年一〇月一一日放送）などはかなりセンセーショナルな感がある。もちろん、『すばらしい世界旅行』は『川口浩探検シリーズ』とは違い、つねに大げさな言葉で視聴者を煽っていたわけではなかった。しかしながら、タイトルだけを考えるならば、両者には多少なりとも通じる点があったと言えるだろう。

一方で、内容的に『川口浩探検シリーズ』は、牛山純一のドキュメンタリーとは大きく異なる。たとえば、派手な効果音（そのとき現れたものは？「ガッガーーン!!」など）、映像編集（ピラニアに噛まれた川口浩の手がカメラでどアップになるなど）、あるいは田中信夫による過剰なまでの激しいナレーション（状況説明の言葉が洪水のように押し寄せ、視聴者に激しく訴えかける）などが大きな特徴である。田中信夫は、あくまで探検隊を取り巻く状況の厳しさや、野生動物の獰猛さを激しい口調で伝えようとしていた。他方、牛山の『ナブ号の世界動物探検』では、ナレーターはあくまで「教養番組」として動物探検を位置づけようとしていた。たとえば「隊長　ハゲタカに驚く」（一九七二年一二月三一日放送）では、まず草食動物に大量のハゲタカが群がり食べつくすという、残酷な映像が流される。だが、その後に次のようなナレーションが流れる。「草食動物の肉をハゲタカが食べ、残された骨をハイエナが食べ、ボロボロになった骨は土へ帰り、バクテリアに分解され、草が生えて新たに草食動物の餌となる」。このように、あくまで「自然の摂理」を説明するような内容である。ナレーターは城達也で、口調も落ち着いている。

さらに、『川口浩探検シリーズ』では「未知なるもの」が無理やりつくりだされていた印象も否めない。たとえば、「双頭の大蛇ゴーグ」（一九八二年五月放送）や「原始猿人バーゴン」（一九八二年六月放送）は、ネッシーやツチノコなどの未確認生物、すなわちオカルトに影響を受けている感が強い。いずれにしても、川口浩探検隊の冒険・探検は、『ショック!!』と同様に、決して「教養」を視聴者に与えるわけではなかった。目的はあくまで、獰猛な生物が生息する地帯を探検する（その様子を観せる）こと、困難を乗り越えていくスリルを伝えること、そしてあわよくば未確認生物を発見することだったのだ。

探検隊を語る言説の変容

では、番組がスタートした初期、『川口浩探検シリーズ』はどのように語られていたのだろうか。

意外なことであるが、少なくとも一九八〇年まで、この番組を批判するような言説は、管見のかぎりではほぼ見られない。揶揄するような言説に至っては皆無である。それどころか、逆にこの番組をかなり好意的に取り上げた記述すら存在する。

故国に帰るべきであった遺骨を、太平洋戦争随一の激戦地ソロモン諸島に捜し続けるルポルタージュが、十五日の「水曜スペシャル」（テレビ朝日＝後七・三〇）であった。川口浩らが、ガダルカナル島のジャングルの山道で悪戦苦闘しつつ、累々たる白骨を収集してダビに付していく。繁栄の陰に三十有余年放置されたままの遺骨。戦後は終わったと言えるのであろうか？

（『読売新聞』一九七九年八月一九日朝刊一五面）

日本のほぼ真南、赤道直下のパラオ諸島。サンゴ礁に囲まれたその海面下には、神秘的な海底洞くつの数々が眠っている。川口浩さんを隊長とする探検チームが、そのなかでも大干潮時にだけ姿を現す孤島の洞くつに挑戦した。この洞くつはパラオ本島とつながっており探検隊は本島側と孤島側の両方から挑んだが、落盤、水没の恐怖が重くのしかかり、わずか六キロの距離が苦闘の連続。両サイドからの探検隊のドッキングに、一日半を要した。カメラは不安と闘う隊員たちの汗と涙を克明に迫う。［中略］川口さんは、この番組のアドベンチャーものの常連で、「この手のものは、常に危険ととなりあわせだが、それだけにやりがいがある」という。

（『朝日新聞』一九八〇年一月一八日朝刊二六面）

一つ目の記事は、一九七九年八月一五日の終戦記念日に放送された『川口浩探検シリーズ』に関するものである。同日にNHKで放送されたドキュメンタリー『私の太平洋戦争』とともに、読売新聞の中で真面目に評されており、しかもかなりの高評価である。冒険・探検番組としてそこに「ルポタージュ」という表現も使用されており、完全に番組を称賛した記事である。番組タイトルは、「完全踏破！ガタルカナル奥地に白骨街道は実在した!!二万五千の遺骨が語るガ島奪回丸山道作戦の謎」と、いつものように派手だった。高評価の理由としては、もちろん番組内容が戦争がらみということにあるだろう。しかも、あえてこの冒険・探検番組を終戦記念日という「シビアな日」にぶつけてきている点は、「決してふざけた冒険・探検とは受け取られない」という、放送局や制作者側の自信がうかがえる。二つ目の記事もまた好意的であり、「危険ととなりあわせ」であることが強調され、「アドベンチャーもの」として観るに値する番組という評価がうかがえる。少なくとも一九八〇年一月の時点で、『川口浩探検シリーズ』は、新聞で真剣に取り上げる価値のある番組とされていたことには注意すべきだろう。しかしながら、一九八一年以降になると、『川口浩探検シリーズ』に対するコメントが変化を見せる。

二十九日のテレビ朝日水曜スペシャル「首狩り族か！人食い人種か?! 最後の魔境ボルネオ奥地に恐怖のムル族は実在した!!」を見て一言。この題名では、本当に人の首を狩っているところが出るのではないかなどと、ばく然と思ってしまう。だが実際の画面にはショッキングなものはなく、ナレーションだけが「予期せぬ出来事が待ち構えていた」とか「次に目にしたものは……」などと見る側を首狩りの場面に誘い込むような言葉。これでは不動産の誇大広告と同じだ。納得のいく題名と内容を願いたい（横浜市南区・匿名）。

（『読売新聞』一九八一年五月五日朝刊一三面）

この時期から、番組に対するやや批判的なコメントが現れている。もっとも、「首狩り族か！人食い人種か?!」というタイトルについて言うならば、「首狩り族」や「人食い人種」という言葉は『川口浩探検シリーズ』だけではなく、『すばらしい世界旅行』などにも登場することがあった。単純に考えるならば、テレビで実際に人間の首を狩るシーンや人肉を食べるシーンなど登場するはずがないと予測できるだろう。むしろそれよりも、投稿者の批判の矛先は、思わせぶりで派手な田中信夫のナレーションに向けられていると思われる。だが、翌年にはナレーションだけではなく、冒険・探検の内容に対する批判が急激にエスカレートしてくる。

九日のテレビ朝日「謎の原始猿人バーゴンは実在した!!」は実にばかばかしかった。だいたい自然界に住んでいる原始猿人が、布の腰巻きなどしているのがおかしいと思う。バーゴンが活躍する様子は、ナレーションとは違ってあまり原始的な世界に育った感じがしない。顔だけ原始人のようでも、からだつきは普通のスポーツマンのよう（女性一五歳）。

（『読売新聞』一九八二年六月一七日朝刊二四面）

これは一九八二年六月九日に放送された「原始猿人バーゴン」に対する、視聴者の反応である。もっとも、『川口浩探検シリーズ』では、未確認生物はほとんど発見されることがなく、「それらしきもの」がカメラに映ったか映らないかという、結果的には「チラリズム」的な結末が多い。しかしながら、この放送では最終的に、原始猿人バーゴンがはっきりとした姿を見せ、さらに捕獲され、ヘリコプターによって大自然の世界から連れ去られてしまうのである。実は、「謎の原始猿人バーゴンは実在した！」を制作したのは、この番組を当初から担当していた普段の制作会社のディレクターではなかった。『川口浩探検シリーズ』に当初からスタッフとして携わっていた小山均によると、この回に限ってはたまたまテレビ朝日のある社員が、初めてこの番組をディレクターとして担当した。したがって、このシリーズにはめずらしく、はっきりとしたストーリー展開や映像、そして結末をつくりすぎてしまったという（プチ鹿島 二〇一八：一〇八）。いつものような「曖昧さ」が排除されていた影響もあってか、この視聴者は、「自然界に住んでいる原始猿人が、布の腰巻きなどしているのがおかしい」「原始的な世界に育った感じがしない」という感想を述べ、いわばこの番組の「真正性」に疑問を感じているのだ。

だが、この放送を真剣に受け止めた視聴者がいたことも重要である。読売新聞によると、既述のようなこの番組の「真正性」を疑うような感想が計七通寄せられていた。その一方で、「大自然に住むのに無理に保護したのはかわいそう」という投書も、五通寄せられていたのである（『読売新聞』一九八二年六月一七日朝刊二四面）。この事実は、「原始猿人バーゴン」の実在を信じていた視聴者も、一定数いたという事実を証明しているのだ。

しかしながら、一九八三年には、『川口浩探検シリーズ』に対するあからさまな批判が、視聴者から次々と生まれてくる。

「水曜スペシャル」（テレビ朝日系）の探検シリーズには、もういい加減にしてくれと言いたい。毎回最初に期待を持たせておいて、最後は大したことがなかったというパターンだ。最近はネタが尽きたのか、イモリまでを〝現代の神秘〟にしてしまう有様。誰が見ても筋書きがわかる中を、川口浩らの探検隊は「たびたび起こる突然の出来事」に激しく驚く。スペシャルでも何でもない、こんな情けないシリーズは打ち切りを（男性・二四歳）。

（「読者の広場」『週刊TVガイド』一九八三年一月一四日号、一八二頁）

視聴者としては、「もういい加減にしてくれ」、「誰が見ても筋書きがわかる」、「こんな情けないシリーズは打ち切りを」という、かなり厳しい意見である。これは冒険・探検番組としての「真正性」が欠如していることに対して、視聴者からの不満が爆発していたと考えられるかもしれない。だが、一方で視聴者はまだ『川口浩探検シリーズ』に「真正性」を求めていたと解釈することも可能であろう。それは、「謎の原始猿人バーゴンは実在した！」に対する、視聴者の受け止め方とも共通している、すなわち、少なくともこの番組を揶揄するのではなく、真正面から内容を受け止め、そのうえで「真剣に」批判を加えていたのである。だが、一九八四年以降、この状況が一変する。

「川口浩を笑う」という言説空間の形成

「川口浩探検隊」が「批判」ではなく「嘲笑」されるという流れを決定的にしたのは、一九八四年六月に発売された『ゆけ！ゆけ！川口浩！』（嘉門達夫、シングル）だろう。「川口浩探検隊」はそれ以前から漫才のネタなどで使われていたようだが、最も影響力があったのはこの曲だと考えられる。もちろん、この曲が川口浩の冒険・探検を完全に揶揄しているという捉え方は、まったくもって正しい。当の嘉門達夫も、わざわざ探検隊のコスチュームを着てテレビの歌番組に登場し、たびたびこの曲を披露していた。

もっとも、一九八〇年代の前半は、各家庭にビデオデッキが普及し始めていた時代である。「川口浩が、カメラマンと照明さんの後から洞くつに入っている」という事実、その他の演出などは、間違いなく視聴者によりいっそう確認しやすいものになっていただろう。メディア技術の変化は大きいのかもしれないが、一方でそこにはまだ、写実主義的な発想が残されていたことに注意しなければならない。すなわち、「映像はありのままを映し出すことが前提とされ、そこにツッコミどころを見い出す」という考えが視聴者に強かったとも言えるのだ。たとえば、「川口浩が洞くつに入る。カメラマンと照明さんの後に入る」「ジャングルの奥地に新人類発見！　腕には時計の跡がある」などは、まさしく映像そのものを信じているからこそ発せられるツッコミである。考え方によっては、牛山純一のドキュメンタリーを観ているときと同じ発想、すなわち映像そのものの「真正性」をけっして疑ってはいないとも言えるのだ。

むしろここで重要なのは、メディアの技術的な変化よりも、「あるテレビ番組の演出を、テレビそのもの（歌番組という別ジャンルではあるが）が堂々と暴きだした」という事実である。「番組の演出を上から目線で笑う」という観方を、視聴者ではなく、ほかならぬ「テレビそのもの」が広めはじめたのだ。その影響もあってか、その後の川口浩は「冒険男」というよりはエンターテイナー的な扱いを受けることが多くなる。そして、川口浩や探検シリーズを揶揄するような言説が世間に溢れだし、笑いの対象になっていくのだ。

私は俳優の川口浩さんと同姓同名の男です。一日の夜九時過ぎ、我が家の電話が鳴ったので受話器を取ると、ほろ酔い気分の二、三人の若いお嬢さんたちがいきなり「川口浩ガンバレ」と合唱し、それが終わると今度は一人の娘さんが「私、あなたの赤ちゃんできちゃった」と叫んで、電話は一方的に切れました。最近、俳優の川口浩さんを励ます歌がはやっているそうですが、あの電話はその歌を使った新手のお遊びなのでしょうか（三三歳男性）。

（『読売新聞』一九八四年一一月八日夕刊三面）

愛染恭子（当時のAV女優：筆者挿入）と川口浩の対談：「大ゲサ探検だなんて失礼よ。エンターテインメントなんだから。この刺激がジンジンきてたまらないのヨォー」。

（「川口浩の『世界女体探検』に肉迫」『週刊ポスト』一六巻四三号〔一九八四年一〇月〕、二〇二頁）

先にテレビカメラが着いてて、後から〝よし、行くぞ〟なんて、あれじゃまるで川口浩探検隊だよ（一九八五年九月に起こった日航機墜落事故に対する自衛隊の初期始動の遅さについて。軍事ジャーナリストの見解）。

（「生存者はまだいた！『救援』はなぜ遅れたか！」『週刊サンケイ』一九八五年九月一二日号、二〇〇頁）

「やらせ問題」と「冒険・探検」へのバッシング

一九八五年八月、水曜スペシャル取材班によるフィジー島での「人骨バラマキ事件」が、週刊誌などで取り上げられる。これは探検で使用した人骨のようなもの（フィリピンで購入したといわれている）をフィジーから持ち帰らず、取材班が現地で放置し、当局ともめたという事件である。さらに同年の一〇月、『アフタヌーンショー』（テレビ朝日系）での「やらせリンチ事件」が発覚し、テレビ業界、とりわけ『アフタヌーンショー』や『川口浩探検シリーズ』を放送していたテレビ朝日が強烈なバッシングを受ける。「やらせリンチ事件」では、『アフタヌーンショー』の担当ディレクターが逮捕され、メイン司会者が降板し、その後、番組は終了してしまう。『川口浩探検シリーズ』に関しても「やらせ」という言葉が使用され、雑誌メディアなどでさんざんに叩かれていくのだ。

『水スペ』のヤラセはそんじょそこらのヤラセではない。人物はおろか、それを取り巻く情景から何から、すべて演出してしまう。〝ヤラセもここまできた〟なんて域ではない。もう、これはドキュメントではない、まったくのフィクションですよ。面白く見せるために何だってやる。

（「国辱的「ヤラセ番組」だった、テレビ朝日の「人骨バラマキ」」『週刊新潮』一九八五年八月一五日号、一四二頁）

実際には最近の番組はヤラセだらけである。［中略］冒険、探検番組だって同類。買ってきた人骨を洞窟の中にバラ撒いておいて、〝大発見〟なんてのは日常茶飯事のようだ。川口浩の大冒険「水曜スペシャル」も［中略］それはそうだろう。遠い異国へ取材に出かけたって、そうザラに〝大冒険〟のネタが転がっているはずがない。人食い人種や大蛇や毒グモや白骨が、どこにでもある訳がない。高い費用もかかっているし、仕方がないからヤラセで――となるのだろう。

（大西 一九八五：八四〜八五）

とくに、「やらせリンチ事件」以降は、報道番組ではないはずの探検シリーズの関係者までもが、番組批判に応答しなければならない状況に置かれる。そもそも「やらせリンチ事件」の本質は、『アフタヌーンショー』のディレクターが未成年者に暴力行為のシーンを要求し、それを実際に撮影したことにある。これは明らかな犯罪行為であり、局やディレクターが批判されて当然のことだろう。だが、「テレビ番組における演出は、どこまで許されるべきなのか」といった問題は、まったく別次元の話である。しかしながら、本質的な問題が深く議論されぬまま、「やらせ」という言葉が一人歩きし、他の番組にまで風当たりが強くなってしまったのだ。『川口浩探検シリーズ』のプロデューサー加藤秀之もそのような流れの中で責められ、釈明を求められることになる。

「よくこの番組は〝やらせ〟が多いといわれるんですが、例えばですよ。毒ヘビに噛まれそうになるシーンを撮ろうとする。その場合、ヘビは木の上から落ちてくるのがいいか、はたまた地面から足へはい上がってくるのがいいか、どこか草むらから飛びかかってくるのが効果的かとか、ディレクターとしてはいろいろと考えを巡らせるわけです。また、いきなりヘビから撮るのがいいか、案内人が先に見つけた方がいいのかとか、川口さんのリアクションから入った方がいいとかいろいろ悩む。ですから、あらかじめ適当なヘビを用意しておく、ということもたまにはあり得る。だっていつもいつもこちらが出てきて欲しい時に動物が都合よく出てきてくれるとは限りませんからね」。

（「川口浩〝名物探検隊の舞台裏——毒ヘビ、サソリがぼくの友だち〟」『現代』講談社、一九八五年一一月、一八五〜一八六頁）

加藤秀之は、『川口浩探検シリーズ』の第一回放送（一九七八年三月）「ミンダナオ島人跡未踏の密林に石器民族は一〇〇〇年前の姿そのままに存在した」から、この番組に最も深く関わっていた人物である。このロケを現地のフィリピンでコーディネイトした恩田光晴は、当時の加藤について振り返り、「川口浩探検隊として確立した時にはみんなドキュメンタリーじゃないって意識で作っていました。［中略］〝再現〟とか入れなかったのは加藤さんがドキュメンタリーではなくエンタメとしての美意識があったからでしょうね」（プチ鹿島 二〇一六：一一二）と語っている。一方で、制作者側にあったのは、加藤のようなエンタメの意識だけではなかった。『川口浩探検シリーズ』

で隊員として、そして制作者としても関わっていた小山均は、当時の葛藤を次のように述べる。

「フルハウス（制作会社）で僕を指導したディレクターとか、そういう人たちにとっては「探検隊」はテレビ界の面汚しだと。テレビの影響力ってやっぱり大きいじゃないですか。そういう中であんなものをやってはいけないって言ってる人たちがいて。彼らのお師匠さんたちはテレビマンユニオンを作った人とかで、そういう流れを汲んだ会社だったの。だから「お前たちに志はあるか」ってよく言われた」。（プチ鹿島 二〇一九：一〇八）

では、テレビマンユニオン的な「志」とはいったいどのようなものだったのだろうか。テレビマンユニオンとは、言わずと知れた硬派なテレビ制作会社である。一九六〇年代後半に起こったＴＢＳ内の労働争議をきっかけとして著名なディレクターたちがＴＢＳを次々と退職した。彼らを中心として、一九七〇年に設立されたのが、テレビマンユニオンである。その中心人物だった今野勉は、ヤコペッティの一九六〇年代のドキュメンタリー作品、および当時の『川口浩探検シリーズ』について、次のように言及している。

私もみごとに騙されたことがあります。一九六〇年代に公開されたイタリアの監督ヤコペッティの「世界残酷物語」や「さらばアフリカ」です。そこにくり広げられる自然破壊や内乱や虐殺の衝撃的映像を、私はすっかり事実と思いこんだのですが、ある日、ハタと、あれだけの事件が新聞やテレビで一度も報道されたことがないのに気づいたのです。ヤコペッティにすっかり騙されていたのです。でも、私は腹をたてたりはしませんでした。ヤコペッティの捏造した事件や事故の映像は、明らかに本物の事件や事故の映像を模倣したものでした。個々の事件、事故としてはありえなくとも、一般化され、典型化された事件や事故の映像としてはよく出来ていて、だからこそ信じさせられたのですから。（今野 二〇〇四：六二）

今野は、ヤコペッティの作品の内容が事実でなかった、すなわち「騙されていた」と認めつつも、そこに「真正性」以外の意義を見出している。「一般化され、典型化された事件や事故の映像としてはよく出来てい」たという言葉から読み取れるように、事実としての真偽よりも、ヤコペッティが提示した「社会問題」の重要性を評価していたからだ。今野のヤコペティ批評は、一九七〇年の川口浩とは対照的である。つまり、川口浩は「ヤラセ」という視点からかつてヤコペッティを批判し、仮想敵に仕立てた。一方の今野は、『世界残酷物語』のなかに、環境破壊や虐殺、内乱、貧困などを見出し、社会を考えるために欠かせない問題提起として捉えたのだ。これは、少し形は違えども、牛山純一のように「教養」を重視するテレビマンという立場に近いと考えられる。言い換えるならば、今野は『世界残酷物語』のなかに「真正性」ではなく、「教養」のようなものを見出していたのだ。ちなみに、今野は『川口浩探検シリーズ』に関しては、二〇〇四年の時点で「ゆとりをもってからかわれる存在」（今野 二〇〇四：六二）とし、批評するにも値しない番組という態度をとっている。すなわち、今野はこの時点ではヤコペッティを高く評価し、川口浩の番組を無価値な番組として一蹴しているのだ。なぜならば、川口浩に対しては、そこに「真正性」を見出すことはできないし、社会批評の視点などまったく欠如しているからである。

いずれにしても、一九八五年には、加藤のようなディレクターの発言が週刊誌に掲載されることにより、川口浩の冒険・探検の「真正性」は完全に失われてしまった。そもそも、川口浩は一九七〇年にスタートした『ショック!!』（海外シリーズ）において、冒険・探検の「真正性」を追求することからスタートした。ヤコペッティに対抗心を燃やし、偽りのない「本物の冒険・探検ドキュメント」を制作しようと考えたのだ。しかし、八〇年代の『川口浩探検シリーズ』では、「やらせ問題」の渦中の中で、皮肉にも「真正性」の論理そのものによって裁かれることになる。それによって、マスメディアや視聴者からのバッシングを受け、さらには揶揄されることになったのである。

4　テレビ視聴の変容と「冒険・探検」

ドキュメントバラエティ的なテレビ視聴の誕生

では、『川口浩探検シリーズ』に対する「真正性」が大きく失われていったのが、なぜ一九八〇年代前半だったのだろうか。視聴者の側から言うならば、なぜ「真正な冒険・探検」という意味をそこに見出せなくなったのだろうか。少なくとも、『ショック!!』の時代には、番組に対する批判や世間の嘲笑は生じなかった。もちろん、川口浩の冒険・探検番組の内容そのものが変化したということも理由の一つだろう。だが、ここでは八五年から八六年にかけての、視聴者の「やらせ」に対する態度・見解に関する言説に注目してみたい。

「〔『川口浩探検シリーズ』の：筆者挿入〕番組中のヤラセのテクニックは、単純なものから複雑なものまでいくらでもあります。〔中略〕サギみたいなもんですよ。ただ、視聴者の方も、そのインチキくさいヤラセを楽しんでいるわけですから、その限りでは罪はないのかもしれません」。

（「国辱的「ヤラセ番組」だった、テレビ朝日の「人骨バラマキ」」『週刊新潮』一九八五年八月一五日号、一四二頁）

「実際には最近の番組はヤラセだらけである。そして見る側もそれを、ある程度承知して「また、やっとる」と思いながら、それなりに楽しんでいるケースが多い」。

（大西　一九八五：八四～八五）

さて、川口浩探険隊というと、ヤラセとかインチキの代名詞みたいになっちゃったけど、ちょっと待っていただきたい、とボクは、川口浩サンや隊員やスタッフ一同になりかわって、申し上げておきたい。〔中略〕〔『川口浩探検シリーズ』担当のプロデューサーは：筆者挿入〕ウチの番組を見てくれている人達は、もうエンターテイメントだって、わかってくれているだろう、と信じきって、より楽しい探険隊シリーズをつくってきたわけなのだ。

（村野　一九八五：八八）

ここから明らかに読み取れるのは、「ヤラセだから観ない」という視聴者の単純な認識・態度ではない。「真正／非真正」あるいは「やらせは許される／許されない」といった二項対立を超えた次元で、視聴者は『川口浩探検シリーズ』を楽しんでいたのである。そのような見解が、放送作家や一般視聴者などの間では、すでに多数存在していたのだ。だとするならば、『川口浩探検シリーズ』の変化というよりも、私たちはむしろ「テレビ視聴の作法そのものの変化」および「その要因」に注目すべきではないだろうか。既述のように、川口浩を揶揄して楽しむような現象は、一九八四年にリリースされた嘉門達夫の曲あたりから目立つようになった。だが、テレビ視聴の作法という点から考えるならば、この時代にテレビ番組のつくられ方やその裏側をあえて見せるような形式が生まれていたのだ。たとえば、バラエティ番組では、すでに八〇年代から『オレたちひょうきん族』（フジテレビ系、一九八一年五月〜）などで顕著に表れていたし、ドキュメントバラエティに関して言えば、なんといっても一九八五年四月から放送された人気番組、『天才・たけしの元気が出るテレビ‼』（日本テレビ系、一九八五年四月〜）が象徴的だと言えるだろう。この番組のコンセプトは、「テレビがテレビの手の内を見せる」というものだった。

この『元気が出るテレビ』には様々な企画が用意されていたが、たとえば初期の連続企画で、「カッパ」というシリーズがあった。「千葉県のある町の沼にカッパが出没する」という言い伝えを聞きつけた川崎徹（当時のＣＭディレクターで人気コピーライター、さらに『元気が出るテレビ』のレギュラー出演者）は、現地に足を運んだ。地元民の証言を聞き、三〇年前に現地で撮影された八ミリフィルムをみる。そこにカッパらしきものが映っているのを確認すると、川崎は「カッパ捜索隊」を結成する。「カッパ捜索本部」を設置し、川崎隊長以下、地元消防団、全国のカッパ研究家、ダイバーらが集合するなど、捜索の準備は着々と進められていく。最新の水中カメラや魚群探知器まで用意し、川崎はカッパの発見・捕獲を目指すのである。魚群探知機がカッパらしき生物を発見する。水中カメラにかすかなカッパらしきものが映る。このようなスリリングな展開の「つくりかた」をあえて見せつつ、カッパ捕獲作戦は進展していくのだ。ビートたけしは「カッパ」について、川口浩に言及しつつ次のように語る。

今度、カッパをどう終わらせようかと思ってね、つかまえたことにして、スタジオに連れてきて、水槽に入れて〔中略〕あとは沼にでも返したことにして、なにもフォローしないの。〔中略〕「カッパ」なんて、よく考えると、水曜スペシャルとほとんど変わらない。（笑）あそこに川口浩さんを持ってけば、まんま水曜スペシャル。うん、茶化してる気分はやっぱりあるけどね。川崎さんなんて、真面目な顔して絶対こうです、なんて言ってるんだけど、あの人も腹の中じゃ笑いたくってしようがない。（笑）下向いちゃうの、だから。

（『広告批評』一九八五年一〇月、一三〜一四頁）

たけしも言及しているように、「カッパ」は明らかに『川口浩探検シリーズ』を意識してつくられていたと思われるが、それは「盗作」というよりも、番組企画の制作過程を見せながら「パロディ化」しているのである。雑誌では、たけしが「カッパ」の終わらせ方に言及する。一方、テレビの中では川崎徹が真面目な顔をしてカッパの存在を語りつつも、腹の中では笑いそうになっている。これは、決してテレビが事実を捏造しているというわけではない。社会学者の北田暁大は、『元気が出るテレビ』の特性について次のように述べている。

通常のドキュメンタリー番組であれば、〔中略〕素材加工＝物語化のプロセスは基本的に隠匿されなくてはならない（というか、「客観性」「非加工性」が擬制されなくてはならない）。『元気が出るテレビ』の方法論は、そうしたドキュメンタリー番組の「お約束」を逆手にとったものだ。内容的にとり上げるに値するとは思えない対象を、大げさなまでのドキュメンタリー的手法――「お約束」を肥大化させたもの――によって料理し、「お約束」に対する嗤いを生み出す。それはいわば、テレビ自身が、《あらゆるテレビ番組はヤラセ（演出的）である》という残酷な真理を告白しているようなものだ。

（北田 二〇〇五：一五五）

北田の言葉を借りるならば、『元気が出るテレビ』はテレビでドキュメンタリーを演じながらも、ドキュメンタリーにおける「お約束」（物語化のプロセスの隠匿）を意識的に崩し、そこから生まれる「嗤い」を、出演者も視聴者も含めて享受しているということだろう。さらに重要なことであるが、『元気が出るテレビ』のスタジオには、たけしや川崎などの出演者に加え、現場のＶＴＲを観て笑う二〇〇～三〇〇人の観客たちがおり、彼らもまたテレビの中に映されている。川崎は、スタジオの観客たちの存在について、「茶の間の人は、自分たちの代表がそこにいて、ろ過してくれている、あの人たちが笑っているんだから、自分たちも笑って大丈夫なんだ、という安心感があるんですね」（別役・川崎 一九八五：五九）と語り、スタジオにいる観客の重要性について言及していたのだ。

『元気が出るテレビ』には、たけしや川崎を中心とした出演者たちと観客が集う「スタジオ」があった。このスタジオの反応こそが、番組の見方を明確に提示する役割を果たしていたのだ。一方の『川口浩探検シリーズ』には、そもそもスタジオというものが存在しない。常に存在していたのは、川口浩が探検する「現場」（南米や東南アジアなどの秘境）と、テレビの前にいる「視聴者」である。しかしながら、一九八四年の嘉門達夫は『川口浩探検シリーズ』を観るうえで、視聴者に対して既述の「スタジオ」と同様の役割を果たし、この番組を観るための作法を広めたのだ。このようにして、一九八〇年代以降、テレビ、とくにドキュメントバラエティにおいて、これまで触れる習慣のなかったテレビの「お約束」や、「テレビの手の内」までをも眺めるような楽しみが見出されていった。新たなテレビ視聴の作法が現れ、そのような楽しみ方が大勢をなしていく中で、『川口浩探検シリーズ』は冒険・探検番組としての「真正性」を剝奪されつつも、視聴者によって消費され続けていったのである。

牛山純一にとってのカッパ

ちなみに、一方の牛山純一は、川口浩とはまったく別の路線を歩んでいた。既述のように、牛山のドキュメンタリーは秘境や野生動物、未開社会などを紹介するというコンセプトにおいて、川口浩と高い親和性があった。しかしながら、『すばらしい世界旅行』では、牛山の方針もあって豊臣靖や市岡康子などのプロデューサーを現地で、一年のうちの半年以上は生活させる方針をとっていた。すなわち、「冒険・探検」ではなく、「フィールドワーク」としての意識を徹底させていたのだ。そのような経緯もあって、牛山の作品は国内外から「テレビ民族誌」として高い評価を受けたのである。このような流れの中で、牛山は学問の分野として「映像人類学」を提唱した。一九七三年、シカゴで「映像人類学国際委員会」が旗揚げされ、牛山のプロデュースしたドキュメンタリーが上映され、牛山は「テレビにおける映像人類学」というテーマで講演した。そこで牛山は、「文化は継承されてこそ発展していく。民族学、文化人類学、社会学と共に、映像人類学は人類の行動を映像で記録、比較研究していく。地域社会で消滅する生活文化や風俗、習慣など、未来に受け継がれる映像として残していかなければならない」と語ったという（『川崎市市民ミュージアム ニュース』五五号（二〇〇〇年七月一二日）、二頁）。さらに七九年、人類学会の巨匠であるM・ミードらと共同で、牛山は著書『映像人類学』を編集・出版した。川口浩は嘉門達夫の歌の中で、「こんな大発見をしながら、けっして学会には発表しない。川口浩の奥ゆかしさに、僕らは思わず涙ぐむ」と揶揄されていたが、牛山は自身の映像を「教養」として堂々と学問の世界で発表していたのである。

このようにして、牛山は自身のドキュメンタリー作品の権威、および「教養番組」としての価値をさらに高めていたのだ。ここには「学問・教養にすり寄る牛山純一」と「エンターテイメントに特化する川口浩」という構図が読み取れるだろう。もちろん、牛山の作品にも「冒険・探検」のような要素が含まれる番組は多々あった。しかしながら、そこでは「教養」「学問」の力学が作動し、ドキュメントバラエティを観るような視聴の作法は、視聴者には決して採用されなかったのだ。

牛山純一を語る上でも川口浩を語る上でも興味深いことであるが、『元気が出るテレビ』でカッパが取り上げられていたほぼ同時期、牛山も同じく「カッパ」を扱ったテレビドキュメンタリーを制作している。ドキュメンタリー『知られざる世界』（日本テレビ系）、「カッパは妖怪か　日本各地にその謎を追う」（一九八六年九月一四日放送）である。内容は、日本各地に古くから伝わるカッパ伝説を追い、カッパのルーツを歴史学的・民俗学的に探究するというものである。番組では「カッパは実在した」という大胆な仮説を立てているものの、決してオカルト的な内容ではない。人間同士の戦いの歴史、大陸からの人々の渡来、あるいは被差別者の問題などから、カッパの存在の歴史的真実性を語っている。同じようにカッパを題材にした作品とはいえ、『元気が出るテレビ』や『川口浩探検シリーズ』とは違い、「未確認生物発見」のような冒険・探検ストーリーとは一線を画していた。そうではなく、牛山が強調する学問性を前面に押し出しているのだ。牛山が求めたのは、あくまで「教養としてのテレビ視聴」であり、決して「冒険・探検としてのテレビ視聴」ではなかったのである。

「スペクタクルな冒険・探検」を求める若者・子どもたち

しかしながら、一九八〇年代に生まれた新しいテレビ視聴の作法が、全ての視聴者を凌駕していたというわけではない。一方で、冒険・探検番組にスリルや興奮を求めていた若者、あるいは子どもの視聴者は、少なからず存在していた。『川口浩探検シリーズ』が彼らを魅惑していたという事実も、決して忘れてはならないだろう。

二十四日放送のテレビ朝日の水曜スペシャル「川口浩探検隊シリーズ」は、テーマと違うメキシコ料理の紹介が番組の半分もあった。そのためか、探検のシーンを二週に分けて放送するとのことで、このシリーズ特有の興奮度も半減してしまった。料理の紹介などやめて一回で放送するべきだ。視聴者の側に立って番組をつくってほしい」（一七歳男性）。

（『読売新聞』一九八五年七月三一日朝刊二四面）

これは、すでに嘉門達夫の曲がリリースされてから一年以上前が経過し、その歌が広く世に知れ渡っていた頃の言説である。だが、それでもまだ『川口浩探検隊シリーズ』に冒険・探検的な盛り上がりを求めていた視聴者はいたのだ。この視聴者の言うように、確かに「メキシコ料理の紹介」では、そこにスリルを見出すことは難しいだろう。彼が期待していたのはあくまで「このシリーズ特有の興奮」であり、それを求めてやまない冒険・探検ファンは存在していたのだ。さらに、『ゆけ！ゆけ！川口浩！』の発売前ではあるが、「川口浩探検隊」に対する批判がメディアで登場し始めていた頃に、本気で番組に魅惑されていたことを告白する語りもある。

「川口浩探検隊」が始まると私はテレビの前ににじり寄る。ある時から、ラジカセを抱えてテレビのスピーカーに押しつけた。勘の良い方はお分かりだろう。当時の我が家はまだビデオデッキが導入されていなかったのでカセットテープにそのまま録音して後で楽しむのだ。かっこよく言えば「同録」というやつである。興奮冷めやらぬ放送後、何度も何度も聴き返した。もちろんそんな録音方法だとテレビの音だけでなく生活音も入る。番組のクライマックス、「あれは何だ！」という川口隊長の声に「ジャジャーン」という重い効果音が重なる。遂に未知の生物が姿を見せるか？という緊迫したその瞬間、「早くお風呂入りなさい」という母親の声が飛びこんでくる。台所からの声がしっかり録音されていた。そんな混沌とした状況でも、私はドキドキした。〔中略〕翌日〔一九八二年五月一二日「双頭の巨大怪蛇ゴーグ」放送の翌日。ちなみに当人であるタレント・プチ鹿島は一九七〇年生まれで、当時は一一〜一二歳である：筆者挿入〕、修学旅行の集合場所は「ゴーグ」の話題で持ち切りだった。「お前は見たか？」「あの二つ頭はどうなっているんだ。二匹じゃないのか」。お互い興奮して語りあい、真偽について各自の見立てを述べる。極上の瞬間である。

（プチ鹿島 二〇一五：一一〇）

これはあくまで、当時は少年だったプチ鹿島の事後的な語りではある。だが、当時カセットデッキを使って音声を録音したことや、修学旅行の集合場所で友人たちと語り合ったエピソードなどがきわめて具体的であり、少年たちにとって「川口浩探検隊」がいかに魅力的であったかがうかがえる。すなわち、川口浩の番組の影響力は、おそらく「真／偽」という二分法だけで語れるものではなく、ましてや「お約束に対する嗤い」という新しいテレビ視聴の作法を全ての視聴者に適応できるわけでもない。むしろ「テレビ的冒険・探検」が作り出す「ロマン」あるいは「興奮」を、一部の若い視聴者にはもたらしていたのだ。「川口浩探検隊」の放送時間は九〇分であり、比較的長時間の番組である。しかも、同じ場所の探検を、二週に分けて放送することもある。したがって、未確認生物や原始民族の発見といった「結果」よりも、むしろ発見へ辿り着くまでの「プロセス」が克明にテレビの「映像」「ナレーション」「効果音」などを駆使して描き出され、強調された。このような「テレビ的冒険・探検」の特徴は、決して冒険小説や冒険マンガなど、他のメディアにはなかったものだった。それらが『川口浩探検シリーズ』の魅力となり、子どもたちを駆り立て、八〇年代になっても同様の傾向は決して完全に消滅してしまったわけではなかったのだ。実は、「子どもたちのための冒険・探検」という考えは、川口浩自身も番組制作の際に念頭に置いていた。

川口浩（嘉門達夫の『ゆけ！ゆけ！川口浩！』について、「やらせ」について）

「あの歌をレコード化する時に僕の所に〔嘉門達夫が：筆者挿入〕許可を求めにきていました。別に文句言ったり、反対したりしませんでしたよ。〔中略〕僕らは番組をおもしろくするために、ある程度の「演出」はしてる。しかし、断じて視聴者を「騙し」たことはない。演出と騙しの違いを理解してもらいたいんです。子供たちは「川口浩」は知らなくても「隊長」は知ってるんですよ。そんな子供たちを裏切るようなことが出来ますか？　この番組を見て、子供たちの胸がときめかなくなったらもう番組を終える時かもしれないですね」。

（「川口浩〝名物探検隊の舞台裏――毒へビ、サソリがぼくの友だち〟」『現代』講談社、一九八五年一一月、一九〇頁）

「川口浩探検隊」への風当たりが強くなっていた一九八五年当時、川口浩は探検隊に対するメディアの取材に答えていた。妻の野添ひとみは当時を回想し、「「ぼくたちは、ニュースやドキュメンタリーを作っているのではない。あくまでも娯楽番組を提供しているんです」。おだやかな口調でコメントをしていた浩さん。少年時代、みんなで探検に行った感覚を番組に反映させていたにすぎないのです」（野添 一九八八：一七〇）と語っている。ここには、牛山純一の志向とは対極にあるような、川口浩自身の発想が見られる。川口浩の「冒険・探検」の根底にあるのは、子どものころ『少年倶楽部』を好んで読み、「冒険・探検」に胸をときめかせてきたという、自身の原初体験である。それが、大人になってからの「冒険・探検番組」の制作にも大きな影響を与えていたのだ。

後の冒険家・探検家たちに残したもの

さらに言うならば、一九九〇年代以降に活躍した冒険家・探検家たちにも、この番組は大きなインパクトを残していた。その手がかりとして、冒険家の高野秀行と角幡唯介の対談に注目したい。両氏は、学生時代に早稲田大学の探検部に所属し、先輩後輩の間柄でもある。二〇二〇年代以降も、ともに冒険家およびノンフィクションライターとして活躍を続けている。先輩の高野は一九六六年生まれで、二〇一三年に「梅棹忠夫・山と探検文学賞」「講談社ノンフィクション賞」などを受賞している。この番組が放送されていた頃は、年齢的には一〇代の多感な時期を迎えていた。後輩の角幡は一九七六年生まれで、早稲田大学卒業後に朝日新聞記者となり、さらにその後、冒険家・ノンフィクション作家となった。二〇一〇年代に、数々の賞を受賞している冒険家・文筆家である（詳しくは第8章を参照）。角幡は高野より一〇歳ほど若く、川口浩の番組を観ていた時期はまだ一〇歳に満たない年齢だった。

角幡：そもそも高野さん自体は、なんで探検部に入ろうと思ったんですか。
高野：いくつかきっかけがあるんだけど、そのひとつに、おれが中学・高校のころにテレビ番組で「川口浩探検隊」というのがあってね。世界中の秘境で謎の怪獣を探したり、頭が二つある蛇を探したりとか。それを夢中で見ていたわけ。あれはノンフィクションだと思っていたんだよ。探検部に入ってからその話を先輩にしたら、「いや、あれはウソだろう」って言われて愕然とした記憶がある。もうひとつは学研の雑誌『ムー』。謎の超古代文明とか大好きだったんだよね。アトランティス大陸はどうして滅んだのかとか。そしてもうひとつがレヴィ＝ストロース。高校時代にニューアカデミズムというのが流行っていて、おれも読んでいたんだけどよくわからないんだよ。唯一わかりやすかったのが、レヴィ＝ストロースの構造人類学だったんだよね。その三つが頭の中で未分化のまま、探検部に入ったという感じかな。
角幡：高野さん、今、ものすごくおかしな話をしてますよ。
高野：え、なんで？
角幡：だって、川口浩と『ムー』とレヴィ＝ストロースが同一に論じられてる。どう考えても変だと思います。
高野：いや、だから、それは（笑）、人から見たら変かもしれないけど、おれの中では『ムー』も真面目な本だし、川口浩も真面目な番組だから、同じなんだよ。
角幡：よくわからない。全然納得できないけど（笑）。僕も小さいころは川口浩見てましたよ。でも、ウソだと思ってました。
高野：本当に？　夢がないね、君は（笑）。
角幡：常識があるといってください（笑）。でも、影響されてる部分は絶対にあって、僕が探検部に入ってやりたかったのは、やっぱり川口浩みたいなことだったんです。川口浩が探したものを探したいということじゃなくて、川口浩みたいなことをやりたいと思ったんですね。場所のイメージとしてはジャングル。うっそうとした密林が繁っていて激流が流れてて……そういうところに行きたかったんです。でもイメージに合うテーマがなかなか見つからなくて。そんなときに、のちに『空白の五マイル』で書いたヤルツアンポー峡谷のことを知って、目的が定まった。だから、『空白の五マイル』は川口浩の変形版ともいえるわけです。
高野：ずいぶん変わったんだね。
角幡：僕の中ではつながっているんですよ。

（高野・角幡 二〇一三：六）

高野と角幡の「川口浩をめぐる体験」は、二人の世代差もあってか、大きく異なる点がある。第一に、高野は『川口浩探検シリーズ』をみたことが早稲田大学探検部に入った動機であり、当時それを「ノンフィクションだと思っていた」と語っている。それに対して、角幡は川口浩の番組に「真正性」をまったく感じていなかった、端的に言えば「ウソだと思っていた」のである。第二に、高野は当時強く影響を受けていたものとして、「川口浩探検隊」、オカルト雑誌の『ムー』、レヴィ＝ストロースの三つを挙げ、「その三つが頭の中で未分化のまま、探検部に入ったという感じ」と、当時の自身の思考回路を分析している。一方の角幡は、「川口浩」、『ムー』、「レヴィ＝ストロース」の三つを同じ土俵にのせて考えている高野に対して、まったく納得できていないのである。
しかしながら、注目したいのはむしろ両者の共通点である。それは、高野も角幡も多かれ少なかれ「川口浩探検隊」からなんらかの影響を受けているという事実である。高野の場合、それが探検部に入部した直接的な理由であるし、角幡の場合、「川口浩みたいなことをやりたいと思った」、「場所のイメージとしてはジャングル」といった探検イメージを川口浩から注入されている。すなわち、川口浩の冒険がやらせであろうがなかろうが、その影響力は実際に冒険家・探検家になる人物にまで、様々な形で及んでいたのだ。したがって、「真正性」の欠如は、決して全ての視聴者に対して、冒険のロマンを完全に喪失させるまでには至っていなかったのである。

5　『川口浩探検シリーズ』の人気が示したもの

以上のように、当初は「真正性」にこだわった川口浩が、最後には「真正性」の論理そのものによって批判され、揶揄されていったという「冒険・探検史」（あるいはテレビメディア史）を論じてきた。しかしながら、同時に彼の「冒険・探検」が一部の視聴者を魅惑してきたことも確認してきた。一九八五年、川口浩はガンに侵され、二年後にこの世を去った。享年五一歳であった。最後に、「冒険・探検」というものを考える中で、我々は川口浩をどのように位置づけることができるのかについて論じてみたい。もちろん、「テレビ時代におけるスペクタクルな冒険・探検の魅力を、彼は私たちに教えてくれた」と、肯定的に評価することは可能かもしれない。一方で、彼を「真正な冒険家・探検家」と考える人々は、おそらくほとんどいないだろう。むしろ、批判や嘲笑、あるいは「半笑い」の対象にされていることの方が、圧倒的に多いと思われる。そのような彼への意味づけは、おそらく今後も変わることはないだろう。したがって、ここは二点を指摘するにとどめたい。

第一に、歴史的に考えるならば、「冒険・探検」とは、戦前から常に批判に晒され続けてきたとも言える。たとえば、「たいして危険な冒険ではない」（福島安正の「シベリア単騎横断」のように）、「本当に極点（あるいは山頂など）まで到達したのかどうか、本当に太平洋を横断したのかどうか怪しい」（堀江謙一のように）、「第一号ではなく二番煎じであり、歴史的意義が薄い」、「広告代理店に利用されていれば、そこにロマンは感じられず、冒険家としての主体性を失っている」（植村直己の北極行のように）、「アマチュアリズムに反している」（三浦雄一郎のように）、などである。冒険・探検批判の根拠は、枚挙にいとまがないだろう。そのような歴史の中で、川口浩は「冒険・探検批判」の理由づけを、新たに一つ加えてくれたのではないだろうか。すなわち、日本でテレビが誕生し、テレビ時代が成熟する（とくに八〇年代）に伴って、「テレビ的演出（やらせ）」という批判の論拠が「冒険・探検」を評価する際にも現れたのだ。それは、牛山純一などの教養主義的テレビ人には到達できなかった地点でもあり、逆に言うならば川口浩が「教養」ではなく「冒険・探検のスリル」にこだわったからこそ辿り着けたのだ。

第二に、川口浩は「冒険・探検」に含まれる、人間の「興味本位的」な部分に大きな光を当ててくれたのかもしれない。というのも、川口浩が「冒険・探検番組」で活躍していた一九七〇年代前後、日本はオカルトブームの真っ只中にあった。たとえば、超能力や未確認飛行物体、あるいは「終末論」などが代表的だろう。多種多様なオカルトが、テレビ、雑誌、映画、小説などのメディアを席巻していたのである。川口浩の「冒険・探検」に関して言うなら、とくに「双頭の大蛇」や「原始猿人」などの「未確認生物」を扱った作品は、ネッシー、ツチノコ、雪男など、オカルトとの親和性が非常に高い。実際に、『川口浩探検シリーズ』の作り手たちも、同時代のオカルトブームに強い影響を受けていた。当時、番組制作に若手のADとして関わっていた内藤宏（一九八五年七月放送「ワニか怪魚か⁉　原始恐竜魚〝ガーギラス〟をメキシコ南部ユカタン半島奥地に追え‼」を企画したのは内藤である）によると、番組作りは常に何か「新しい動物」をリサーチすることから始めていたという。それを発見するために利用していたのは、ペットショップや図書館、あるいはUMA関係の本だった。さらに、彼が最も熱心に読んで情報収集していたのが、学研のオカルト雑誌『ムー』（一九七九年一一月創刊）だったという（プチ鹿島 二〇一七：一二二）。このようなオカルトと『川口浩探検シリーズ』が連続しているような意識は、実は視聴者も共有していた。すでに述べたように、冒険家の高野秀行は、「川口浩探検隊」、『ムー』、レヴィ゠ストロースの三つに影響を受け、頭の中はその三つが未分化なままのような状態だったという。一九六六年生まれの高野は、上記のようなオカルトブームの洗礼をたっぷり受けていたと考えられるだろう。さらに、実際に冒険家の鈴木紀夫のように、オカルト的な志向に走り、七〇年代から何度もヒマラヤで雪男探索を行い、結果的に遭難死した人物もいる（詳しくは第8章を参照）。そのような時代の風潮が、『川口浩探検シリーズ』の人気を支えていたのかもしれない。

参考文献

飯田心美（一九六二）「外国映画批評　世界残酷物語」『キネマ旬報』一九六二年一一月上旬。

牛山純一（一九七〇）「尊敬されると食べられちゃう　ニューギニア島の人食い人種をルポして」『週刊読売』一九七〇年一〇月二三日号。

牛山純一（一九七二）「あとがき」豊臣靖『東ニューギニア横断記――NTVすばらしい世界旅行』筑摩書房、一九七二年。

大西満（一九八五）「大西満のちょっと拝釣」『週刊釣りサンデー』一九八五年一一月一〇日号。

川口浩（一九七一）『〝ショック〟世界旅行』日本テレビ。

北田暁大（二〇〇五）『嗤う日本の「ナショナリズム」』NHKブックス。

今野勉（二〇〇四）『テレビの嘘を見破る』新潮新書。

鈴木嘉一（二〇一六）『テレビは男子一生の仕事――ドキュメンタリスト牛山純一』平凡社。

高野秀行・角幡唯介（二〇一三）「講談社ノンフィクション賞 受賞特別対談　探検と冒険のあいだ」『本』講談社、二〇一三九年一二月。

日本経済新聞社編（一九八三）『私の履歴書　文化人4』日本経済新聞社。

丹羽美之（二〇一五）「牛山純一」吉見俊哉編『ひとびとの精神史　第五巻』岩波書店。

野添ひとみ（一九八八）『浩さん、がんばったね』講談社。

原田実（二〇〇八）「未確認動物の精神史」『新潮45』二〇〇八年九月号、新潮社。

プチ鹿島（二〇一五）「「川口浩探検隊」の探検隊」『EX大衆』二〇一五年四月号。

プチ鹿島（二〇一六）「「川口浩探検隊」の探検隊」『EX大衆』二〇一六年一二月号。

プチ鹿島（二〇一七）「「川口浩探検隊」の探検隊」『EX大衆』二〇一七年五月号。

プチ鹿島（二〇一八）「「川口浩探検隊」の探検隊」『EX大衆』二〇一八年一〇月号。

プチ鹿島（二〇一九）「「川口浩探検隊」の探検隊」『EX大衆』二〇一九年三月号。

プチ鹿島（二〇二二）『ヤラセと情熱——川口浩探検隊の「真実」』双葉社。

別役実・川崎徹（一九八五）「言葉の意味と方向を解体する」『広告批評』一九八五年一〇月。

村野雅義（一九八五）「放送作家が見たテレビ朝日〝水スペ〟人骨バラマキ騒動劇」『噂の真相』一九八五年一〇月。

読売新聞芸能部（一九九四）『テレビ番組の四〇年』日本放送出版協会。

第Ⅲ部　バブル崩壊後の多様化する冒険・探検——一九九〇年代〜

第6章 テレビバラエティ版『深夜特急』が残したもの

――猿岩石の「ユーラシア大陸横断ヒッチハイク」――

1 猿岩石の冒険とは

テレビバラエティ版『深夜特急』という発想

日本では、一九六〇年代に小田実、八〇年代に沢木耕太郎《さわきこうたろう》らに代表されるような海外バックパッカーが著書を出版し、高い人気を博していた。それらの作品に影響を受けてか、七〇年代から八〇年代にかけて、海外を放浪する若者たちも増加していった。

去年の冬のある日の深夜午前二時。いつものようにABC（青山ブックセンター）にたち寄った。いつもと違い、久しぶりに二階奥の文庫本のコーナーに足を運んだ。すると、平積みになった沢木耕太郎の「深夜特急」が目に入った。そしてその瞬間、大学時代の友人Nの声がよみがえった。「俺、インドに行ってくる」。彼は大学四年の夏休みに入る直前、そう言い残して旅立っていった。後で聞くと、あのころ、そんな友人が大学の中に一人や二人は必ずいたようだ。しかし、「何考えてんだか……」と言いながら、その実、彼らの姿は、僕たちにとって「確実にまぶしかった」。そのまぶしさを思い出したとき、この企画「ユーラシア大陸横断ヒッチハイク」は生まれた。

（猿岩石 一九九六a：六～七頁「まえがき」）

これは、バラエティ番組『進め！電波少年』（一九九二～九八年、日本テレビ系で放送）のプロデューサーだった土屋敏男が、「猿岩石《さるがんせき》のユーラシア大陸横断ヒッチハイク」の企画を思いついた時の回想である。土屋と言えば、第

図６－１　沢木耕太郎『深夜特急〈第一便〉』（新潮社，1986年）

図６－２　『電波少年 BEST OF BEST 雷波もね！』
DVD 発売中，発売元：バップ，Ⓒ NTV

5章でも取り上げた『天才たけしの元気が出るテレビ!!』（一九八五〜九六年）のプロデューサーとしても活躍した人物である。周知のように、『深夜特急』とは、沢木耕太郎が一九八六年に出版したベストセラー作品であり、実際に沢木が東南アジアやインドなどを旅した際の内容を描いた冒険小説である。小田実の『何でも見てやろう』と同様に、刊行後この書籍はベストセラーとなり、バックパッカーの間でバイブルのような存在になっていた。

土屋の企画は、『進め！電波少年』のなかの一つのコーナーで、この『深夜特急』とほぼ同じルートを芸人にヒッチハイクで移動させ、テレビバラエティ番組の中でその旅の様子を毎週流すというものだった。もちろんこの冒険企画は、「川口浩探検隊」のように、未確認生物を探し求めるわけでもなく、洞窟を探検するわけでもない。だが、人々が冒険を実際に「行う」わけではなく、テレビの中で「観る」テレビ的冒険体験という意味では共通している。本章では、『進め！電波少年』の中で一九九〇年代に爆発的な人気を博した企画、猿岩石の「ユーラシア大陸横断ヒッチハイク」に注目する。紀行記を見渡せば、書物であればそれまでも無数に存在していた。活字メディアでヒットしたバックパッカーの物語としては、戦後に限っても小田や沢木など、数々の作品を挙げることができる。しかしながら、猿岩石のヒッチハイクでの旅は毎週放送されるテレビ番組の一企画であり、小田や沢木らの冒険記とはメディアを異にしていた。

猿岩石の冒険がもたらした社会的インパクトについては、山口誠が『ニッポンの海外旅行――若者と観光メディアの50年史』（筑摩書房、二〇一〇年）の中で詳細に分析しており、バックパッカーブームや書籍文化の観点から議論を展開している。本章では山口の議論を参照したうえで、それを冒険史、あるいはメディア史の俎上に載せ、『川口浩探検シリーズ』などとも比較しつつ、猿岩石の冒険番組が爆発的な人気を得た要因、あるいはそのヒットが社会的に意味していたものを明らかにしたい。一九八〇年代後半に日本のバブル経済が最高潮を迎え、九〇年代以降に経済的繁栄が陰りを見せていた中で、猿岩石の冒険に対して見られた称賛および批判の両方に目配りしつつ、そのような議論が起こった社会背景についても分析したい。

猿岩石の冒険企画とその特徴

そもそも、猿岩石が実践した冒険、「ユーラシア大陸横断ヒッチハイク」とはどのようなものだったのだろうか。これは、当時まったくの無名だった若手お笑い芸人コンビ「猿岩石」が、ユーラシア大陸を全てヒッチハイクのみで横断するという企画である。猿岩石の有吉弘行《ありよしひろいき》と森脇和成《もりわきかずなり》は共に広島出身で、一九七四年生まれである。一九九六年当時は太田プロ所属で、まだ二二歳の若者だった。一九九六年二月、二人はテレビ番組『進め！電波少年』のオーディションを受けて合格したが、参加する番組企画の詳細は伝えられていなかった。ロケで香港に呼び出され、初めて「ユーラシア大陸横断ヒッチハイク」の企画を知らされたのだ。所持金一〇万円のみで、ヒッチハイクをしながらユーラシア大陸を横断し、ロンドンへと向かう旅を強引にスタートさせられたのである。冒険の舞台は香港から始まり、中国、ベトナム、タイ、インド、イラン、トルコ、ブルガリア、ドイツ、フランスなどの国々をめぐり、最終的にはロンドンへ到着するというコースである。既述のように、このルートは沢木耕太郎の『深夜特急』を模倣したものだ。もちろん、沢木の旅とは違い、猿岩石には番組ディレクター一名が、録画・録音・その他の仕事をこなすため、ハンディカムをもって同行していたのである。

猿岩石の旅は、一九九六年四月一三日から約半年間にわたる長期間の冒険となったが、二人は一〇月二二日、無事ロンドンへゴールした。それに続いて、一〇月二六日に猿岩石の帰国記念ライブが西武球場で行われ、そこには若者を中心として三万人の観客が殺到した。「小さなライブハウスに出演する」と聞かされていた猿岩石は、目隠しをされた状態で成田空港から西武球場に移動させられ、目隠しを取った瞬間、なんと三万人から湧き起こる大歓声に歓迎された。この冒険によって、猿岩石は全国的な知名度を獲得したのだ。また、サンプラザ中野が歌った猿岩石への応援歌「旅人よ～The Longest Journey」も評判になり、「猿岩石フィーバー」と呼ばれるほどの一大現象となっていたのである。さらに帰国後には、猿岩石の冒険の軌跡が描かれた『猿岩石日記』（全二巻）が出版された（厳密に言うならば、『猿岩石日記　part1　極限のアジア編』は一〇月四日、すなわち猿岩石がゴールする二週間以上前に、すでに発売されていた）。これは、二人が旅の途中でつけていた日記を書籍化して出版したものだが、何と二五〇万部を売り上げる大ベストセラーとなったのだ。

さて、この猿岩石の冒険にはどのような特徴があったのだろうか。第一に、テレビ番組なので当然ではあるが、猿岩石の様子を描いた映像と音声が必要不可欠である。九〇年代は、小型ハンディカムカメラが技術的にかなり進化していた。猿岩石のヒッチハイクのような企画が実現したのは、小型カメラ（録音機能付き）一つで、現地でテレビ放送に耐えられるだけの映像および音声を撮ることが可能になっていたからである。たとえば八〇年前後の『川口浩探検シリーズ』であれば、隊長だけでなく、最低でもカメラマン、音声、照明、ディレクター、他の隊員、現地案内人など、大人数で移動しなければならなかった（この番組には小道具もたくさん必要だったので、荷物は大変な量だったと考えられる）。一方で、猿岩石の場合は小型カメラを持ったディレクターが、一人で対応することが可能だった。しかも、小型で目立たないため、周囲の人々との自然なやりとりが撮影しやすかったのだ。

第二に、猿岩石の二人がこの冒険に出かけて行った目的である。小田実も沢木耕太郎も、冒険家たちは自らの意思で旅に挑んでいった。猿岩石の場合、香港に行って初めてこの冒険の内容の詳細を知らされ、いわば番組によって半強制的に冒険させられたのだ。もちろん、無名の若手芸人にとっては「おいしい」条件だったのかもしれない。毎週定期的にテレビに登場できるのだから、売れていない芸人にとっては喉から手が出るほど欲しい仕事だったかもしれない。しかしながら、いわゆる冒険家がそれを遂行する時の意識と、猿岩石の意識はまったく違っている。猿岩石の目的は「冒険家として名を馳せる」ことではなく、あくまで「芸人として売れる」あるいは「有名になる」ことである。言いかえるならば、彼らにとって冒険はあくまで「手段」であって、「目的」ではない。本多勝一は、その行為が冒険であるための必要条件として「危険であること」「主体的にそれを行うこと」を挙げているが（本多 一九八六：一二〇）、少なくとも本多の考えを採用するならば、猿岩石の旅は冒険とは呼び難いという結論になるだろう。「危険であること」はさておき、「主体的にそれを行うこと」という意味ではかなり疑問符が付く。したがって、本多に言わせれば、猿岩石の旅は「冒険」というよりも、良くも悪くも「冒険もどき」ということになるだろう。

テレビ番組・新聞・書籍のメディアミックス化

一九九六年四月一三日にこの企画はスタートしたが、そもそも当初は番組の人気のコーナーというわけではなかった。しかしながら、貧乏旅行が三カ月間を過ぎ、冒険の舞台がインドからパキスタンへと移り、かなり過酷な内容になっていった七月頃から、猿岩石のコーナーは人気を増していく。その冒険の様子は、制作した日本テレビの系列である読売新聞の記事でもときおり伝えられたのだ。八月二二日、一〇月一六日と、二度にわたって猿岩石の現状、極貧ヒッチハイクの様子、現場でのアクシデントなどが報道されている。

ニッポンの青年二人が、香港からロンドンを目指し、ユーラシア大陸横断（約三万五千キロ）の極貧ヒッチハイクに挑戦している。二人は先々で旅費を稼ぎながら進んでいるが、野宿と絶食の繰り返しでボロボロ。顔つきまで変わり、一部ファンをハラハラさせている。

（『読売新聞』一九九六年八月二二日夕刊一一面）

ここに来て大変な事態が起こってしまった。森脇がドーバー海峡目前のパリで、パスポートを紛失したという連絡が入ったのだ。再発行の手続きをとっているらしいが、くわしい状況は不明。

（『読売新聞』一九九六年一〇月一六日夕刊九面）

読売新聞が日本テレビと系列関係にあるとはいえ、読売は発行部数日本一を誇る日本最大の新聞社である。一九九六年当時はインターネットもそれほど普及しておらず、新聞というメディアはまだまだ大きな力を持っており、その発行部数の頂点（当時は唯一の一〇〇〇万部超え）に立っていたのが読売新聞だったのだ。日本の新聞（一般紙）全体の発行部数は、一九九〇年代半ばに約五三〇〇万部で、歴史的にちょうどピークを迎えていたころである（その後、年々発行部数は減少し、とくに二〇一〇年代以降の凋落はすさまじく、二〇二一年には約三〇〇〇万部にまで落ち込んだ）。さらにいえば、当時の新聞（一般紙）はテレビに比べて速報性では劣っていたが、一般的には「テレビよりも信頼できるメディア」と考えられていた。その新聞が、バラエティ番組の一コーナーにすぎない猿岩石の冒険の経過を詳細に報告していたのだ。そして、一九九六年一〇月二三日の『読売新聞』では、猿岩石のロンドンでの「感動的なゴールシーン」が伝えられている。猿岩石のコーナーの人気上昇とともに、テレビだけではなく、新聞までもがそれを追い続け、「報道すべきメディア・イベント」へと変化していったのだ。これは川口浩の際には決して見られなかった現象である。

「猿岩石のユーラシア大陸ヒッチハイク　独占・涙のゴールインタビュー」

〔ロンドン22日＝原田康久〕お笑いコンビ猿岩石（有吉弘行、森脇和成）が、やっと英国・ロンドンに到着した。日本テレビ「進め！電波少年」（日曜後一〇・三〇）の企画に巻き込まれて、香港を後にして百九十日目の十九日の昼過ぎ。気宇壮大かつ極貧の「ユーラシア大陸ヒッチハイク」はピリオドを打った。〝平成の弥次喜多〟の声を独占取材でお届けする。

（『読売新聞』一九九六年一〇月二三日夕刊九面）

そもそも猿岩石の冒険は、たかだかバラエティ番組内の企画の一つだったはずだが、新聞報道では「気宇壮大」な冒険と表現されている。さらに、テレビ放送や新聞だけでなく、関連書籍の出版をも伴うメディア・イベントと化していったのだ。ちなみに、イギリス到着を伝えた一〇月二二日の特別番組「電波少年インターナショナル　今夜は家で猿岩石を待とう」（一九時からゴールデンタイムで二時間放送）は、日本シリーズ・巨人ＶＳオリックスの裏番組ながらも、視聴率一九・四％を叩きだした。さらに二七日に放送された特番も、日曜午後としては驚異的な一九・四％、同日夜の『進め！電波少年』も二一・六％と、高視聴率を連発していたのだ（『読売新聞』一九九六年一〇月三一日夕刊一六面）。猿岩石がゴールする二週間以上前の一〇月四日に出版された『猿岩石日記 part1 極限のアジア編』の中で、土屋プロデューサーは猿岩石のファンに対して、次のように訴えかけている。

あなたが何をしている時でも、彼らは確実にロンドンに向けて一歩でも近づこうと努力しています。彼とデートしている時も、お湯がたっぷり入った風呂に入っている時も、夜中に突然目がさめてしまって暗闇に何かを見ようとしている時も、確実に猿岩石はどこかの街角で（たぶん、今ごろはヨーロッパで）、どこかの街の名前を書いたプラカードを高く掲げ、ヒッチハイクをしています。そのことを、たまに思い出してくれることが、僕も、そして猿岩石も、いちばん嬉しいのだと思います。そして、できれば、こう、つぶやいてもらえれば、「猿岩石、頑張れ」と。

（猿岩石 一九九六a：二一四～二一五頁「あとがき」）

この冒険の成功のあと、二人は一躍有名人となり、世間から大きく注目され、方々から称賛を得た。しかしながら、一一月一九日『東京スポーツ』の報道によって、旅の途中で実は飛行機を使用していたことが発覚した。バンコクからヤンゴン、ヤンゴンからコルカタ、テヘランからアンカラの三カ所で、航空機を使用していたことが報道されたのだ。これを機に、旅のプロセスなどに関する「ヤラセ疑惑」が浮上し、彼らの冒険の「真正性」が問われることになる。それに対する批判、あるいは猿岩石を擁護するような発言が社会で沸き起こり、この冒険についての議論が日本で白熱していったのだ。

それでは、冒険企画のスタートから成功まで、さらに「ヤラセ疑惑」発覚後の展開など、当時のジャーナリズムや新聞社、知識人、一般視聴者などにみられた言説を追ってみたい。

2　番組についての称賛と酷評（やらせ発覚以前）

若者からの高評価

では、この企画の終了直後から飛行機の使用が発覚する前までの期間、人々は猿岩石の冒険をどのように評価していたのだろうか。まずは、若者のケースからいくつか見てみると、「彼らは私たちに希望、勇気、夢を与えてくれました。国境を超えた人間の友情や温かさまでも教えてくれました。彼らが学んだことも踏まえて私も強く生きていきたいと思います（一七歳）」（『朝日新聞』一九九六年一一月一七日朝刊福岡）、「インターネットを通じて彼らに送られた声援は五千を超す。［中略］猿岩石の何がそんなにうけたのだろうか。「あいつら一文無しで、人と触れ合ってヤマ越えたでしょう。すっげえ感動ですよ。俺もいまヤマ越えたいから」。茶髪の〇〇さん（一九）は瞳を輝かせて話す」（川崎 一九九六：三四）など、かなり好意的である。

この若者たちは、猿岩石の成し遂げた冒険から希望や勇気、夢をもらい、感動したと語る。若者のなかには、猿岩石に触発され、「もやもやとした今の自分から脱皮すること」を目標に掲げる者もいた。彼らは猿岩石の冒険に「真正性」を見出していたと考えられるが、具体的には猿岩石の成し遂げた偉業というよりも、むしろその「努力」に対して「真正性」を付与し、二人が旅の中で大変な苦労をしたことに感情移入している感がある。すなわち、少なくとも若者たちの一部は、番組の中で表象された「努力」に強い価値を見出し、自らの人生と照らし合わせながら猿岩石の冒険を応援していたと言えるだろう。

大人からの酷評と称賛

一方で、ジャーナリズムや知識人たちは、当初、猿岩石の冒険にどのような印象をもっていたのだろうか。ノンフィクションライターだった山口文憲は、猿岩石の番組について「私も当初は、彼らの「お笑い地球の歩き方」を毎週楽しくテレビで見ていた。しかし、この好企画が、次第に涙と感動の青春ドキュメント風になり、ついには「二四時間テレビ」のチャリティーマラソンのノリになるにいたって、すっかり見る気をなくした」（『朝日新聞』一九九六年一一月三日朝刊一一面）と語っている。山口文憲は団塊世代（一九四七年生まれ）

で、沢木耕太郎とまったく同年代のライターである。かつてはべ平連にも参加しており、小田実や室謙二とも親交があった。その影響もあってか、山口は『香港世界』（一九八四年）などの紀行記も書いている。山口にとって、猿岩石のような「テレビ的貧乏旅行」は、お笑い的な要素を多く残していた前半部分は「楽しく」観れたという。しかしながら、後半は猿岩石の苦労や努力が強調され、番組そのものの方向性がやや変わってしまった。それを「二四時間テレビ」のチャリティーマラソンのよう感じてしまい、完全に観る気をなくしたという。山口の場合、既述の若者たちとは全く逆で、猿岩石の努力や苦難の表情などに胡散臭さを感じ、「テレビ番組としての酷評」へと繋がっているのだ。

一方で、朝日新聞の編集委員だった西島建男は、猿岩石の番組を、「これは一〇年ほど前に出た沢木耕太郎の『深夜特急』のパロディーだと思う。同じようなルートを放浪する。沢木が乗り合いバス、猿岩石はヒッチハイクと異なる。だが猿岩石にはテレビカメラがつき、放映されながらというのが根本的に違う。〔中略〕国際放浪は戦前の金子光晴や戦後の小田実から沢木や山口文憲まで文士的に日本文化に根強くある。だが電波と肉体での国際放浪は新しい」（『朝日新聞』一九九六年一一月八日朝刊二三面）と評している。西島は一九三七年生まれで、朝日新聞退社後は評論家として活躍し、主に日本の教育問題に関する書物などを執筆していた。西島は番組の内容について高く称賛しているわけでも、強く否定しているわけでもない。だが、猿岩石を金子、小田、沢木らと並べ、さらにテレビ番組で「電波」と「肉体」を使った国際放浪を「新しい」と評している。山口文憲のように、猿岩石の冒険に異論を唱えているわけではなく、むしろ金子や小田と比較している点で一定の評価はしていると考えられる。

では、飛行機の使用発覚以前に、猿岩石の冒険を「ヤラセ」という視点で論じたものはなかったのだろうか。精神科医の香山リカは、わずかにその視点を具えていた。

お仕着せの団体旅行ではない自由旅行が、再びブームになっているそうだ。行き先も欧米の大都市ではなくてアジアや辺境。費用も少なめ。つい最近も何カ月もかけてそんな旅をした若いお笑い芸人がおり、その姿をテレビカメラが追い続けた。そのふたり、猿岩石はいまや若者たちのヒーローである。その旅が安全を保証された「やらせ」だったのかどうか、もはやだれも問おうとはしない。これほど自由な世の中なのだが、人はそれでもどこかに究極の「旅」や「自由」があるのではないか、というロマンを抱き続ける。そして、その幻想を投影できるような人物をいつも探し求めている。猿岩石はそこに新しく登場してきた。

（『朝日新聞』一九九六年一一月三日朝刊一一面）

香山は猿岩石の登場を、「いまや若者たちのヒーロー」と捉えており、旅のプロセスの不可解な点については、「その旅が安全を保証された「やらせ」だったのかどうか、もはやだれも問おうとはしない」という立場をとっている。このように、飛行機問題の発覚までは、猿岩石の番組企画に関しては「ヤラセ」という「真正性」の視点からの論調はきわめて少ない。むしろ目立つのは、彼らが出版した著書『猿岩石日記』に対する高評価である。

3 『猿岩石日記』のベストセラー化

出版企画と土屋敏男・堀越徹

既述のように、書籍『猿岩石日記』は二五〇万部を売り上げる大ベストセラーとなった。しかしながら、そもそも番組のプロデューサーは、旅を続ける途中の猿岩石に、なぜ日記を書かせようと考えたのだろうか。決して文才があるとはいえない若手芸人に文章を残させた理由について、プロデューサーの堀越徹は、日記を「書籍」として出版することは土屋のアイデアであり、冒険の企画がスタートする以前に、すでに日記の書籍化は既定路線だったという（津田 一九九七：七二）。猿岩石の二人も、日記を書くことをとくに嫌がることもなく、すんなり受け入れたのだが、それも実は堀越のねらい通りだった。

「日記を書くしかすることないですからね。彼らは日記を出版するなんて目論見は知らされてないし、知らせたらアウト。一切知らせないことにしたんです。たぶん読むのはディレクターくらいだろうというつもりで、とにかく言いたいこと書いてるんですよ。知らせなくてよかったと思います。それがヒットした要因ですよね。本音でここまで書き綴っているということが」。

（津田　一九九七：七二）

確かに、最初からプロデューサーが日記を出版するつもりだと猿岩石が知っていれば、文体はともかく、内容はもっと違ったものになっただろう。もちろん、プロデューサーたちが日記を読むことは猿岩石も容易に想像できたはずであるし、番組スタッフに対しては最低限の読まれる意識を持っていただろう。だが、土屋にはさらにそれを見越したうえで、「彼らもお笑いだから、デフォルメすることはあるでしょう。次のディレクターが前のディレクターの部分を読むから、そのときにウケを狙って書くところもあったでしょうね」（津田　一九九七：七二）と語っている。すなわち、土屋は猿岩石が無名であるにせよ、芸人であることを前提としたうえで、日記もウケをねらってデフォルメして面白く書くだろうと、あらかじめ見込んでいたのだ。

堀越によると、テレビ番組の内容を本にした場合、その番組が仮に大ヒットしていたとしても、番組の評判と本の売れ行きは必ずしも一致しないという。堀越は「視聴率がよくても、本としてのジャンルがしっかりしてないものはダメなんです。これは旅行記ですから、しっかりしたジャンルに含まれている。本として成立しやすいわけです」（津田　一九九七：七二）と語っている。すなわち、日記を書籍として売り出す際にも、堀越は事前に明確な戦略を立てていたわけだ。確かにテレビのヒット番組についての本を出版したとしても、あるいは有名スポーツ選手やお笑い芸人が本を書いたとしても、それが必ずしも大ヒットするとは限らない。ジャンルでいうならば「タレント本」として一括りにされ、そのコーナーの中で目立つためには、かなり異彩を放った作品でなければならないだろう。すなわち堀越は、書籍店や図書館における本のジャンル構成、スペースごとの分類を意識し、猿岩石の書籍が置かれる場所をも、事前にイメージしていたのだ。しかしながら、堀越の期待は良い意味で裏切られた。山口誠は『猿岩石日記』の書店における当時の影響力について、次のように述べている。

瞬く間に彼らの本が大ベストセラーになると、「『猿岩石日記』の隣に置いてください」という注文付きで入ってくる旅行関連書が、書店に殺到した。そうして『猿岩石日記』は、書店でばらばらに置かれていた旅行関連書を一か所に集めると同時に、多くの書店に旅行コーナーを常設させ、そこにガイドブックや地図だけでなく、さまざまな旅行関連書を集めていった。とくに著名作家や有名人が書いた旅行記ばかりではなく、それまでは実用書や文芸書や趣味の本などの棚に散在していた無名の旅行記、とりわけアジアを旅するバックパッカーのエッセイや写真集に居場所を与えたことの意味は大きい。（山口 二〇一〇：一八四）

要するに、『猿岩石日記』は、「旅に関する書籍」というジャンルの力を借りることなく、自らの力でベストセラーとなったのである。その作品は、書店の旅行記のジャンルに置かれるのではなく、むしろ書店でバラバラにおかれていた旅関係の書籍を統合して、一つの置き場を形成するような大きな力を発揮したのだ。ちなみに、飛行機使用などの「やらせ騒動」が起こった後の一九九六年一二月には『猿岩石裏日記』が発売され、その注目度はさらに高くなった。もっともこの本は、すでに出版されていた『猿岩石日記　part1』および『猿岩石日記　part2』とは趣旨を異にしていた。この二冊が、猿岩石が実際に書いた日記を中心に構成されているのに対し、後に出版された『猿岩石裏日記』は、同行したディレクター、およびプロデューサーの話を中心に裏話的な内容になっている。すなわち、冒険の主人公である猿岩石と同等かそれ以上に、番組の演出家の考えや演出方法、ヤラセ報道に関する見解に至るまで、視聴者・読者の強い関心が及んでいったのだ。

いずれにしても、『猿岩石日記』の出版は、その売れ行きがすさまじかっただけではなく、書店の書籍配置の再編成や、結果的に『猿岩石裏日記』への注目も高めるなど、かなりの副次的な効果をもたらしたのである。

書籍への高評価と意外な要因

この『猿岩石日記』がベストセラーとなった背景には、番組のヒットもさることながら、もちろん読者たちの高い評価があった。文化人や新聞の書評でも、非常に好意的なものが多い。まずは、猿岩石のテレビ番組の内容を酷評していた山口文憲の読後感をみてみたい。

はたしてこの旅日記のほうはどうなっているのか。こちらもつまらぬ青春万歳ものに堕していなければよいが。と、懸念しながら読みはじめると、これは私の取り越し苦労で、出てくる話はもっぱら食うことと寝ること、そしてバイトをみつけてカネを稼ぐことばかり。「誤字脱字もそのままに緊急大公開！」とオビにもある通り、文章はかなり珍妙だが、観行をするカネも、原地の人の心切を味わうゆとりもなく、ひたすら国鏡を越えて前進するコンビの姿と声がページから生き生きと伝わってくる。べつにこの二人は、貧乏海外旅行がしたかったわけではない。ただ仕事が欲しい、テレビに出て名前を売りたい、の一心でバカをやっただけなのだろうが、じつはそれがよかったのである。困ったことに、最近私が読んだ日本の若者の海外体験記のなかでは、どうもこれが一番いい。

（『朝日新聞』一九九六年一一月三日朝刊一一面）

既述のように、山口文憲は猿岩石の番組について、「二四時間テレビ」のチャリティーマラソンのノリという胡散臭さを感じていた。だが、書籍『猿岩石日記』に対する評価はきわめて高い。その理由は、堀越や土屋のねらい通りでもあった。確かに本書の中身には、猿岩石が生きるために「食うこと」「寝ること」「カネを稼ぐこと」ばかりが記述されている。「誤字脱字」をそのまま掲載し、「観行をするカネも、原地の人の心切を味わうゆとりもない」ところに、本の面白さを見出している。すなわち、決して「教養が高い」とは言えない猿岩石の冒険の姿が、旅の内容や珍妙な文章や誤字脱字もふくめて、「そのまま」表現されていたのである。あるいは日記には、土屋の言うように、猿岩石自身が芸人として話をおもしろくするような「デフォルメ」も加わっていたのかもしれない。いずれにしても、『猿岩石日記』は、「困ったことに、最近私が読んだ日本の若者の海外体験記のなかでは、どうもこれが一番いい」と、最大限の賛辞を受けているのだ。第2章で述べたように、小田実の『何でも見てやろう』は、「世界最悪の都市カルカッタの舗道で寝た小田君は、そのとき若い日本人としては最も高貴な乞食であった」と評され、旅の中で「虫の目線」から社会について深く考えようとする小田の「教養」が絶賛された。それと『猿岩石日記』の評価のされ方はきわめて対照的だったのだ。

次に、西島建男の感想であるが、「この日記は面白い。カネなく野宿し、空腹と闘いながら、仕事を探し、ヒッチハイクして現地の人々と様々な冒険に巻き込まれる。沢木に比べると、より肉体的で直接的だ。沢木の文学性はない」（『朝日新聞』一九九六年一一月八日朝刊一三面）と、こちらもかなりの高評価である。「沢木の文学性はない」というのは当然の指摘であるが、「沢木に比べると、より肉体的で直接的だ」と評されているように、まず沢木と比較されている点が重要である。少なくとも、沢木と比べるに値するだけの作品とも読めるからだ。野宿や空腹などの記述が「肉体的」な印象を与え、西島はそこに『猿岩石日記』の面白さを見出している。

一方で、出版に携わった堀越徹は、『猿岩石日記』の成功について、とくに若者の読者を念頭に置いたうえで、「つらい旅をしている二人の内面が正直に書かれていて読者の共感を呼んでいる。初めて本を買った子が多いと思う［中略］（若者の活字離れに関して：筆者挿入）若者にとって魅力的な本がなかっただけ（でしょう：筆者挿入）」（『毎日新聞』一九九六年一一月一二日朝刊四面）と述べている。若者の活字離れにこの作品が影響を与えるかは別としても、「初めて本を買った子が多い」という記述は、発行部数のすさまじさをみると事実だったのかもしれない。

では、この出版企画が大成功した要因について、改めて考えてみたい。冒頭の土屋の記述でも明らかなように、この冒険の企画そのものは、沢木耕太郎のパロディあるいは「逆張り」である。文章に関しては、『深夜特急』が沢木の見事な文体に彩られているのに対して、『猿岩石日記』は誤字脱字と稚拙な文章に満ち溢れている。沢木が主体性をもって冒険し、それを自らの意思で文章化したのとは対照的に、猿岩石の二人は旅を続ける中で日記をつけることをプロデューサーから要求され、それを了承した。しかしながら、そもそも日記が出版されるとは思いもしなかったので、多くの読み手を想定して書いていたわけではなく、しかも文章を書くプロでもなかった。その意味でも沢木とはまったく違い、出版の主体は冒険者ではなく、プロデューサーにあったと言える。もちろん、冒険する前から、書籍を出版することを前提としている冒険家・探検家も多々いる。その中で、文才に溢れるノンフィクションライターも枚挙にいとまがない。そのような冒険家・ライターと比較して、猿岩石はきわめて異質な書き手だったのだ。

結果的に、この書籍は「野宿」「空腹」「カネ」など、冒険の俗物的な部分を全面的に押し出した。さらにそれが「無名の若手芸人」の稚拙な文章・誤字脱字とマッチし、『猿岩石日記』は大ベストセラーとなっていたのだ。ちなみに、プロデューサーの土屋や堀越の発想は、まるで筒井康隆の短編小説『日本以外全部沈没』（一九七三年。映画は二〇〇六年に公開）を彷彿とさせる。周知のように、『日本以外全部沈没』は、小松左京によるSF小説『日本沈没』（一九七三年。映画は一九七三年および二〇〇六年に公開）のパロディ作品である。『日本以外全部沈没』は『日本沈没』を内容的に逆転させたものだが、それに対して『猿岩石日記』は『深夜特急』を内容もさることながら、文章や表現などの形式を完全に逆転させた作品と言えるだろう。沢木の作品から、冒険のクオリティや知性的な部分を極力そぎ落とし、文章の完成度は極端に下げられ（猿岩石の文章能力が反映されただけであるが）、一方で猿岩石の苦労や努力は十分に伝えるようなものになっている。すなわち、作品のクオリティも猿岩石自身も、沢木に比べて「未熟」であるからこそ、若者から高い評価を得て、感情移入されたとも言えるのだ。

4　航空機利用の発覚以降の評価

マスメディアによる番組の「真正性」に関する論争

猿岩石のロンドン到着後からわずか約三週間後の一一月一九日、『東京スポーツ』の紙面上で、猿岩石が冒険の途中で一部を飛行機で移動していたことが報じられる。そして翌日の一一月二〇日、朝日新聞も続いて同様の記事を出す。旅の途中で三度飛行機を利用していた事実が発覚し、新聞や週刊誌は基本的に「猿岩石批判」（やらせ冒険批判）の論調が強くなる。「すべてをヒッチハイクで移動した」というのがウソだったというわけだ。ここから各新聞社や、当事者である日本テレビなどが自社の見解を出すようになっていく。まず毎日新聞は、社会面編集長名（中島耕治）で、次のような批判記事を掲載している。

猿岩石が［中略］今回、実際はタイ―ミャンマー間などで飛行機に乗っていたことが判明、メッキがはげてしまいました。同局広報部は「危険な区域を避けるための措置。うそをついたわけではない」と釈明していますが、放送でも本でも触れていないとすれば、視聴者や読者を欺く「やらせ」です。「危険」もある世界の現実をカット、都合のいい映像だけ流して恥じないテレビの懲りない面々。本人らの自覚以上に、その威力は絶大なだけに深刻な問題です。

（『毎日新聞』一九九六年一一月二二日朝刊大阪二五面）

ここでは、「視聴者や読者を欺くやらせ」という言葉を用いて、猿岩石の冒険は「メッキがはげてしまいました」とし、新聞社の立場から番組を制作した日本テレビを批判している。「バラエティ」や「お笑い」あるいは「ドキュメンタリー」という、番組のジャンルに関する言及はとくにないが、とにかくテレビ局が視聴者や読者を騙しているという、オーソドックスな批判である。次に朝日新聞では以下のように報じられている。

お笑いタレントコンビ、猿岩石（さるがんせき）が、実は旅の途中、飛行機に乗っていたことがわかった。日本テレビ広報部によると、［中略］「危険地域は避けなければいけないし、放送でも全行程をヒッチハイクしたとは言っていない」という。また、「これはドキュメンタリー番組ではなくバラエティー。見ている人もヒッチハイクで全部行くのは無理、やらせもあったと思って見ていたんじゃないでしょうか」と話している。［中略］本では、ミャンマーからインドへはヒッチハイクで入ったと書かれている。

（『朝日新聞』一九九六年一一月二〇日夕刊一五面）

毎日新聞とやや違うのは、「これはドキュメンタリー番組ではなくバラエティー」という、日本テレビ側のジャンルに対する見解に言及している点である。一方で、書籍『猿岩石日記』では「ミャンマーからインドへはヒッチハイクで入ったと書かれている」事実に注目している。テレビ番組の内容や視聴者の観方はともかく、書籍メディアでウソを書いているという指摘は、「テレビ番組から書籍へ」という「トランスメディア現象」にも踏み込んだ言及である。これは、同じテレビ的冒険に対する批判でも、『川口浩探検シリーズ』には決して見られなかった論点である。なぜならば、『川口浩探検シリーズ』は書籍化されていなかった。猿岩石のケースでは、まさに出版メディアに進出してしまったがゆえに受けた批判だとも言える。いずれにしても、これらの批判に対応する形で、読売新聞は以下のような記事を出している。やや長文になるが、引用する。

笑い飛ばせなくなった。ほかでもない。香港—ロンドン間の極貧ユーラシア大陸ヒッチハイクをやってのけたお笑いコンビ「猿岩石（さるがんせき）」に対して起きた一部マスコミの非難のことである。［中略］あれはバラエティー番組「進め！電波少年」の一コーナーでドキュメンタリーではないのでは、と思っていたが、どうしてこんなことになったのだろうか。二人の旅が異色だったのは、その舞台が海外で、日本人観光客があまり足を向けない場所の連続であり、極貧にこだわったがために、新鮮な情報が次々と紹介されたことだった。例えば、隣国への入国ビザの額、タイやインドでの労働賃金、宗教への市民の対応——など。これらの要素によって、視聴者の多くが次第にドキュメンタリーのように錯覚した面があることは否めないだろう。さて、問題視されている空路越境。彼らは全部で十八回国境を越えているが、客観的に幾つかの陸路越境は当初から無理とみていた。アジア通でなくても、これらの国境周辺が危険で、ヒッチハイクが無理なことは想像がつくと思ったからだ。だが怒りの矛先を向けた方々は、そうではなかったようだ。確かに番組はバラエティーの殻を破る一方で、反省点を残した。これはテレビの画面から離れてのことだが、二人の旅行記「猿岩石日記」の中で一部に事実と異なりヒッチハイクと記されていたのは、出版元の日本テレビの〝乗り過ぎ〟である。

（『読売新聞』一九九六年一一月二五日夕刊八面）

第一に、読売新聞はまずジャンルの問題を挙げている。「あれはバラエティー番組「進め！電波少年」の一コーナーでドキュメンタリーではない」というのは、「ドキュメンタリー」と「バラエティ」という、あくまでジャンルにこだわる見解である。日本テレビの氏家斉一郎社長も記者会見を開き、「やったことはあらかじめ、きちっと視聴者に言っておいたほうがいい」と遺憾の意を示しつつも「ただ、（バラエティーという）番組の性質上、倫理とか道義的な責任はないと考える」と語っている（『朝日新聞』一九九六年一一月二六日朝刊二九面）。

第二に、この騒動の原因を、放送倫理や「やらせ問題」ではなく、テレビ視聴者の「メディアリテラシー」の問題として論じている。「視聴者の多くが次第にドキュメンタリーのように錯覚した面があることは否めない」という記述は、「観る側」のメディアリテラシーに問題があったために、「視聴者が錯覚した」とも読める。さらに、「アジア通でなくても、これらの国境周辺が危険で、ヒッチハイクが無理なことは想像がつく」とし、視聴者の「教養」（あるいは教養のなさ）に責任を負わせているような印象もある。すなわち、あくまでもこの問題を番組の制作者側ではなく、「受け手」のリテラシーの問題として捉えようとしているのだ。

第三に、「「猿岩石日記」の中で一部に事実と異なりヒッチハイクと記されていたのは、出版元の日本テレビの〝乗り過ぎ〟である」とし、書籍メディアに関しては厳しい態度をとっている。出版メディアにかぎっては、バラエティ番組に関する記述であっても、ウソは許されないという姿勢なのだろう。ちなみに、一一月二四日に放送された『進め！電波少年』では、番組の冒頭で、猿岩石が飛行機に乗った場面を放送し、「やらせととるか演出ととるかは視聴者が決めてほしい」と結んでいるのだ。

一方で、新聞や週刊誌がテレビの「やらせ」を批判するという構図そのものは、『アフタヌーンショー』（テレビ朝日系、一九八五年一〇月）での「やらせリンチ事件」や、『奥ヒマラヤ——禁断の王国・ムスタン』（NHKドキュメンタリー、一九九三年二月）のやらせ事件（取材班が現地人に金銭を渡して雨乞いをさせたり、スタッフに高山病のふりをさせたなどの事実を、朝日新聞がスクープしたもの）を引きずっていたと考えられる。『進め！電波少年』は、上記のような報道番組やドキュメンタリーとは別のジャンルだが、批判の作法は同様のものが採用されていたのだ。朝日新聞はこの猿岩石の問題について、自社の「社説」の中でも次のように言及している。

〔猿岩石が：筆者挿入〕途中飛行機を利用したことが明らかになって、社会面のニュースになる騒ぎも起きた。しかし、「やらせ」があったのかどうか、といった議論は無意味だろう。自然相手ならともかく、テレビカメラを伴う人間相手の旅が、本当の冒険であるはずがないからだ。局側が「ドキュメンタリーではなく、バラエティー」と説明するように、元々ふざけ半分なのだから、まともに誠実さを求めるのはばかばかしい。

（『朝日新聞』一九九七年一月七日朝刊社説五面）

朝日新聞は、「「やらせ」があったのかどうか、といった議論は無意味」、「元々ふざけ半分なのだから、まともに誠実さを求めるのはばかばかしい」という論調であり、NHKのムスタンのドキュメンタリーでのやらせとは、性質が違うという見解を示している。だが、ではなぜそんなに「ばかばかしい」ものを、わざわざ「社説」で論じているのだろうか。ここで問題にされているのは、猿岩石の冒険の「真正性」の問題や、テレビ番組のジャンルに関する演出論ではない。むしろ、新聞各社などのマスメディアが猿岩石の「飛行機使用」を大きな問題として扱っている現状に、朝日新聞の社説はいら立ちを見せているのだ。いわば、「猿岩石現象」の後にやってきた、マスメディアの「猿岩石・批判フィーバー」に対して憤りを感じているのだろう。すなわち、批判するにも値しないものをわざわざ批判している各新聞社（朝日新聞社自身も含め）に怒りをもっているのだ。というのも、当時は「猿岩石批判」が過熱する一方で、「猿岩石批判を批判するフィーバー」も現れ、これらの言説のバブルは、各新聞社や当事者の日本テレビだけにとどまらなかった。この時期、出版メディア全体において、知識人やジャーナリストなど、様々な立場の人物が猿岩石の冒険について、自身の考えを発信していったのだ。

「やらせ」への評価と有識者の世代差

猿岩石の冒険や、その番組の演出については、週刊誌記者から学者まで、様々な人々が自身の見解を出している。批判的論調の場合、その矛先は猿岩石にというよりも、テレビメディアそのものに向けられている。主要な論点として、第一に「ドキュメンタリーとバラエティの境界」に関する問題提起があった。これは新聞記事の中にもしばしば見られたのだが、学者では橋爪大三郎（一九四八年生まれ。東京工業大学教授・理論社会学）、中西輝政（一九四七年生まれ。京都大学教授・国際政治学）などがコメントを出している。第二に、第一の論点とも繋がるが「若者がマネをする」という、しばしば見られるテレビメディア批判である。このような議論は、嵐山光三郎（一九四二年生まれ。作家）などが展開しているが、内容は「若者の一部が猿岩石のような冒険を行うことができると本気で考えて、危険な目に合う可能性がある」という、いわば古典的な「マスコミ効果理論」である。

橋爪大三郎：「初めてのお遣い」というテレビ番組があります。テレビ局と親が仕組んで、三、四歳の子どもを初めてのお遣いの買い物に出す。いわば「旅」をさせるわけです。この場合は、番組の仕掛けとお遣いに行く子どもの必死さが視聴者に分かっている。この「やらせ」は許せると思います。猿岩石の場合は、自分たちがどう映されているかをある部分はあらかじめ知っている。〔中略〕さらに、この番組はドキュメンタリー・ノンフィクションと「やらせ」・バラエティーとの境界を偽った。これはテレビにとって本質的な罪悪です。
中西輝政：同感です。ノンフィクションとフィクションの境目をはっきりさせない点が、一番危険です。

（『毎日新聞』一九九六年一二月一九日夕刊八面）

嵐山光三郎
猿岩石の旅は、テレビ局によって「安全を保証された旅」である。どんな窮地におちいっても、最後はテレビ局が守ってくれる。〔中略〕これから猿岩石の真似をして、世界放浪の旅に出る若者が出るだろう。そのうちの何人かは死ぬ。真似をして同じように旅をしても、テレビ局の援護はない。

（嵐山　一九九七：八〜九）

共通しているのは、猿岩石に対してというよりも、テレビ局や番組制作者に対する批判である。彼らが最も問題視しているのは、「ノンフィクションとフィクションの境目をはっきりさせない点」である。このような演出が「危険なもの」であり、嵐山に至っては、番組から影響を受けで放浪の旅に出る若者の「そのうちの何人かは死ぬ」

と発言している。猿岩石の企画のように、ジャンルの境界をはっきりとさせていない番組に、「本質的な罪悪」があり、若者に悪影響を及ぼす可能性があるというのだ。このような批判が本質的に的を射ていたのかどうかはさておき、むしろ注目すべきは、このタイプの批判はノンフィクションの冒険に関する書籍には、ほぼ見られない点である。たとえば、『何でも見てやろう』や『深夜特急』でも危険な場面は多々あるし、小田や沢木が自身の冒険を文章化する際に、内容的に「盛った部分」もあるかもしれない。結果的に若者に影響を与え、危険に晒す可能性もあるだろう。しかしながら、そのような点が批判されることは、冒険を描いた書籍ではほぼありえない。したがって、橋爪や嵐山のような見解も、「テレビ批判」という文脈の中の一つとしてみることができる。

むしろ重要なのは、彼らのような批判に対して、制作者側の意図や番組の内容を擁護するような意見も散見されたことである。いわば、「猿岩石批判に対する批判」である。大月隆寛（一九五九年生まれ。民俗学者）、日垣隆（一九五八年生まれ。作家）、宮台真司（一九五九年生まれ。社会学者）、大井浩一（一九六二年生まれ。毎日新聞記者。吉本隆明や村上春樹などについて多くの著書を執筆している）、やなぎ美和（一九六七年生まれ。美術作家）など、一九九六年当時は若手か中堅に分類される年齢だった論者である。

大月隆寛（民俗学者）

飛行機に乗っていた、だから「やらせ」だ、っていうのは理屈としてはありえるけども、でもそれはあの猿岩石の企画が成り立っている前提や、何よりあれがどうしてここまでウケているのかって同時代の現象についての想像力が欠落した対応だよな。［中略］そういう「お笑い」や「バラエティ」の仕掛けの中で成り立っている企画だってことは、まあ世間の大方は納得ずくで見ていたはずだし。

（大月　一九九六：三九）

日垣隆（作家）

これは『深夜特急』の延長というよりも、いわば『初めてのお使い』のお笑い地球版である。このチャレンジが課されなければ、彼らは数ヵ月もせずブラウン管から消え去っていた可能性が大きい。［中略］「電波少年」は毎週二〇〇〇万人が見た。半信半疑。これに視聴者が酔っているふしがある。

（『エコノミスト』一九九六年一二月二四日号、一一頁）

宮台真司（社会学者）

キーワードは「ルーズ化」だと思う。ルーズソックスのルーズ。ホントとウソの区別がタイトではなくなって、感動できる現実やみんなが面白がる現実には、そこそこウソが入ってるし、そこそこホントも入ってる、という見切り方をするようになってる。例えば、「猿岩石」問題。少し知識がある人間は、イランのクルド人地帯なんて絶対車では渡れないと知ってるから「これはウソだな」と思いながら許して見てた。知らない人は知らないで見てたけど、「でも、いいじゃん。感動させてくれたんだからさ」というぐらいには成熟してる。そのぐらい現実を虚構化する、現実に少しウソを混ぜて付加価値化する、あるいは参加メディアを使って自分の現実に記号的な飾りを付加することによって感動し、日常を楽しくするのは若い世代にとっては当たり前の成熟した作法なんで。

（『毎日新聞』一九九六年一二月一七日夕刊六面）

大井浩一（毎日新聞記者）

仏社会学者、ボードリヤールは『消費社会の神話と構造』で、モノがそれ自体の使用価値より交換価値としての「記号」として消費される大衆社会の状況を分析した。異国をさまよい歩いた若者たちは、すべてが「記号」の交換でしかない消費社会の中で生きることに耐え難さを感じ、リアルな現実感を探し求めたのではないか。その気分はバブル後の今の若者にも、いっそう鬱屈したものとしてあって、「猿岩石」人気を生んだと見ることもできる。［中略］となると、「猿岩石」自体が既に「消費される記号」のコードに書き込まれていることになる。番組制作者はもちろん、それをよく知っていて仕掛けたわけで、つまり、脱「消費」の演出が売れ筋になるという事実こそが、実は「猿岩石」の神話性なのだ。

（『毎日新聞』一九九六年一二月八日朝刊一三面）

やなぎ美和（美術作家）

「すべてヒッチハイク」という番組の看板は、偽りであったが、その旅に対する若者の圧倒的支持はゆらがなかった。何故？　彼らが画面で見た腹をすかせ、汗とほこりにまみれた二人の姿のみが、一人一人が選び取った〝真実〟だったからではないか。

（『朝日新聞』一九九七年一月一六日夕刊一三面）

橋爪や中西、嵐山らがいわゆる団塊世代かそれ以上であるのに対し、この五人の識者は一九六〇年前後、あるいはそれ以降の生まれで、団塊よりおおよそ一回りあるいはそれ以上若い世代である。彼らは一九七〇年代以降の「テレビ黄金時代」の中で若い時期を過ごし、猿岩石を論評していた一九九六年にはまだ三〇代の若手論者だった。

大月は、猿岩石の冒険をヤラセとして批判している人々に対して、「猿岩石の企画が成り立っている前提や、何よりあれがどうしてここまでウケているのかって同時代の現象についての想像力が欠落し」ているとし、テレビ番組に対してシンプルな「ヤラセ批判」を振りかざすことに疑問を呈している。日垣は、橋爪と同様に『初めてのお使い』に言及するものの、猿岩石の番組を「『初めてのお使い』のお笑い地球版」として捉え、「半信半疑。これに視聴者が酔っているふしがある」としている。要するに、白黒をつけるのではなく、「半信半疑」のグレーゾーンであることが、視聴者にとっての快楽だというのだ。これは、著名な映像作家である森達也の「ドキュメンタリー論」にも通じる視点である。宮台は、当時得意としていた自身の「女子高生研究」を絡めつつ、現実に少しウソを混ぜて付加価値化し、ちょっとだけ日常を楽しくすることは、現代の若者にとってありふれた行為であると指摘している。大井は、バブル後の若者には鬱屈したものがあり、それが「猿岩石」人気を生んだと指摘する。そのような状況は、ボードリヤールが論じた「記号消費」の時代の次のステージに入っていると考えているのだ。やなぎは、若者たちが「画面で見た腹をすかせ、汗とほこりにまみれた二人の姿のみが、一人一人が選び取った〝真実〟だった」とし、現代の若者たちが真実を観たいわけではなく、「観たいと思ったものが真実」だと論じている。

彼らの議論が、それぞれどの程度「猿岩石現象」の説明として的を射ていたのかは、ここでは置いておこう。むしろ重要な事実は、彼らの関心が「猿岩石そのもの」や「テレビメディアの倫理・影響力」にあるわけではないことである。むしろ「猿岩石を支持する声」に注目し、同時代に対する想像力を駆使しつつ、当時の視聴者や時代の特性を論じようとしているのだ。いわば、猿岩石を題材としながら、彼らは「テレビ論」ではなく、当時の「現代社会論」あるいは「若者文化論」を展開していたのである。

『川口浩探検シリーズ』の場合、「やらせをやらせとして楽しむ」という視点は、新しい視聴者像を分析するという意味で、一九八〇年代前半の「テレビ視聴者論」と言えるのかもしれない。だが、一九九〇年代半ばを過ぎた猿岩石のケースに至っては、すでにドキュメントバラエティ的手法に慣れてしまった若い視聴者、および識者も多く存在していた。したがって、若い識者たちの議論は、「テレビ論」や「ヤラセ問題」ではなく、むしろ「現代社会論」あるいは「若者文化論」など、社会論評というメタな次元に拡大されていったのだ。

バブルの名残と「第三世界」へのあこがれ

既述のように、猿岩石の冒険は当時の若者文化や、日本社会の現状と関連づけて語られることが多かった。さらにその前提として、一九九六年という時代がバブル経済の崩壊後とはいえ、日本はまだ「豊かな国」であるという現状認識が共有されていたという事実がある。女性史研究者の山下悦子は、猿岩石の冒険の中で頻繁に描かれた「飢え」に言及し、「後半は私もよく見ていましたが、食事にありつけなくて飢えに苦しむといった映像が実に多かった。今の若い人たちは飢えという経験を知りませんから、映像によってそれを疑似体験できる点にひかれたようです。プロデューサーは今の日本人がどのような状況に感激するか、そのへんを十分に計算しているわけです」（『毎日新聞』一九九六年一二月一九日夕刊八面）と分析している。山下が番組の魅力として指摘したのは、「飢え」の疑似体験だった。その根底にあったのは「飢えることのない国、日本」という、当時の認識である。

かつて、一九八〇年代に大ヒットしたNHK・朝の連続テレビ小説『おしん』（一九八三〜八四年）は、日本のテレビドラマの最高視聴率六二・九％をたたき出した。そこでは、明治後期から昭和初期までの貧しい農村に焦点が当てられ、貧困に耐えながらも強く生きる主人公「おしん」の姿が視聴者を引きつけた。確かに、八〇年代前半当時の年配者たちは、かつての日本の貧困を経験した人もいたであろうし、番組にある種のノスタルジアを感じていたのかもしれない。しかし逆に言うならば、哀愁を感じることができるくらいに、八〇年代の日本社会は経済的に豊かだったのである。すなわち、貧困ドラマを「消費」できるほどの余裕が当時の社会にはあったのだ。一方で、猿岩石の冒険は、『おしん』がヒットした時代よりも一〇年以上が経過しており、番組の視聴者も若者が中心だった。当然であるが、当時の若者には「貧困」の原体験はほとんどなく、むしろ貧困は猿岩石の極貧旅行を観ることによって「消費される」ものになっていた。表現を変えるならば、「貧困の消費」が年配者から若者へ、『おしん』から「猿岩石」へと、八〇年代から九〇年代にかけて変化していったとも言える。

もちろん、この若者の豊かさは「戦時中あるいは終戦直後の日本と比較して」という文脈でのみ語られるものではない。中沢新一（一九五〇年生まれ）は藤原新也（一九四四年生まれ）との対談の中で、一九七〇年代にしばしば見られた日本の若者の海外渡航、とくにアジアやインドへの旅と比較し、猿岩石の冒険を次のように評している。

中沢：「「猿岩石」現象の中では、藤原さんや僕らの世代が、七〇年代に体験した、アジアやインドへの旅が、ほとんどキッチュと化しています。藤原さんは、人間は犬に食べられるほど自由なんだ、と書いた。しかし、その言葉は今や、僕らは金持ちで、乞食をやれるほどに自由なんだ、という別のメッセージになっちゃってる」。

（中沢・藤原 一九九七：一〇二）

中沢は、いわずとしれたニューアカデミズムの旗手であるが、実はネパールでチベット仏教の修業をした経験を持っている。一方の藤原は、作家、旅人、あるいは写真家として有名であり、インドでの経験を著した『印度放浪』（一九七二年）は爆発的な人気を得ていた。また、藤原は麻原彰晃の研究などでも知られている。この二人の知識人は、若者たちを引き付けた猿岩石に注目しているが、中沢は彼らの冒険から「僕らは金持ちで、乞食をやれるほどに自由なんだ」という、当時の若者の意識を読み取っている。「キッチュ」という言葉を使用しているが、そこに込められているのは、もちろん「人間は犬に食べられるほど自由」というような新たな体験の獲得ではない。あえて乞食になることすら選べるという、日本の若者の恵まれた環境を指摘しているのだ。これは、第3章で述べた、三浦雄一郎（一九七〇年当時の日本）とネパール人シェルパ（発展途上国）の関係にも似ている。

さらに、その「乞食をする自由」を実現させる場所として選ばれるのが、アジアやインドなどの第三世界である。橋爪大三郎は、既述のように猿岩石の極貧旅行の番組に否定的ではあるが、彼らの冒険が若者たちにウケた理由として、「視聴者を引きつけたという点では、根底に情報化社会、飽食社会に生まれた日本の若者のアジア、あるいは第三世界へのやみがたいあこがれのようなものがある。［中略］猿岩石の番組や本は、こうした若者たちの願望に応えている面はあると思う」（『毎日新聞』一九九六年一二月一九日夕刊八面）と分析している。橋爪の言う「若者のアジア、あるいは第三世界へのやみがたいあこがれ」とは、豊かな日本社会で生まれた若者たちが、自身の「満たされなさ」を埋めるための希望でもあったのだろう。その行きつく先、すなわちあこがれの国々こそが、「乞食をする自由」を得る場としての第三世界だったのだ。

もちろん、二〇二〇年代から振り返るならば、一九九〇年代半ばはバブル崩壊後であり、日本経済の凋落が見られた時期でもある。九七年一一月に山一證券が破綻し、二〇〇〇年以降には「失われた一〇年」、あるいは「失われた二〇年」という言葉も、日本経済を語るうえでしばしば使用されるようになった。二〇一〇年以降になると、日本はGDPで中国に抜かれ、もはや「アジアの盟主」ではなくなっていた。しかしながら、一九九六年はまだバブルの名残を残しており、依然として日本が経済大国という自負を保っていた時代である。言い換えるならば、当時は「帰れる豊かな国・祖国日本」があることは若者たちにとって自明であり、海外の貧困旅行はある意味でゲーム感覚だったのかもしれない。いずれにしても、「貧困を知らない若者たち」の存在を前提としたうえで、猿岩石の冒険に対する評価は成り立っていたのである。

5　冒険を批判する様々な視点

猿岩石が、彼らの「努力」や「苦労」に視聴者である若者から「真正性」を与えられ、同世代から絶大な人気を得ていたことはすでに述べた。一方で、年配の知識人たちは彼らの冒険を「やらせ」という観点から批判した。では、「やらせ」以外では、猿岩石に対していかなる批判や評価の軸があったのだろうか。

「教養の欠如」という視点

冒険を否定する際に使われた論拠で、一九七〇年代には「教養の欠如」というものがあった。これは猿岩石自身というよりも、旅の途中である種の「教養」を身につけるようなプロセスがなかったという意味で、一九六〇年代であれば堀江謙一、七〇年代であれば植村直己や鈴木紀夫などが批判されたときにも登場していた。猿岩石の場合、おおよそ比較の対象となっているのは、バックパッカーの先人たちである小田実や沢木耕太郎である。中沢新一やジャーナリストの中田潤は、猿岩石の冒険について次のように疑問を呈している。

中沢：「〔中沢がチベットに行った際：筆者挿入〕僕はいろいろなものを同時にもらったたし、盗み取ったたし、与えられたわけですね。それは何かこう技術とか、メチエ、生きるメチエというか、人間どうやって生きていくかという技術をちゃんと伝授された記憶があるんですよ。〔中略〕猿岩石の場合、そこは主題にもならない」

（中沢・藤原　一九九七：一〇二）

中田潤

旅というのは、訪れる土地の政治的状況まで含めての旅なのではないか。政治的状況によってタイからミャンマーにはヒッチハイクでは入れない。「どうしてこの二つの国の境目はヤバイのか」と猿岩石の二人が考える。〔中略〕なんもわからん、で終わりかもしれない。しかし、「極限」を売りにするのなら、そんな要素が入って当然だし、入れることによってもっと豊かな物語が紡ぎ出せたのではないだろうか。

（中田　一九九七：二六九）

中沢は「生きるメチエ」というやや抽象的な表現を使用しているが、おそらくその言葉が意味しているのは、「この先、若者が社会で生き抜くために必要な力」を冒険の中で獲得することだったのだろう。一方の中田は、「どうしてこの二つの国の境目はヤバイのか」という思考を挙げており、それは国際社会や異文化に対する知識、あるいは想像力を意味していると考えられる。これらの見解はニュアンスの違いはあるが、猿岩石の冒険の中に「教養」を身に着けるプロセスが欠如しているという指摘だろう。すなわち、「生きるメチエ」にしても、タイとミャンマーの関係にしても、それぞれがある種の「教養」であり、猿岩石の冒険にはそれらを身につけるプロセスが皆無だったと主張しているのだ。もちろん彼らの見解は、中沢自身の経験や、中田が『深夜特急』を読んで得たものがベースになっているのだろう。それに対して、演出した土屋プロデューサーは次のように語っている。

「『深夜特急』のように、社会状況も含めて考えながら『なぜなんだ。それじゃあしょうがない、こういう選択をしよう』ということにした方が面白かったよという意見もある。僕は、彼らの目線で人と触れ合って、喜怒哀楽があってという演出を選んだ。そのなかで、そこはオンエアをする必要はないと判断しました。演出論で言うと他の選択肢もあったけど、僕はそっちを選んだということです」。（津田　一九九七：七五）

同じようなコースを辿った旅でも、『深夜特急』では、沢木が主体性をもって自ら考え、旅の日程や進路、あるいは手段を選ぶというプロセスが記述されていた。小田の『何でも見てやろう』も同様である。それに対して、土屋は番組を制作する上で、「彼らの目線で人と触れ合って、喜怒哀楽があってという演出」を、あえて選んだ。その結果、猿岩石の冒険は沢木や小田と比べて、「教養」から完全に決別したものとなったのだ。猿岩石の旅には、小田のような「虫瞰図」的な視点もなければ、ましてや「鳥瞰図」的な視点などまったくない。いわば、「教養」的な側面をとことん排除したことに、この番組の特徴があった。テレビ文化でいうならば、『兼高かおる世界の旅』（一九五九〜九〇年）や牛山純一の『すばらしい世界旅行』（一九五九〜九〇年）などの番組とも、きわめて対照的である。これらの番組では世界の文化や風習を学び、考えるという側面もあったが、猿岩石の旅にはそのような側面は皆無に等しい。

むしろ、土屋の方向性は『川口浩探検シリーズ』に似た部分がある。川口浩の番組で重視されたのは、探検隊のいわゆる「リアクション映像」である。探検隊が獰猛な動物に出くわした時、原住民を発見した時、あるいは断崖絶壁に立たされた際などの「リアクション映像」が、視聴者にとって刺激的だったのだ。『川口浩探検シリーズ』の場合、そこに派手な効果音や、大げさな実況もプラスされた。猿岩石の冒険でも「冒険の主人公」がいて、そのVTRや音声を中心に主人公の「リアクション」が表現される。違っていたのは、川口浩が冒険アドベンチャー的なリアクションだったのに対し、猿岩石は「空腹」や「アルバイトのつらさ」、あるいは「ビザをなくした悲しみ」などの表現だった点である。すなわち、猿岩石の喜怒哀楽を中心とした「リアクション映像」が、この番組の大きな魅力だったのだ。

「若者の成長」という視点の齟齬

一方で、猿岩石の冒険が高い人気を得た理由として、あるいは番組を批判する際の論点としても挙げられたのが、「若者の成長」についてだった。当時の猿岩石はまだ二一歳の青年であり、若い視聴者を取り込んだのも、番組の中に等身大の若者が成長していく姿が見えたからかもしれない。では、作り手はそれをどのように解釈していたのだろうか。プロデューサーの土屋は、猿岩石企画の裏の部分について言及した『猿岩石裏日記』の「あとがき」の中で、「この企画がなぜこんなにも皆さんに熱く迎えられたか？　それはやっぱり「猿岩石の顔」だと思うのです。彼らが本当に苦しんでいる顔、彼らが本当に喜んでいる顔、彼らが本当に悲しんでいる顔、彼らが本当に怒っている顔、そして様々な経験を経て、成長していったこの猿岩石の顔を毎週見てくださって、皆さんは色んな事を感じてくれたのではなかったでしょうか？」（猿岩石　一九九六c：二二二〜二二三頁）と語っている。土屋は、番組の中で描かれた「様々な経験を経て成長していった猿岩石の顔」を強調し、この企画はテレビメディアを通して「青年の成長」が描かれ、それに視聴者が惹かれていったと考えているようだ。

それに対して藤原新也は、映像からみる「猿岩石の成長」について、次のように語っている。

藤原：「長い旅をしていくと負けた顔になっていくんですね。負けていって、それまでの自我が消えていく。そして、つぎに自分をつくっていく顔になる。新しい自我を内在させていく過程が旅というものでしょう。〔中略〕だから、向こうから帰ってきたときに、自分というものが日本への対抗的身体になっている。それが発言、というか一種の芸を成立させた。ただ猿岩石の場合、ずっと負けつづけるんだけど勝ちがない。新しい自我をつくる過程がまったく見えない。これは決定的なことだと思うんだ、あれが旅ではなかったというね」

（中沢・藤原 一九九七：一〇二）

藤原は、自身の体験と繋ぎ合わせて、旅とは「新しい自我を内在させていく過程」だとしている。海外体験において、ずっと環境に負け続けていく中で、結果として「新しい自我」が芽生えていく。おそらく、このような自己形成こそが、藤原が考える「若者の成長」だったのだ。しかしながら、猿岩石の場合、「新しい自我をつくる過程がまったく見えない」とし、それは旅ではなく、「若者の成長」でもないという結論に至ったのだ。藤原と同様に、山口誠は猿岩石の旅について、自らのバックパッカーとしての体験も踏まえながら、次のように述べている。

猿岩石の貧乏旅行は、屈強な反骨精神を宿した個人を、あるいは長期旅行に生きるバックパッカーを、作り出す旅ではなかった。彼らが旅の果てに手に入れたのは、そうした反社会的または非社会的な姿勢ではなく、理不尽な困難を強いられても素直に受け入れ、ときに感謝を口にするような、そして日本に帰国しても「やっていける」ような、謙虚で従順な「日本人の好青年」の姿だった。猿岩石の旅は、ある種の古典的な日本人観の上に成立する「日本人探し」のプロセスを、番組制作者と出演者と視聴者の三者が共有するテレビ番組であり、いわば「日本人作り」のリアリティ・ショーだった。

（山口 二〇一〇：一八二）

山口は若者の海外旅行、あるいはバックパッカー文化という視点から猿岩石の冒険を分析しているが、山口によるとそこで表象されていたものは、「日本に帰国しても「やっていける」ような、謙虚で従順な「日本人の好青年」

の姿だった」という。藤原は、「自分というものが日本への対抗的身体になっている」と述べているが、山口の言葉に対応させれば、「屈強な反骨精神を宿した個人を作り出す旅」ということになるだろう。ここで明確になるのは、土屋と藤原（および山口）の間にある、「若者の成長」を測るモノサシの大きな違いである。土屋は「猿岩石の顔」を強調し、そこに「若者の成長」をみた。だが、その行き着いた先は、山口の言う「謙虚で従順な「日本人の好青年」の姿」だったのではないだろうか。藤原にとってそれは納得しがたいものだったが、一九九〇年代半ばの日本の若い視聴者は、土屋的な「若者の成長」物語を、心地よく受け入れていたのである。

猿岩石が見せた「成長した若者の姿」は、おそらく当時の「日本の高度消費社会に適合的な若者」、あるいは山口の言う「理不尽な困難を強いられても素直に受け入れ、ときに感謝を口にする」若者だったのだ。これは、一九六二年の堀江謙一と比較すれば、非常に対照的である。当時の堀江は、自身の「太平洋単独横断」を自らの礎とし、その後五〇年間以上にわたる海洋冒険家としてのキャリアを築き上げた。一方で、堀江の冒険は決して彼自身を日本の社会に適応させるものではなく、むしろマスコミに対する対応の悪さ、人間性、無教養などを批判されつつも、冒険家として成功を収めたのだ。猿岩石の場合、少なくとも有吉弘行に関していうならば、「ユーラシア大陸横断ヒッチハイク」は、芸人としての知名度アップには大きく貢献した。しかしながら、その後の七〜八年間、有吉は芸人として低迷期に入る。猿岩石が解散し（森脇は芸能界を引退する）、ピン芸人となった後、有吉は「謙虚で従順な日本人の好青年」であることを自ら捨て去った。有吉は他の芸人への悪口や、世間へ悪態をつくような芸風に転向し、二〇〇五年あたりから再び全国ネットのテレビ番組にも露出するようになる。そして二〇一〇年頃からは数々のレギュラー番組、あるいはMC番組をもつ売れっ子芸人となったのだ。

6　「猿岩石現象」が残したもの

このように、猿岩石に関する言説を見ていくと、四つの特徴が明らかになる。第一に、猿岩石のテレビ的冒険に対する評価として、世代的な分断が生まれたことである。年配の論者は、「テレビの倫理」や「やらせ問題」といった点から猿岩石の番組を批評したが、一方で若手の論者や若者の視聴者は、その論点そのものを無効であると考えた。これは、団塊世代より上でテレビが比較的新しいメディアだった時代を経験していた世代と、テレビがすでに成熟期に入った七〇年代の「テレビ黄金時代」や、八〇年代のドキュメントバラエティの時代を子ども・若者の頃から体験していた世代との差異だったのかもしれない。さらに、このような分断は、テレビ的冒険ではかつて『川口浩探検シリーズ』が「やらせ」として嘲笑されていた一九八〇年代前半には生じなかった側面でもある。

第二に、猿岩石について語る論者は、これまでの冒険・探検番組や、冒険家について語る人々に比べてきわめて多種多様だったことである。同じくテレビ的冒険だった『川口浩探検シリーズ』では、番組について語るのはテレビ視聴者や週刊誌記者、あるいは番組制作関係者などが中心だった。堀江謙一や三浦雄一郎、あるいは植村直己などを論じたのも、一般人やジャーナリスト、作家、冒険に詳しい立場の知識人などが多かった。しかしながら猿岩石の場合、それに加えて社会学者や歴史学者、女性史研究者、思想家、バックパッカー経験者、テレビ制作者など、実に様々な分野の人々が彼らを、あるいは彼らを通して見える現代社会の状況を語り始めたのだ。日本社会について、テレビ文化について、メディア倫理について、視聴者について、若者文化について、旅文化について、自分さがしについて、実に様々な言説が紡ぎだされたのだ。もちろん、一九九〇年代半ばであれば、テレビメディアはまだ大きな社会的影響力を持っていた。だが、『進め！電波少年』は、オリンピックでもワールドカップでもなく、一つのバラエティ番組にすぎず、さらに猿岩石の企画はそのワンコーナーでしかなかった。そのような猿岩石の冒険がこれほどまでに広く語られたのは、非常に稀有な現象だったと言える。

第三に、「冒険や旅に関する出版物」という意味で、『猿岩石日記』は特殊な成功を収めた。稚拙な文章、誤字脱字の散見、等身大の若者の素直な語りなど、いわゆる「素人臭さ」がベストセラーの要因となっていたのだ。もちろん、沢木耕太郎のように、自らの体験を見事な文章で表現し、ベストセラーを生みだしていくような旅人・ノンフィクションライターの方が「王道」である。しかしながら、『猿岩石日記』は、まさしくそのような王道に対する「逆張り」として成功し、多くの若者に受け入れられ、出版界や書籍店をゆるがしていたのだ。

第四に、猿岩石の冒険は結果的に、「謙虚で従順な、日本人の好青年」となっていく若者のプロセスだったことである。結局は日本社会へと順応していく青年として、制作者や多くの視聴者の願望によって支えられており、その姿は多くの若者に支持された。一方で、藤原新也が求めていたのは決して従順な若者ではなく、日本の中で社会に対抗しつつ、日本を変えていくような若者だったのだ。このような若者像は、本書で取り上げた冒険家では、小田実のイメージにきわめて近いだろう。少し長文になるが、小田実が語った「冒険家のイメージ」を引用してみたい。

結局のところ、〈冒険〉ほど、「いい奴」の気持のいい事業からほど遠いものはないのにちがいない。冒険という事業は、実際のところ、もっとねちっこくて、ひん曲っていて、計算づくにみちていて、いやなところがウンザリするほどある事業なのだ。まず、準備がある。この準備には、まず資金ということから、米を何キロ、水を何ガロン、というようなことまで（これはきちんとしなければならない。なにしろ、生命にかかわることがらなのだから）、あるいは人間関係のからみあいに至るまでがあって、そのすべてをひとつひとつ解釈していかなくてはならない。さらにまた、これはさきに述べたことに関連するが、準備のなかには、冒険のための知識の集積という地味で重要なことがらもふくまれているのにちがいない。そして、そうした準備の過程で、〈冒険者〉は人を傷つけ、自分も傷つけ、極端ないい方をあえてすれば、自分を「いやな奴」に化することによって目的に近づく。〈冒険〉にのり出してからも同じだろう。ある目的達成のために、もろもろの原理を犠牲にしなければならないだろうし、ウソをつくことも必要になってくるかも知れない。たとえば、そこでは安値なヒューマニズムはもう通用しないのかも知れない。探検隊の犬ぞりをひく犬はまさかのときに食料として計算される社会――それが〈冒険〉の社会なのだ。冒険という未知の社会に入るとき、既知の社会の「いい奴」のモラルを、ある場合には捨て去らなければやっていけないのだろう。（小田編 一九六七：三〇二）

小田実は、「〈冒険者〉は人を傷つけ、自分も傷つけ、極端ないい方をあえてすれば、自分を「いやな奴」に化することによって目的に近づく」、「そこでは安値なヒューマニズムはもう通用しないのかも知れない」と語る。一方、猿岩石の有吉は、ロンドンに無事ゴールした際、アナウンサーからの「旅の途中で、万引きはしましたか？」という質問に対して、「していません！」と答えている。テレビのコンプライアンス的には、この答えは「正解」かもしれない。すなわち、猿岩石は「ユーラシア大陸ヒッチハイク」の冒険を経たうえで、「無知」なままで、かつ「いい奴」になって日本に帰って来たのである。だが、この冒険における猿岩石のイメージは、おそらく小田が考える冒険者の実像から最も遠いところにあったとも言えるのだろう。

参考文献

嵐山光三郎（一九九七）「「虚構」（ヤラセ）の猿岩石のサルマネが怖い」『ＢＯＳＳ』三笠書房、一九九七年一月。

大月隆寛（一九九六）「空を飛んでも猿岩石」『社会運動』市民セクター政策機構、一九九六年一二月。

小田実編（一九六七）『未知への飛躍――冒険と放浪』三一書房。

川崎由香利（一九九六）「若者は放浪をめざす「猿岩石」人気に見る根性旅行願望」『ＡＥＲＡ』一九九六年一一月一八日。

猿岩石（一九九六ａ）『猿岩石日記　ＰＡＲＴ１　極限のアジア編』日本テレビ放送。

猿岩石（一九九六ｂ）『猿岩石日記　ＰＡＲＴ２　怒涛のヨーロッパ編』日本テレビ放送。

猿岩石（一九九六ｃ）『猿岩石裏日記』日本テレビ放送。

津田浩司（一九九七）「「猿岩石」騒動について　ＮＴＶプロデューサーに訊く」『創』一九九七年一月。

中沢新一・藤原新也（一九九七）「中沢新一の書評対談」『ＲＯＮＺＡ』朝日新聞出版、一九九七年一月。

中田潤（一九九七）「「猿岩石」たった三週間の栄光」『現代』講談社、一九九七年一月。

本多勝一（一九八六）『冒険と日本人』朝日新聞社。

山口誠（二〇一〇）『ニッポンの海外旅行――若者と観光メディアの50年史』筑摩書房。

第7章　インターネット社会における冒険家の栄光と転落
——栗城史多と「冒険の共有」——

1　ネット社会における新しい冒険の形

「栗城史多」という神輿を担いだすべての記者とディレクターに、僭越ながら私は呼びかけたい。一人称で彼を語ろう……と。結果的にはそれがメディア全体の信頼につながると思うのだ。

——私は当初、「単独無酸素」の矛盾に気づかなかった。

——私は、「裏取り」という取材の基本も忘れていた。

——私は、映像の面白みと「夢」という心地よい言葉に乗っかって、タレントのように彼を描いた。

——私は、彼の死によって再認識した。……人間を安易に謳い上げるのは危険なことだ。その人間が「生死に関わる挑戦」を行なっている場合はなおさらだ……と。

——栗城さんを死に追いやったのは……私かもしれない。

（河野 二〇二〇＝二〇二三：文庫版二八四〜二八五）


この文章は、北海道放送のディレクター・河野啓が、二〇一八年にエベレストで滑落死した登山家の栗城史多《くりきのぶかず》に関して、メディア関係者に宛てた言葉である。河野は二〇〇八年から〇九年にかけて、栗城の冒険をテーマにしたドキュメンタリー番組制作に関わり、当時は仕事の関係で栗城と深い親交があった。その後、河野は栗城とは一〇年近く関係が途絶えていたが、栗城の死後、再び栗城という冒険家の人生に関心を抱き、それについて『デス・ゾーン——栗城史多のエベレスト劇場』（二〇二〇）という書物にまとめた。その内容は、河野自身の栗城との関わりや、徹底的な取材とインタビューによって構成されている。インタビュー対象者は、栗城の幼馴染、学生時代の恩師や友人、栗城の冒険を支援した数々のスポンサー、登山の先輩、栗城が「先生」と呼ぶ自己啓発界のカリスマ、栗城の登山に同行していたネパール人シェルパ、栗城が運命を託していた占い師など、多岐にわたっている。この作品は栗城の冒険の実像に鋭く迫っており、「第一八回 開高健ノンフィクション賞」を受賞した。河野は著書の中で、栗城の冒険に隠されていた知られざるカラクリや、彼の特異な人物像などを強調している。

一方で、本章も栗城という冒険家に注目しているが、決して彼の冒険の裏側に着目しているわけではない。河野は栗城を無批判に持ち上げた点を後悔しているが、そもそもある特定の人物をメディアが祭り上げ、英雄に仕立ててしまうことは決して珍しくはない。むしろ、栗城とソーシャルメディア、あるいはマスメディアが作り上げた特殊な関係にこそ注目すべきだろう。というのも、栗城はインターネットによる登山の動画配信やＳＮＳなどを最大限に活用した冒険家であり、自身の主戦場をソーシャルメディアに置いた新しいタイプの登山家だった。そして彼は、あるときは華々しい称賛を受け、またあるときはネット民から多くの罵声や嘲笑を浴び、さらにまたあるときは登山の専門家から厳しく批判されて（あるいは無視されて）いたのだ。一方で、彼はたくさんのスポンサーを集め、クラウドファンディングなども利用し、多くの資金調達に成功した冒険家でもある。他方でテレビでの露出に関して言えば、地上波放送だけでも九本のドキュメンタリー作品で彼の登山が取り上げられている。ちなみに、栗城自身も三冊の著書を出版しており、雑誌や新聞など、幅広くメディアに露出していた。その意味で、登山家としての真の実力や実績はさておき、多種多様なメディアと関わりつつ冒険を行った、きわめて稀有な人物だったことは間違いない。

したがって、本章では栗城の言動とメディアの関連を中心に追いつつ、彼の冒険が大衆や他の登山家からどのように評価されていたのか、そこにはいかなる要因があったのかを明らかにする。一般的には「傍流の冒険家」と評価されがちな栗城であるが、改めて彼の冒険をメディア史、冒険史の俎上に載せて分析したい。

2　栗城史多とは

芸能界志望から登山家へ

まずは、栗城史多の三五年の短い生涯について、簡単にではあるが追ってみたい。栗城史多は、一九八二年に北海道の瀬棚郡今金町に生まれた。高校時代は学園祭で活躍し、グループで発表する演劇の脚本を手掛けて演出し、自らも出演するなど、芸能関係に強い興味があったようである。栗城は、高校時代に影響を受けた書物として、ダウンタウンの松本人志が書いた『遺書』（朝日新聞出版、一九九四年）を挙げ、「その頃です。「孤高の天才芸人」とあがめていた松本人志さんのエッセー集『遺書』（朝日新聞出版）を読んだのは。「自分は自分、人と違う道を行けばいい」と、背中を押された感じがしました。で、「松本さんは高卒。僕も高校卒業したら、東京で脚本の勉強でもして有名になるか」って、甘く考えたわけです」（『朝日新聞』二〇一一年四月二四日朝刊一六面）と回想している。二〇〇一年、栗城は高校卒業後にお笑いタレントを目指して上京し、よしもとＮＳＣ東京校に入学するが、すぐに退学する。芸人や脚本家を諦めた理由は不明だが、翌二〇〇二年に北海道へ帰り、札幌国際大学に入学した。

札幌国際大学では空手部に所属する一方で、酪農学園大学の山岳部に入部する（札幌国際大学に山岳部はなかった）。入部した理由は、「以前に好きだった女性が、山が好きだったから」だという。それが事実かどうかは不明だが、後に栗城が多くの講演会を行うようになると、自身が山岳部に入部したきっかけとして同様の発言を何度もしている。在学中の二〇〇四年、栗城はマッキンリー（北米最高峰）を単独で登頂しようと考える。マッキンリーと言えば、あの植村直己が一九八四年に最期を遂げた巨峰である（植村の場合、厳冬期での単独登頂というきわめて厳しい条件だったが）。国内ですらそれほど高度な登山経験のない栗城が、いきなりマッキンリーに挑戦するというのだ。しかも、単独で登頂を目指すというのである。それに対して、当然のごとく登山部の先輩たちはみな反対した。しかしながら二〇〇四年五月、周囲の反対を振り切り、栗城は登頂に向けて日本から出発する。ちなみに、これは栗城にとって初の海外旅行であり、初の海外登山でもあった。そして、なんと栗城はマッキンリーの登頂に、単独で成功してしまうのだ。続いて、二〇〇五年一月にアコンカグア（南米最高峰）、二〇〇五年六月にエルブルス（ヨーロッパ最高峰）、二〇〇五年一〇月にキリマンジャロ（アフリカ最高峰）、二〇〇六年一〇月にカルステンツ・ピラミッド（オセアニア最高峰）と次々に単独で登頂していった。

二〇〇七年五月には、チョ・オユー（世界第六位高峰 八二〇一m）の登頂に成功し、七七〇〇メートル地点からスキー滑降を行った。このとき、栗城が登頂した様子は、当時の第2日本テレビで放送された。第2日本テレビとは、日本テレビが行っていたインターネットを使ったビデオ・オン・デマンド事業であり、日本初のテレビ局主導のネット動画配信サービスである。栗城の冒険は「ニートのアルピニスト、はじめてのヒマラヤ」という不思議な番組タイトルだったが、この番組に深く関わっていたのは、当時第2日本テレビのエグゼクティブディレクターだった土屋敏男である。土屋は前章で取り上げた『進め！電波少年』のプロデューサーで、猿岩石の冒険企画でも中心だった人物である。「ニートのアルピニスト」という命名は、もちろん土屋のアイデアである。それにしても、この時期の栗城は、順調に世界の高峰を次々と制していった。二〇〇七年一二月にはビンソンマシフ（南極大陸最高峰）にも登頂し、この時点で世界七大陸最高峰の中で、エベレスト以外を全て登頂したことになる。ちなみに、二〇〇八年一〇月にマナスル（世界第八位高峰 八一六三m）にも「無酸素」「単独」で登頂したとされているが、これは栗城の「自称登頂」であり、実際には山頂付近までの登山である。日本山岳会はこの登頂を公式には認定していない。

一方で、インターネットでの映像配信において、栗城は大きな進歩を見せる。二〇〇九年五月、ダウラギリ（世界第七位高峰 八一六七m）に登頂し、ネット生中継を行う。ただ、実際の生中継は六五〇〇メートル地点で、栗城がスキー滑降を行うシーンは生中継されたが、登頂そのものの生中継はなかった。このように、二〇〇九年までの栗城の冒険は、おおよそ順風満帆だったと言える。しかしながら、この年以降、徐々に冒険の歯車が狂い始める。

エベレストでの凍傷から滑落死まで

二〇〇九年九月、栗城はエベレスト（世界最高峰 八八四八m）に初めて挑戦する。この冒険ではYahoo! JAPANがスポンサーになり、登頂のインターネット生中継を試みるが、体力の限界により七九五〇メートルで敗退し、生中継も不発に終わった。二〇一〇年五月、アンナプルナ（世界第一〇位高峰 八〇九一m）登頂を目指したが敗退し、二〇一〇年八月には二度目のエベレストに挑戦するも七七五〇メートルで敗退する。二〇一一年五月のシシャパンマ（世界第一四位高峰 八〇一三m）、二〇一一年一〇月から三度目の挑戦となるエベレストも敗退する。さらに、二〇一二年五月のシシャパンマへの再挑戦、および二〇一二年八月の四度目となるエベレスト登頂も撤退に終わった。とくに四度目のエベレストでは、途中からの下山が不可能になったため救助を要請し、シェルパに助けられてその後ヘリコプターでカトマンズの病院まで搬送されている。この登山で指の凍傷を悪化させていまい、懸命の治療に励んだが、ついに指が完治することはなかった。二〇一三年一一月、前年のエベレストで負傷した指の手術を受け、右手親指以外の両手指九本を第二関節から切断した。まさしく、栗城の人生を左右するほどの「大惨敗」だったのだ。

だが、ここから栗城は登山家として一度は復帰を果たす。約二年ぶりの登山として、二〇一四年七月にブロード・ピーク（世界第一二位高峰 八〇四七m）に挑み、見事に登頂に成功する。一方で、二〇一五年八月、自身五度目のエベレスト登山に挑み、またもや敗退する。続いて二〇一六年五月のアンナプルナ、二〇一六年九月・二〇一七年四月の六・七度目のエベレスト挑戦も、登頂に失敗した。そしてついに二〇一八年五月二一日、八度目のエベレスト登山中にも体調を崩し、登頂を諦め下山する。栗城は下山の途中で滑落し、シェルパが栗城の遺体を発見した。最後のエベレスト登山はAbemaTVで生放送が予定されていたのだが、当然のことながら中止となったのである。

このように、栗城は冒険家として、あるいは登山家として壮絶な最期を迎えたのだが、その背景にはヒマラヤ登山をめぐる大きな変化があった。一九九六年、ネパール政府はヒマラヤに入る入山隊の数の制限を撤廃した。この規制緩和が影響し、ヒマラヤ登山の様子は一変した。ヒマラヤの巨峰には、屈強な登山家たちだけではなく、登山ガイドたちが組織する「ツアー登山」の客が詰めかけるようになる。安全確保のロープを張りめぐらし、酸素ボンベも大量に準備され、ガイドが先導しながら山頂を目指すような登山が行われていったのだ。もちろん、エベレストも例外ではなかった。栗城は当然のことながらツアー登山の客ではなかったが、実態としてエベレストの敷居が一気に低くなり、登頂へチャレンジすることが一般的に容易になったのだ。この時期と栗城がエベレストへ挑んでいた時期は、ちょうど重なっていた。さらに、それは七大陸最高峰制覇が比較的容易になることを意味していた。地理的にアクセスが不便だったビンソンマシフ（南極大陸最高峰）も、一九八〇年代前半は各国の観測基地があるだけだったが、八〇年代後半からは自前の基地を持つツアー会社が現れた。要するに、一般登山者にもビンソンマシフが登山可能な山になっていたのだ。ちなみに、日本人では野口健《のぐちけん》（一九九九年）、石川直樹《いしかわなおき》（二〇〇一年）、山田《やまだ》淳《あつし》（二〇〇二年）などが、この時代にエベレストを登頂し、七大陸最高峰制覇を成し遂げている。もちろん、栗城も七大陸最高峰制覇を目指してはいたのだが、彼には他の登山家とは違った大きな特徴があった。

3　栗城の冒険の特徴とメディアとの関係

「冒険の共有」とネット社会

さて、栗城が標榜していた冒険の特徴は、大きく二つある。第一に、七大陸最高峰の「単独無酸素登山」（『朝日新聞』二〇〇八年一月一二日朝刊二五面）である。同様の表現は、新聞や栗城の著書、公式ホームページ、あるいは栗城の講演会などで散見された。だが、「七大陸最高峰」の意味は分かるとしても、そこに「無酸素」がつくのはなかなか理解しがたい。というのも、エベレスト以外の七大陸最高峰は、通常は酸素を使用することなどないので、「七大陸最高峰」と「無酸素」を合わせて表記することに大きな違和感があるのだ。さらに、「単独」の定義もきわめて曖昧である。すでに第4章で述べたように、植村直己の「北極点犬ゾリ単独行」（一九七八年）の際にも、「はたして単独行と呼べるのか」という議論が沸き起こっていた。栗城の「単独」に関しても多くの登山家から疑問の声が上がるが、その批判については後にあらためて分析する。

第二の特徴は、自身の登山の映像をネット動画配信する、ときには生中継するという「冒険の共有」である。栗城は冒険を共有する理由について、次のように語る。

僕の夢は、エベレストを単独・無酸素で登頂し、さらにそれをインターネットで生中継することだ。ただ登るだけでなく、その冒険を共有し、みんなに「生きていることのすばらしさ」を伝えたいと思っているのだ。［中略］「生きる力」、それを伝えるためには「リアルタイム」で冒険を共有する必要があった。そのためには重い機材を山に上げなければならないし、莫大な通信費がかかる。それでもやる必要があった。これが僕の使命なのだ。

（栗城 二〇〇九：八六～八七）

エベレストからの実況生中継に関していえば、決して栗城が初めてというわけではない。すでに日本のテレビ局が一九八〇年代に、エベレストの頂上からの実況生中継を成し遂げていた。一九八八年五月五日、日本テレビがエベレストの山頂から世界で初めて生中継を行った。三〇トンもの中継機材を現地に持ち込み、中国やネパールのスタッフの力も借りて、総勢二八五人でそれを達成したのだ。当時は山頂からBCのコントロールセンターを介して、インド洋上の通信衛星に映像を送るという手法をとり、見事に生中継を成功させたのだ（詳しくは岩下〔一九八九〕を参照）。だが、同じことを資金の豊富なテレビ局ではなく、個人が行うとなれば話は違ってくる。もちろん、方法としてはテレビではなく、インターネット中継になる。既述のように、二〇〇九年五月、栗城はダウラギリの登山で、高度六五〇〇メートル付近から登山の模様をインターネットで生中継した。ヒマラヤの八〇〇〇メートル峰からのネット生中継は、これが世界初だという。中継は日本時間の午後〇時三〇分から約四〇分間行われた。栗城は頭上に付けた携帯カメラで、濃紺の空をバックに雪面を登る自分の姿を映し出した。そしてスキーを履き、斜面を滑り降りる様子も映し、「三日後に頂上に向かいます。ナマステ（ネパール語のあいさつ）」と語り、中継を終えた（『読売新聞』二〇〇九年五月一六日朝刊三五面）。

栗城はこの登山で登頂にも成功しているが、登頂の際の映像は後にネット配信や、テレビドキュメンタリーで流された。このときは栗城の絶頂期で、栗城が山頂で喜びのあまり号泣するシーンは、大きな反響を呼んでいた。では、この時期の栗城の登山や動画のネット配信などについて、人々はどのように感じていたのだろうか。二〇〇八年から〇九年頃、ネット民の中での栗城評価は「称賛」の一色だった。当時、栗城をドキュメンタリーの素材として取材していた河野啓によると、ネット上の栗城に関する人々の書き込みは、「大好きです！」「素晴らしい！」「大注目のヒーロー！」「こんな若者を待っていた！」など、彼を褒め称える言葉で溢れていたという。河野はちょうどそのころ、栗城の登山に様々な疑問を抱き始めており、「誰か文句を言っているヤツはいないのか？」と思い、三〇分ほどインターネットで検索した。だが、ついに一つも悪口を発見できないほどだったという（河野 二〇二〇＝二〇二三：文庫版二二七～二二八）。したがって、少なくともネット民の中で、当時の栗城は絶大な人気を誇っていたと言えるだろう。

著書の出版と「テレビドキュメンタリー」への露出

一方で、栗城が活躍を見せていたメディアは、決してインターネットだけではなかった。新聞や雑誌（雑誌のほとんどは登山の専門誌ではなく一般誌である）にもたびたび登場し、注目を集めていた。さらに大きな反響をもたらしたのが、初の著書『一歩を越える勇気』（サンマーク出版、二〇〇九年）の出版である。その内容は、栗城自身のこれまでの人生経験や登山体験、「エベレスト単独無酸素」への思い、「冒険の共有」へのこだわり、「感謝の心」の大切さ、美しいヒマラヤの山々の写真、栗城が実際に山を登る姿などが表現されていた。この作品は二〇一三年には文庫化され、その総売り上げは二〇一八年時点で一〇万部を超えている（『山と渓谷』二〇一八年七月、一九頁）。栗城はその後、『NO LIMIT――自分を超える方法』（サンクチュアリ出版、二〇一〇年）、『弱者の勇気――小さな勇気を積み重ねることで世界は変わる』（指を九本失った後の二〇一四年、学研パブリッシング）などを出版しているが、代表作は彼の全盛期を描いた『一歩を越える勇気』だろう。

では、栗城の著書は、一般の人々からどのように評価されたのだろうか。『一歩を越える勇気』を読んだ読者の感想をいくつかみてみよう。

「こんなこと無理だ」と思うことが、日常生活において時々あります。学校や、クラブ活動で出された課題の中で、自分には出来そうにもないと思ったときに、つい口から出てしまいます。〔中略〕しかし、この本を読んで、それは自分の思いこみであり、ぼく自身が勝手に作った壁であるのだと思いました。〔中略〕「一生懸命に生きる。弱音を吐かない、そして最期に『ありがとう』と言える人生を送ること」。作者はその約束を守るためにも、マッキンリー登頂を志したそうです。ぼくもこの言葉に、とても力強さと重みを感じました。〔中略〕この本を通して、ぼくは人と支え合う大切さ、ありがとうという感謝の気持ち、そして自分自身を大切にするなどといった人として大切なことに気付かせてもらったような気がします。

（『毎日新聞』二〇一一年一月一七日朝刊大阪二九面）

この感想文は、中学一年生の男子が書いたもので、「第五六回 青少年読書感想文コンクール」で「大阪市長賞」を獲得している。第4章で紹介した、映画『植村直己物語』に対する小学生・中学生の感想にも近いものが感じられる。要するに、教育分野においてためになる書籍、といったイメージである。いずれにしても、少なくとも読者がこの本に感動し、著者の栗城に対して好意的な印象を抱き、人生において大切なものを学んでいるという感覚があったのは確かだろう。では、少し年齢の高い大学生の読者ではどうだろうか。

単独・無酸素で世界の高峰に挑む登山家・栗城さんのエッセー。仕事もお金も人脈も持たない一青年であった著者が、夢を持つことで変わっていく過程が等身大に描かれている。北海道から上京するも、挫折と失恋を経験し、引きこもり生活を送っていた栗城さん。しかし、登山に出合って夢に向かう一歩を踏み出す。目標は現在の人々が抱えている「不可能という心の壁」を取っ払うこと。「冒険の共有」によって誰かの勇気になりたいと、登山中に自身で撮影した動画をインターネットに投稿し、多くの反響を呼んでいる。「苦しみにありがとう」。私たちと近い年代であり、現在も挑戦し続けている著者だからこそ、そのメッセージが心に響く。（大学生・女性）

（『毎日新聞』二〇一一年七月一日夕刊六面）

「冒険の共有」や「不可能という心の壁」もさることながら、大学生である読者が最も感情移入しているのは、「仕事もお金も人脈も持たない一青年であった著者が、夢を持つことで変わっていく過程が等身大に描かれている」という点だろう。上記の中学生と同様に、「ありがとう」という言葉に心を打たれている点も共通している。これは、一九六〇年代の堀江謙一の人間性に対する評価とは、全く正反対のものである。すなわち、自分のまわりで支えてくれている人間や、登山での「苦しみ」そのものに対して「ありがとう」と言ってのける栗城の「人間性」に、若い読者たちは感動を覚えているのだ。一方で、栗城の冒険は数々のテレビドキュメンタリー作品にも取り上げられており、地上波のキー局だけでも以下の作品が挙げられる。

二〇〇九年二月二二日放送「ザ・ノンフィクション　山のバカヤロー」フジテレビ
二〇一〇年一月四日放送「7サミット　極限への挑戦」NHK総合
二〇一〇年一月二五日放送「バース・デイ　日本人初！単独無酸素でエベレストへ」TBS
二〇一〇年一〇月二四日放送「地球の頂へ　栗城史多エベレスト挑戦」テレビ東京
二〇一一年八月一四日放送「遥かなる頂」テレビ東京
二〇一二年五月六日放送「ザ・ノンフィクション　山のバカヤロー2」フジテレビ
二〇一二年一二月二三日放送「NO LIMIT　終わらない挑戦」NHK総合
二〇一六年一月四日放送「5度目のエベレストへ─栗城史多どん底からの挑戦」NHK総合
二〇一九年一月一四日放送「〝冒険の共有〟栗城史多の見果てぬ夢」NHK総合

栗城は一〇年間で、最低でも九本の地上波ドキュメンタリーで取り上げられているが、衛星放送やインターネット放送のドキュメンタリー、さらに上記の九本の再放送なども考えれば、テレビメディアへの露出もかなり多かった。放送された時期は、栗城が注目されていた二〇〇九年から二〇一二年に集中している。とくにNHKは、栗城のドキュメンタリーを計四回も制作している。栗城の描き方も、番組によって実に多様である。たとえば、「バース・デイ　日本人初！単独無酸素でエベレストへ」（TBS、二〇一〇年一月二五日）では、TBSが栗城から提供された映像をふんだんに使用し、「いかに登山を、スポーツのようにライブ的に描くか」をテーマにしていた。「ザ・ノンフィクション　山のバカヤロー」（フジテレビ、二〇〇九年二月二二日）では、「単独無酸素」はあえて強調せず、むしろ栗城の人物像や家族関係に焦点が当てられ、番組は制作された（神長二〇二二：三八五～三八六）。「地球の頂へ　栗城史多エベレスト挑戦」（テレビ東京、二〇一〇年一〇月二四日）では、登山家の野口健がスタジオで栗城の登山を解説するとともに、飛行機事故で亡くなったネパール人シェルパへの弔いという点が強調されていた。

いずれも、それぞれに個性のある作品だったが、その中でも最も栗城の名前を世間に知らしめたのは、「７サミット　極限への挑戦」（NHK総合、二〇一〇年一月四日）だろう。この番組は、NHK総合テレビで初めて栗城が特集されたドキュメンタリーであるとともに、栗城の代表的著書『一歩を越える勇気』が出版されてから、約一カ月後に放送されている。ちなみに、この番組はその後二回ほど再放送された。したがって、栗城の知名度アップを考えるならば、若者だけでなく、中高年にも彼の存在を広く知らしめたと言えるだろう。たとえば、この番組を観た高齢視聴者の感想として、以下のようなものがある。

四日の「７サミット」（NHK）に大感動でした。世界七大陸の最高峰への単独・無酸素制覇に挑む登山家・栗城史多さん。最後のエベレストの頂上を目前にして、体力の限界で「生か死か」の究極の判断を迫られ、涙をのんで下山した勇気は正しく、人間として最高の行為でした。たたえる言葉も見当たりません。生き抜くことの大切さを、私もこれからの生涯において示していきます。ありがとう。（東京都在住・主婦・八三歳）

（『朝日新聞』二〇一〇年一月八日朝刊二七面）

また、地上波放送ではないが、BSジャパン（後のBSテレビ東京）で放送された「頂の彼方に…栗城史多の挑戦

BSジャパン」（二〇一〇年七月一七日、BSジャパン開局一〇周年記念番組）では、次のような番組紹介がされている。これは二〇一〇年五月のアンナプルナ挑戦を描いたドキュメンタリーである。

世界の屋根ヒマラヤの中でも雪崩が多く、「死亡率四一％の山」と恐れられているアンナプルナ第一峰（八〇九一メートル）。五月、登山家・栗城史多はこの峰で世界初の試みに挑んだ。それは単独、無酸素でアタックし、スキーで滑降。さらにその模様を衛星端末を使ってネット中継するというものだ。BSジャパンは開局一〇周年記念番組として、栗城に密着。二時間のドキュメンタリーにまとめた。ベースキャンプに残るチームの一員が望遠レンズを、登攀する栗城に向けて撮った標高八〇〇〇メートルの世界はまさに白い地獄。だが彼は感動を日本で応援する人たちと共有しようと、重さ十数キロの中継機材を背負い、小型カメラに向かって実況をする。せきや吐き気に見舞われ、機材も不調になるアクシデントについ弱音を吐く一面も。そこに彼の人間くささも表れていた。［中略］決してエリート登山家ではないからこそ、雲上から発信されるブログに多くの人々が勇気づけられるかもしれない。

（『毎日新聞』二〇一〇年七月三日夕刊三面）

ちなみに、この登山で栗城は登頂できず、失敗に終わっている。しかしながら「決してエリート登山家ではないからこそ、雲上から発信されるブログに多くの人々が勇気づけられるかもしれない」という解説が印象深い。また、テレビ局の側からすれば、栗城からの多くの映像提供があるからこそ、ドキュメンタリーを制作しやすかったことは事実だろう。もちろん、それは栗城自身も想定していたことで、エリートではない「等身大のヒーロー」を求める大衆、番組を制作したいテレビ局、冒険の資金やスポンサーおよび知名度を求める栗城側と、全ての人々の利害関係が一致していたとも言える。いずれにしても、この時期の栗城は、インターネット、著書、テレビドキュメンタリーなどのメディアをフル活用し、老若男女にファン層を広げていたのだ。

資金集めと「講演会」というメディア

ヒマラヤなどへの遠征を重ねていく栗城にとって、資金集めは重要な問題だった。栗城は、クラウドファンディングはもちろんのこと、多数の企業を回りスポンサーを探すなど、資金の調達に走り回った。初期のスポンサーは北海道内の会社経営者などが中心だったが、徐々に資金援助をお願いする対象企業も全国へ広げていった。栗城がエベレスト遠征のために一年間で必要とする金額は、おおよそ一億円弱だった。一方で、栗城には心強い資金調達の指南役がいた。栗城が東京国際大学在学時代から親交のあった、和田忠久教授である。和田は北海道の政財界に通じており、北海道生まれの航空会社「ＡＩＲＤＯ」の設立にも関わった人物である（河野 二〇二〇＝二〇二三：文庫版五〇）。栗城は和田らにアドバイスを受け、さらに数々のスポンサー企業を紹介される。そして、自らの資金集めや登山の活動を円滑に進めるため、二〇〇七年八月に「株式会社たお」を設立し、その代表となった。

資金集めの中で栗城が最も得意としていたのは、自身の講演会である。講演会は、会社の社員研修や学校教育現場、あるいは栗城の後援者が集まる場などを中心に行われた。内容は、登山に対する自身の思い、「感謝の心」、「単独無酸素」に関してなど、自身の著書の内容と重複する部分も多かった。もちろん、冒険家が講演会を行って資金を得ることは、決してめずらしいことではない。すでに述べたように、あの植村直己も北極行の資金を調達するため、たくさんの講演会やパーティーを行っている（植村にとって講演会で話すことは決して得意ではなく、義務としてこなしていた感は否めないが）。一方で、講演会での「話し方」「内容」などのアドバイザーとして、栗城には心強い指南役がいた。それは、人材育成コンサルタントの黒木安馬である。黒木は、商工会議所や大手企業各社で社員教育に携わる講演会を頻繁に行い、株式会社「日本成功学会」を設立した人物でもある。人生訓や幸福、あるいは仕事で成功するための著書も多く執筆している。栗城は黒木から講演の極意を学び、さらに黒木を媒介として、財界などに多くの人脈を広げていったのだ（河野 二〇二〇＝二〇二三：文庫版一三二）。たとえば、栗城の講演会のテッパンネタとして、「どうしたら夢がかなうのか」という話しがある。栗城は、「『叶う』は『口』に『十』と書く。口に一〇回は出して、周囲と夢を共有していくことが大事だと思う」と話す。それに加え、「一一回口に出すと

『吐』くになる」といった、きちんとしたオチをつけていた。学校の講演会でもこのような「上手い」講演をして、生徒らは大きくうなずいていたという（『毎日新聞』二〇一三年三月一五日朝刊地方版／高知二七面）。さらに家族や周りの人々への感謝の心など、聴衆にとって身近なテーマで話を展開していた。講演会活動を自身の特技とし、それが資金源になっていたのだ。この点に関しては、高校時代に学園祭で活躍した経験や、途中で諦めたとは言え一度はNSCに入学したことなどが活かされていたと考えられる。そういった意味でも、きわめて稀有な冒険家だったのだ。

さらに、雑誌では人気女性アナウンサーの小林麻耶と対談したり（『アエラ』二〇一〇年八月三〇日号）、あるいは人気俳優の岡田准一と登山について語るなど（『ＦＲａＵ』二〇一六年四月号）、自身の「若者イメージ」を若手の人気芸能人で上書きする技術にも長けていた。このように登山と関係ない部分での「自己プロデュース能力」が、栗城の大きな強みだったと言えるだろう。

冒険の中の過剰な演出

一方で、栗城の登山には過剰とも思える演出も見られた。たとえば、エベレストの高所で行う「流しそうめん」や「カラオケ」である。栗城は二〇〇九年、エベレストで「ギネスに挑戦！」という企画を発案する。二〇〇九年九月七日、栗城はエベレストの標高六四〇〇メートル地点で流しそうめんにチャレンジし、その様子は、Yahoo! JAPAN の特設サイトでライブ配信された。さらに九月一四日、標高七〇〇〇メートル地点で「世界一高いところでカラオケを歌う」という挑戦を行い、その様子も同サイトでライブ配信された。こちらもギネス記録を目指すということで、栗城はエベレストで「ウィー・アー・ザ・ワールド」を熱唱した。ちなみに、二つともギネスブックに公式認定されていない（河野 二〇二〇＝二〇二三：文庫版一五二～一五四）。いずれにしても、これらは登山というよりも、大学生のイベントサークルのようなノリである。かつてお笑い芸人を目指した性なのかもしれないが、これらの企画に対して多くの登山家が不快感を抱いたのは想像に難くない。さらに、登山関係者のみならず、テレビ関係者さえも栗城の行動に違和感をもっていた。河野は当時、流しそうめんやカラオケなどについて栗城と交わした会話を回想している。

栗城さんはエベレストをどういう場所だと考えているのか……。ここは世界中から集まった数多の登山家が、登頂に歓喜し、挫折して咽び泣き、凍傷で指を失い、あるいは友の亡骸を下ろした、過酷なる「聖地」ではないのか？　そこで、流しそうめんにカラオケ？　先人たちにあまりにも非礼ではないか。〔中略〕打ち合わせを終えて移動するタクシーの中で、私は正直な感想を彼にぶつけた。「登山というよりイベントですね？」

栗城さんは真顔で答えた。「そうですね。絶対に面白くする自信があるんで」

面白くする？　……私はその言葉に、違和感を大きく超えて、嫌悪感を抱いた。それを顔には出さず、こう尋ねた。「仮に登頂の生中継ができないとしたらどうしますか？」

彼は即座に返答した。「それならエベレストには行きません」中継ができないなら登らない……そう明言したのだ。彼は更に言葉を続けた。「ただ登るだけではつまらないので」

登頂が目的ではない。世界最高峰の舞台からエンターテインメントを発信するのが、彼の真の目的なのだ。こんな登山家は過去にいなかった。「一対一で山を感じたい」という山への畏敬と、「ただ登るだけではつまらない」という山への冒瀆……彼が気づいているかどうかはわからないが、これは対極をなす。私には「夢の共有」が「矛盾の蟻地獄」に思えた……。

（河野　二〇二〇＝二〇二三：文庫版一五〇～一五二）

「一対一で山を感じたい」という言葉は、栗城の著書や講演会でしばしば聞かれるものだった。いわば、「ひとりの登山家」としての山に対する純粋な思いと解釈できる。一方で、「ただ登るだけではつまらない」「流しそうめん」「カラオケ」という発想はあまりにも安直で、「山への冒瀆」であると河野は感じたのだ。そもそも栗城は、「演者」（主人公・登山家）、「撮影者」（自撮り）、「資金集め」、「企画・演出家」（登山のコース選びやイベントの計画）という四役を一人で担当していた。少なくとも二〇〇九年頃まで、「演者」「撮影者」として、さらに「資金集め」に関して、栗城はおおよそ成功を収めていた。一方、「企画・演出家」としての栗城に河野は大きな違和感をもっていたのだ。この「企画・演出家」としての問題は、後にエベレストでのコース選び（登頂可能性の高い「ノーマルコース」ではなく、あえて難関な「バリエーションコース」を選び、敗退を繰り返す）にも繋がるが、あまりにも安直なパフォーマンスや、度重なる登山の失敗に対して、徐々にネット民たちの態度は変化していった。

4　栗城の冒険スタイルと社会からの評価の変容

ネット空間における「アンチ栗城」の増殖

栗城は自身の冒険を人々に伝える際に、ネット配信映像やブログ、ツイッターやファイスブックなどのソーシャルメディアを多用した。そこにはもちろん、栗城に対する励ましの言葉や、ファンからの感謝の言葉も多く集まった。だが、肝心のエベレスト登頂がまったくうまくいかない。二〇〇九年から一二年にかけて、栗城は四度続けてエベレストに挑戦するが全て失敗し、幾度となく撤退を続ける。ちなみに、インターネットやソーシャルメディアでの栗城に対する書き込みが最も多かったのは、彼の約一〇年間にわたるエベレスト登山の中でも、二〇一二年九月の四度目となるエベレスト挑戦の頃だった（『NHKスペシャル〝冒険の共有〟栗城史多の見果てぬ夢』二〇一九年一月一四日放送、NHK総合）。この登山の前後、「登頂をあきらめての下山」を続けるにつれ、ネット民から容赦のない批判の言葉が向けられるようになる。たとえば、「プロ下山家」「素人」「受けねらい」などである（中川 二〇一三：一〇三）。とくに「下山家」という表現は、栗城にとって屈辱的だっただろう。もちろん、ファンからの励ましや感謝の言葉もあったが、それ以上に容赦ない批判の書き込みが増えていた。さらに、ネット民からの批判的な投稿に、栗城自身がネット上で反論するという状況すら生まれていたのだ（河野 二〇二〇＝二〇二三：文庫版二一七）。

既述のように、二〇一二年のエベレスト挑戦で、栗城は結果的に九本の指を凍傷で負傷した（河野はこの凍傷を栗城の自作自演、すなわち故意にドラマを創り出す演出だったという可能性に言及しているが、それに関して本章では問題にしない）。栗城は九本の指（第二関節以降）を失い、登山家生命は絶望視される。だが、栗城は奇跡的な復帰を果たす。二〇一四年七月、凍傷からのヒマラヤ復帰戦としてブロード・ピーク（世界第一二位高峰 八〇四七m）の登頂に成功する。登頂の瞬間の映像はなかったが、歓喜するBCスタッフの様子と無線を使った栗城の生の声が、ネットで生中継された。結果的に、これがネット視聴者と「登頂の共有」を達成した唯一の登山となった。

一方で、登山の成功は続かなかった。二〇一五年九月、五度目のエベレスト登山に挑んだが敗退する。この登山の際、栗城のブログは大炎上する。このとき栗城は「SPOT」というGPSを初めて装着していたのだが、ネット民たちからは栗城が不自然な動きをしていたことが多数指摘される。真偽のほどは明らかでないが、「そもそも栗城は登っていない」、「栗城の影武者のシェルパが猛スピードで下山した」など、様々な憶測や批判が噴出した。河野によると、復帰した栗城を称賛するコメントもあったが、八割以上は批判的なコメントだったという（河野 二〇二〇＝二〇二三：文庫版二五九～二六六）。結局この五度目の挑戦も二〇一二年と同様に「冒険の共有」とはならず、「炎上の共有」となったのだ。当時のネットでの状況については朝日新聞も注目し、アンチが生じる原因について、「栗城を取材して感じるのは、おっちょこちょいで無防備な性格だ。明るく陽気で、時におおざっぱ。楽天的な前向きさが多くのファンをつくる一方、アンチも生むのか」（『朝日新聞』二〇一五年一二月一九日朝刊九面）と言及している。

二〇一六年九月、六度目のエベレスト登山に挑むが、またも敗退する。河野によるとこのときの状況は、栗城のブログに「アンチ」の書き込みが多かったことではなく、ファンも含めて書き込みそのものが激減していたことだった。すなわち、ファン離れどころか、アンチすらも栗城に無関心になっていたのだ（河野 二〇二〇＝二〇二三：文庫版二六八）。二〇一七年、この時から秋の登頂を諦め、栗城は七回目の挑戦で初めて春の登頂を目指した。しかしながら、さすがにもうクラウドファンディングは使えなかった。日本からの派遣は予算の関係からか、栗城以外は二名だけというコンパクトな「栗城隊」となっていた（河野 二〇二〇＝二〇二三：文庫版二六九～二七〇）。そして、この挑戦も敗退に終わった。

イモトアヤコというライバルの出現

栗城の登山が失敗を続ける一方で、「メディアにおける冒険家」という意味で、強力なライバルが現れていた。テレビの紀行バラエティ番組『世界の果てまでイッテQ！』（日本テレビ系列、二〇〇七年〜）の冒険企画で活躍する、タレント・イモトアヤコの登場である。イモトは当初、この番組の企画で「珍獣ハンター・イモト」として世界を旅しながら現地の動物相手に奮闘するなど、体を張った芸を見せていた。さらに、世界各地から現地の文化や日常を伝える一方で、世界の高所登山を中心に冒険をも展開していったのだ。たとえば、二〇〇九年五月にキリマンジャロ登頂、二〇一〇年八月にモンブラン登頂、二〇一一年九月にマッターホルンに登頂（下山はヘリコプター）、二〇一三年一〇月には世界八位の高峰・マナスルに登頂（自力で下山）などである。栗城がエベレスト登頂を果たせないでいた二〇〇九年頃から、イモトはテレビで、数々の高所登山を成功させていった。また、二〇〇九年に『24時間テレビ』（日本テレビ系）のチャリティマラソンで約一二六キロを完走するなど、お茶の間に彼女の努力や号泣する姿、あるいは感動的なシーンなどをふんだんに届けていたのだ。芸人としては、一九九六年の猿岩石に近い扱いである。イモトが苦難の果てに登頂する番組を観た視聴者からは、次のような感想が寄せられている。

日本テレビ系六月二八日「世界の果てまでイッテQ！」。高山病でスタッフが次々とリタイアする中、見事にキリマンジャロ頂上まで登り詰めたイモトアヤコさん。いつも面白くひょうきんで楽しませてくれますが、本当に頑張りました。これからも色々なことにチャレンジしてほしいと思います。（埼玉県・女性・四〇歳）（同様五通）

（『読売新聞』二〇〇九年七月八日朝刊三二面）

一九日の「世界の果てまでイッテQ！」を見て、イモトアヤコさんやガイドの皆さんのガンバリに感動しました。南米最高峰アコンカグアの山頂手前で下山の決断でしたが、命の危険にさらされる中、よく無事に帰国してくれたと思います。（東京都・女性・五三歳）

（『朝日新聞』二〇一二年二月二六日朝刊二九面）

日テレ系一〇日「緊急放送！イッテQ」を、緊張しながら見た。イモトアヤコさんがあらゆる試練を乗り越えて八〇〇〇メートル超のヒマラヤ・マナスルの登頂に成功し、頂上に立った姿に比類のない感動を覚えた。粘りと頑張りが物事の達成にいかに大切かを教えており、多くの視聴者も共感したに違いない。とてもよい番組だっ

た。（埼玉県・男性・七八）（同様二通）

（『読売新聞』二〇一三年一一月一四日朝刊三〇面）

イモトは、登山中（番組中）に苦しくて泣き出すなど、キャラクター的にも栗城と重複する部分があった。テレビ番組の視聴率も高く、老若男女からの人気も抜群だった。さらに彼女は女性であり、その部分でも男性の栗城よりインパクトのある存在だったと考えられる。また、『イモトアヤコの地球7周半』（プレジデント社、二〇一三年）や『イモトの元気の素88の言葉』（日経BP社、二〇一六年）など、冒険や「人生訓」（栗城の著作ほど自己啓発的ではないが）に関する著書を出版していた点も、栗城に近い路線にいたと言えるだろう。一方で、イモトの活躍を中心に制作された番組は、視聴者だけではなく番組制作者や放送の専門家からもきわめて高く評価された。二〇一一年、『世界の果てまでイッテQ！　イモトが挑む南米大陸最高峰アコンカグア登頂スペシャル』は、「第四九回　ギャラクシー賞」でテレビ部門の優秀賞を受賞し、二〇一二年に放送された『世界の果てまでイッテQ！　マッターホルン登頂スペシャル』は、「ATP賞」（バラエティ・情報部門）を受賞している。ATP賞とは、一般社団法人「全日本テレビ番組製作社連盟」が、テレビ番組の制作者の目線から各ジャンルで最も素晴らしかった作品を選ぶ賞である。さらに、栗城が目指した「冒険の共有」に関して考えると、イモトの冒険番組には興味深い点がある。

図7-1　イモトアヤコ『イモトアヤコの地球7周半』（プレジデント社，2013年）

モンブランやキリマンジャロなど、数々の高峰に登ってきたイモトアヤコが、今度はヒマラヤ・マナスルに挑む。八〇〇〇メートルを超える世界八位の頂は、これまでと過酷さが違う。登山路に設けられたキャンプ地の間を上り下りするなどして、高地に体を順応させていく。そびえる氷壁、足元に潜むクレバス、雪崩の不安、遠い頂。山の荒々しさ、怖さが、素人登山家ゆえに生々しく伝わってくる。

一人のテントは寒くて寂しいと、べそをかくイモトをとても笑えなかった。一歩ずつ、一緒に山を登っている気分になる。だからこそ、山からの眺めは普通の紀行番組より新鮮で、感動は深かった。未知の世界を見せてくれるのがテレビの魅力の一つだとしたら、まさにそれを体現した番組だ。

（『読売新聞』二〇一三年一一月一〇日朝刊一九面）

「一歩ずつ、一緒に山を登っている気分になる。だからこそ、山からの眺めは普通の紀行番組より新鮮で、感動は深かった」というのは、まさしく栗城が目指していた「冒険の共有」を彷彿とさせる。栗城はテレビメディアのドキュメンタリーを利用しつつ（あるいは、テレビ局も栗城を利用しつつ）、インターネットを大々的に活用した映像配信を行っていたが、そこに立ちはだかっていたのはエベレストという巨大な壁だった。だが、それに加えて二〇〇九年以降はテレビメディアやテレビタレントが、栗城の大きなライバルとして立ちはだかっていたのだ。とくに芸人であるイモトは、「冒険の共有」をわざわざ訴えなくとも、視聴者を引き込む術にかけては栗城よりも一日の長があった。それはテレビ局のスタッフについても、同様のことが言える。「栗城隊」の映像担当者も撮影技術には長けていただろうが、日本テレビの映像制作者はプロの中のプロである。したがって、栗城はエベレストだけではなく、テレビタレント・テレビメディアという強敵とも戦わなければならない必然性が生じたのだ。

ちなみに、『世界の果てまでイッテQ！』で企画および演出を手がけたのは、ディレクターの古立善之である。古立は、イッテQで当時まだ無名のタレントだったイモトアヤコの起用を決断したのだが、実はあの『進め！電波少年！』のディレクターも務めていた過去がある。いわば、古立は「土屋敏男イズム」の継承者にもあたるわけだ（『朝日新聞』二〇一三年五月一一日朝刊一一面）。すでに述べたように、二〇〇七年のネット放送で栗城に「ニートのアルピニスト」というキャッチコピーを当て、世に送り出したのが土屋である。後に栗城のライバル的存在となるイモトを送り出したのが古立善之であるという事実は、テレビメディアを考えるうえで興味深いものがある。

最後のエベレスト挑戦

二〇一八年五月、栗城は結果的に最後となる八度目のエベレスト挑戦を行う。しかしながら、登山中にまたしても体調を崩し、途中下山を決意する。そして下山の最中に滑落し、シェルパによって遺体は発見された。この登頂はAbemaTVで登山生放送が予定されていたが、もちろんその放送も中止となった。実は、栗城は指の九本を失った後、自ら志願して、登山家の花谷泰広《はなたにやすひろ》に高所登山の基本について教えを乞うていた。花谷は、二〇一三年に「ピオレドール賞」を受賞した登山界の実力者である。花谷は当初、栗城に対して良い印象は持っていなかったが、再び山に登りたいという栗城の意思を感じ、二〇一四年三月から八ヶ岳などで数十回にわたって栗城に技術指導を行っている（河野 二〇二〇＝二〇二三：文庫版二五一～二五五）。既述のように、栗城は二〇一四年七月、凍傷からのヒマラヤ復帰戦としてブロード・ピークの登頂に成功したが、これは花谷の技術指導による部分も大きかったのだろう。

花谷は、復帰後三度のエベレスト挑戦に失敗した栗城に対して、八回目の登頂前に次のようなアドバイスを送っていた。それは、「エベレストは今回で終わりにした方がいい、素直にノーマルルートを行け、登れたらすごいことだ、不可能ではない、無酸素でもいい勝負できると思う、登頂しろ、登頂生中継できたら今まで笑ってたヤツら全員黙るぞ、そしてこれで最後にしろ」（河野 二〇二〇＝二〇二三：文庫版三〇〇）というものだった。だが、栗城はこのアドバイスを無視した。栗城が選んだのはノーマルルートではなく、エベレストのネパール側にある南西壁である。これはエベレスト登頂ルートの中でも「超難関ルート」にあたる。それまでの敗退を続けたエベレスト登山も、栗城は自身の実力に合わないような難関ルートを選んでいたのだが、今回の南西壁ルートはほぼ無謀に近いものだった。

一方で栗城は、八回目の挑戦を行う前に、常に「栗城隊」に同伴していたカメラマンに対して「おそらくこれが最後のエベレスト挑戦になるだろう」と語ったという（『NHKスペシャル　〝冒険の共有〟栗城史多の見果てぬ夢』二〇一九年一月一四日放送、NHK総合）。その理由は栗城本人からは明らかにされていないが、それについて黒木安馬（人材育成コンサルタント）は、「前年の七回目と今回では、明らかに様子が違ったね、どの企業を回っても。口にこそ出さなくても、『またですかあ?』って顔されたら、いくら栗城君だってわかるよ。今度失敗したらもうスポンサーはつかないな、って自覚はあったと思うよ」（河野 二〇二〇＝二〇二三：文庫版三一四）と語る。端的に言えば、エベレスト登山、および中継で必要な「資金面での問題」が大きかったというわけだ。

栗城の死後、彼の冒険についてほとんど言及することのなかった登山界にも、栗城に対する見解がいくつか現れた。山岳の専門誌『山と渓谷』では、栗城の登山人生について次のように述べている。

屈強な冒険家ではない、ごく普通の青年が、弱さも含めて自分をさらけ出し、高峰に挑む姿は人々を引きつけたのだろう。〔中略〕彼のSNSはいつでも「勇気をありがとう」といったコメントであふれていた。絶大なる共感と支持を集める一方で、登山界からは批判されることも多かった。「無酸素単独」を標榜して〇七年からはチョ・オユー、マナスル、ダウラギリなどヒマラヤの八〇〇〇m峰に挑んだが、中継のための撮影隊やポーターを伴う登山が「単独」といえるのか、という声もあった。また、〇八年のマナスルなど、登頂自体が疑われることもあった。〔中略〕エベレスト北壁や南西壁など、高難度ルートへの挑戦に対して、過去の登山の実績、実力に合わない点を指摘されることもあったが、彼がその方針を崩すことはなかった。栗城さんと一〇年以上親交があった登山家の大蔵喜福さんは、そうした彼の姿勢について「彼は登山者というより表現者だった。登山の基準で彼を理解するのは難しい」と語る。「彼にとっては酸素を吸ってノーマルルートから登頂するよりも、困難への挑戦にこそ意味があったのだろう。エベレストに自分の絵を描きたい、それだけだったのでは」。

（『山と渓谷』二〇一八年七月、一九頁）

さらに、栗城と親交のあったアルピニストの野口健も、栗城の滑落死について、「登山家は無鉄砲に見えて、どうすれば登れるか、自分を客観視しないといけない。〔中略〕南西壁から成功するイメージを持っていたとは思えない。途中から、彼の登山は山頂を踏むことではなく、厳しい環境に身を置き、それを伝えることが目的になっていたように思う」（『朝日新聞』二〇一八年五月二一日朝刊三七面）と語っている。野口は、他の登山家に比べて、栗城に対してやや好意的な態度を示していた数少ない登山家の一人である。栗城を特集するテレビドキュメンタリーにゲスト出演し、彼の登山について解説した経験もあるし、栗城の著書を産経新聞紙面で好意的に評したこともある。その野口でさえ、栗城の登山、とくに最後の難関ルートの選択に関しては大きな疑問を持っていたのだ。

栗城の死後、テレビドキュメンタリー、「〝冒険の共有〟栗城史多の見果てぬ夢」（NHK総合、二〇一九年一月一四日）が放送される。この番組の内容は、栗城を扱った生前のドキュメントとは、やや趣を異にしていた。栗城の冒険の足跡を追い、指を九本切断してからの復帰や、多くの人々に夢を与えたことなどを称賛している部分もあった。一方で、何度もエベレスト撤退を繰り返したことや、栗城がネット上で容赦のない誹謗中傷を浴びせられていた事実、あるいはこれまでのエベレスト登山での難関ルートの選定に対する疑問など、「賛否両論あった登山家」として栗城を扱っている。ちなみに、このドキュメンタリーを観た視聴者の感想として、次のようなものがある。

NHK一四日「〝冒険の共有〟栗城史多の見果てぬ夢」には考えさせられた。登山を自撮りしSNSなどに配信し、肯定、否定の両方の声を集めながら山頂を目指した異色の登山家。ネット上の「承認」が無謀な冒険に追いやったのかもしれない。彼が命を落とした今、真相は不明だが、一人の青年が必死に生きたことだけは無条件に肯定したい（東京都・男性・四六歳）。

（『読売新聞』二〇一九年一月二九日朝刊一八面）

このように、栗城の死後はネット民からの賛否だけではなく、テレビのドキュメンタリー番組やその視聴者の間でも「賛否両論の冒険家」という認識が広がっていったのである。

5　「栗城劇場」の閉幕と「栗城批判」が意味するもの

以上のように、栗城の冒険家としての生涯を、インターネットやテレビなどのメディアとの関係を中心に、ネット民や一般人、あるいは登山界からの評価、およびその変化を交えて追ってきた。結果的に、栗城には熱烈なファンがいた一方で多くのアンチも存在しており、アンチや登山界の人々から様々な栗城批判も展開されてきた。それらの批判について、他の冒険家とも比較しながら、その一つ一つについて分析したい。

「単独」「無酸素」への登山界からの批判　第一の論点として、栗城が常にエベレスト挑戦において強調していた「単独」および「無酸素」についてである。山岳雑誌『山と渓谷』は、二〇一二年三月の時点でめずらしく栗城の登山に言及し、次のように指摘している。

栗城はここ数年、テレビで特番が組まれたり、自著を出版するなど、社会的注目度は高い。彼は「冒険の共有」というテーマで、自分の登山の様子を生中継してインターネットで配信している。〔中略〕肝心の登山内容はどうか。彼は「単独・無酸素」を強調するが、実際の登山はその言葉に値しないのではないかと思う。〔中略〕そもそも登山には万人に適用されるルールは存在せず、自分の行為は自分でジャッジをしなければならない。〔中略〕そのため人の登山を他人がとやかく言うべきではないのかもしれないが、彼は社会的に影響力のある人物であり、一般の人たちにヒマラヤ登山を正しく理解してもらうためには、もう少し厳密な情報発信が必要なのではないだろうか。

（谷山 二〇一二：九九）

登山の専門誌の中で、栗城は「「単独・無酸素」を強調するが、実際の登山はその言葉に値しないのではないかと思う」と酷評されている。では、「単独・無酸素」とはいったい何か。『山と渓谷』では、山森欣一（日本ヒマラヤ協会顧問）による「無酸素」「単独」の見解を軸にして「単独・無酸素」の内容を詳しく説明している。

「無酸素」とは

現在のヒマラヤ登山においては、八〇〇〇m付近の最終キャンプで「酸素を補給しないで」一夜を過ごし、その後に登頂することが非常に困難である。その困難に挑戦する行為に対してのみ「無酸素」という言葉を用いるべきである。この条件に該当するのは、エベレスト、K２、カンチェンジュンガ、ローツェ、マカルーの五座のみとなる。

「単独」とは

登山者にとって、まわりからのサポートが期待できない状況で登山することは、最大の不安である。それゆえ「単独」という言葉をわざわざ用いるのである。したがってここでいう「単独」とは「他に誰もいなくて一人ぼっちである」ということ。仮に自分は一人であっても、同じルートに他人がいる場合、遭難状態になれば自分の意思とは関係なく救助される（それを期待しないと言えるか？）。

（谷山 二〇一二：九九）

神長幹雄（元『山と溪谷』編集長）も、登山では当事者たちの独自性が尊重されていてざっくりとしたとり決めしかないとしたうえで、「単独登頂」と「無酸素登頂」について、次のように述べている。

「単独登頂」については通常、ベースキャンプから上部は、シェルパによる荷上げや固定ロープの設置などのサポートをいっさい受けず、一人だけで登攀することをいう。ただ最近の春のエベレストなど人気エリアでは登山者の数が多すぎて、厳密な意味での「単独」そのものが成立しえない状況になっている。一方、「無酸素登頂」はどうであろうか。この点も本来であれば、ベースキャンプから上部の登攀活動、最終アタックから登頂してベースキャンプに戻るまで、自分の肺と心臓だけで行動することをいう。高所キャンプでの睡眠用酸素はもちろん、非常時の医療用酸素も原則は認められないほどだ。また最近の高所登山では、八二〇一メートルのチョー・オユー以下の八〇〇〇メートル峰九座でさえ、酸素ボンベなしで登頂するのが一般的となり、あえて「無酸素登頂」とはいわないようである。通常「無酸素登頂」として評価されるのは、八四六三メートルのマカルー以上の高峰五座に限られるようになった。

（神長 二〇二二：三七四〜三七五）

登山は競技スポーツとは異なり、厳密に「無酸素」「単独」とはなにかが定義されているわけではない。あくまで「登山には万人に適用されるルールは存在せず、自分の行為は自分でジャッジをしなければならない」とされており、良くも悪くも曖昧な点が多いのだ。「単独」に関していうならば、第4章で取り上げた植村直己の「犬ぞりによる北極点単独到達」（一九七八年）でも、よく似た批判があった。「飛行機によって新しいソリや食料、犬などが運ばれてくるのに、それがはたして単独と呼べるのか」といった疑問だが、「どこまでが単独と呼べるのか」は、いつの時代にも問題になるテーマである。さらに「無酸素」については、栗城が最後のエベレスト挑戦（あるいはそれ以前の登山でも）の際に、実は酸素ボンベを使用していた事実が、シェルパの証言によって指摘されている（河野 二〇二〇＝二〇二三：文庫版三一九〜三二三）。だが、その事実に関して、ここで強くこだわるつもりはない。

なぜならば、ここで「無酸素とは」「単独とは」をあえて厳密に議論する必要はないからである。別の言い方をすれば、登山界においても「無酸素」「単独」といったものに厳密な定義がなく、曖昧である点こそが栗城にとって重要だったのだ。というのは、栗城の冒険に関して言うならば、大切なのは彼の登山の「実態」ではなく、「イメージ」だったからだ。故意か無意識かは別として、彼も「無酸素」および「単独」という言葉の意味を厳密に語ることはなく、あくまで様々なメディアの中で「イメージ」として使用したのだ。要するに、登山の専門家ではない一般の人々がもっているであろう「何となく単独であることはすごい」、「酸素ボンベを使わない高所登山のほうがすごい」といった、漠然とした印象を利用したのだ。これは良くも悪くも、冒険や登山というよりも、完全にメディアを使ったマーケティングの発想である。とくに、登山にうとい一般大衆、マスメディアの映像制作者、そしてなんといってもスポンサー企業にアピールするためには、栗城にとって当然の戦略だったと考えらえる。

難関ルートの選択に対する批判と「映像配信」

第二の論点として、栗城のエベレスト登山でのルート選定に関する批判がある。栗城は決して、最も登頂できる可能性の高いノーマルルートを選ばなかった。彼は様々な「難関バリエーションルート」に挑んだが、そのルート選定は簡単にいえば「登山家としては実力不相応」で、とくに登山では危険であるというわけだ。山と溪谷社の専門誌『ROCK&SNOW』の編集長だった萩原浩司は、エベレスト登頂に何度も失敗していた栗城の登山について二〇一五年の時点で、「残念ながら、彼の体力・技術・経験は十分とは言えず、山への甘さを感じて危険だ。引き返すことが前提のトライにも見える［中略］もちろん登山の楽しみ方は人それぞれで、とやかく言う筋合いはないですが」（『朝日新聞』二〇一五年一二月一九日朝刊九面）と評している。「引き返すことが前提のトライにも見える」という指摘が重要なのかもしれない。逆にいえば、登頂よりも他に重要な目的があることが暗示されているのだ。

その前提として、そもそも栗城がエベレスト登頂を目指していた時代に、ヒマラヤ登山が大きく変容していった点を押さえておきたい。この時代、エベレストへの登頂や、登山途中の映像配信が比較的容易になっていった。その背景として、二〇〇〇年代以降の高地登山の技術革新があった。神長幹雄（元『山と溪谷』編集長）によると、ヒマラヤなどでの高所登山、そこでの「自撮り」や動画撮影などが可能になったのは、登山における技術の発展が大きかったという。たとえば、高性能カメラの発達や酸素ボンベの軽量化、公募登山隊の存在、シェルパの登攀技術の向上、高所気象予報の進歩などである。もちろん、登山装備の品質が向上したことも、とくに栗城のような「凡庸な登山家」にとって有利に働いただろう。総じて言うならば、ヒマラヤでの高所登山がシステム化され大衆化したことが、栗城のような登山家の出現を可能にした要因であった（神長 二〇二二：三七九〜三八〇）。

では、改めて「難関なバリエーションルートの選定」と「動画の撮影・配信」には、どのような関係があったのだろうか。実はこの関係こそが「引き返すことが前提のトライ」にも繋がっていた。神長幹雄は、栗城がエベレスト登山の際にあえて難関ルートに挑んでいった理由について、次のように推測する。

私は当初から、栗城は登頂へのプライオリティ（優先順位）は低いと思っていた。彼が優先させたのは「栗城劇場」の撮影・配信にあったのではないか。めざしていたのは、「自撮り」によるエベレストの映像であり、その映像のネット配信であり、できれば生中継であったのだろう。それならチベット側のＡＢＣ、ノース・コルを起点に北稜から北壁基部へのルートでも、ネパール側のＡＢＣ、Ｃ２を起点にした通常ルート南東稜でも、バリエーション・ルートの西稜や南西壁でも、途中までなら登山、撮影することは不可能ではない。しかも複数のルートからの撮影になるので、映像に変化がつけられ、いっそうの効果も期待できる。ただし、あくまで「途中まで」という条件がつく。実際の登山でも映像のネット配信でも、「登頂」という優先順位さえ下げれば、栗城の行動は十分に理解できる。「生きて帰ってくる」ことを重視すれば、映像の配信はもちろん、実際のヒマラヤ登山からも相応の達成感は得られるはずだ。

（神長 二〇二一：四〇〇～四〇一）

神長の指摘は、きわめて的を射たものである。「自撮り」や「ネット配信」を最大の特徴にしていた栗城の登山にとって、優先されていたのは登頂よりも「動画撮影」だったのだ。これは、二〇〇九年九月のエベレスト挑戦の際に、河野が栗城と交わした会話とも内容的に一致するものである。既述のように、河野の「仮に登頂の生中継ができないとしたらどうしますか？」という質問に対して、栗城は即座に「それならエベレストには行きません」と答えている。登頂そのものより「ネットでの生中継」の方が優先順位が高かったのだ。この「自撮り」や「ネット配信」を行う上で、二〇〇〇年以降のヒマラヤ登山の技術革新は、栗城の登山・撮影を促進するものだったのだ。

しかしながら、一方で技術革新は撮影を阻害する側面もあった。たとえば、大衆化によって、とくに春のエベレストは多くの登山家でにぎわうようになった。春は日照時間が長く、気候も比較的安定しているからだ。だが、自分以外の多くの登山家が撮影した映像に映ってしまえば、栗城が売りにしていた「単独行」のイメージにはそぐわない。栗城は、二〇〇九年から一六年までの六度の挑戦で、全て秋の登頂を試み全敗している。秋を狙ったのは、自分以外の登山者が映像に映ることを避ける意図があったと考えられるが、一方で春よりも登山の難易度が高まるため、登頂できない「下山家」という負のイメージを背負う結果に繋がっていたのだ。しかも、「登山家」を名乗っている以上は、登頂のプライオリティが低いことなど、決して口にできなかっただろう。なぜならば、栗城の登山はファンの応援、クラウドファンディング、多くのスポンサーの支援などによって成立していたからである。

「冒険の共有」への批判

第三の論点として、「冒険の共有」への批判について考えてみたい。冒険とは、自身の精神や肉体の限界に挑む行為であり、当然のことながら登山の場合は「登頂」を目的としている。その点は競技スポーツにも通じるものがあり、スポーツでは精神や肉体を駆使しながら、「勝利」あるいは「記録の達成」などを目指している。しかしながら、一般的にスポーツが競技の時間や競技場など、時間と空間が定められているのに対して、冒険あるいは登山は様相を異にしている。スポーツはほとんどの場合ルールによって時間が決められており、競技場やスタジアム、体育館などはたいていきちんと整備されている。それに対して、冒険家や登山家の行動期間はそれほど厳密に規定されているわけではなく、場所もケースバイケースである。冒険する期間が数カ月と長かったり、ときには年単位になることもある。それもあって、人々はある冒険の成功や失敗という結果を、事後的にマスメディアなどのニュースによって知る。スポーツの生中継のように、勝利や新記録の瞬間を同時に共有することなど、ほとんどない。栗城の冒険は、このような冒険に特有の「時差」を極力排除する方向を目指していた。これがネットによるリアルタイムの生中継である。時差を完全に排除できなくとも、結果をできるだけ早くネットで動画配信するというスタイルを実践したのだ。これこそ、彼が「冒険の共有」と呼んでいたものであり、栗城の冒険の大きな特徴だった。

しかしながら、このような栗城のスタイルは、少なくとも登山家や冒険家からは異端視されたり、あるいは奇異なものとして捉えられていた。栗城とも交流があった谷口けい（日本を代表する女性登山家であり、二〇〇九年に「ピオレドール賞」も受賞している）は栗城の登山について、「登山家に定義などない。だから他人が彼を登山家と呼ぶことも、彼自身が登山家を名乗ることも、おかしいとは言わない。だが外から見ていると、彼にとっては山を登ることと自体より、その行為を人に見せることが重要なのではないかと思う」（中川 二〇一三：一〇一）と語っている。冒険家や登山家と呼ばれる人には、単独行を好み自己と向き合うことを重視する者も多い。むしろ、彼らは人と繋がるならば、同じ登山家同士の連携という場合が多いだろう。少なくとも、栗城が重視する「冒険の共有」とは意味を異にしている。谷口が感じていた栗城に対する違和感も、おそらくそのような部分に起因しているのだろう。

一方で大内倫文は、栗城の死について、「冒険の共有」と絡めたうえで、次のように述べている。

「南西壁？　お前なあ……って。ヒマラヤで死んだ登山家は、田辺治にしろ名塚秀二にしろ、文豪に似た佇まいがあるんだ。けど栗城は全然違う、彼は芸人だね。山の仲間と共有できない人間が、誰と何を共有するというのか？　栗城は『共有』の意味を取り違えて、『共有』って言葉に殺された気がするなあ」（河野　二〇二〇＝二〇二三：文庫版三三二）

大内が語る「共有」とは、あくまで山の仲間と「登山という体験」を共有することである。そこでは、登山がチームであるか単独行であるかは、さして大きな問題ではない。大内が言いたいのは、「共有する相手」は決してネット民や動画視聴者ではなく、あえて言うならば「山の仲間」ということだろう。大内の見解をさらに深く理解するには、冒険家・角幡唯介の栗城への評価が参考になる。角幡は、栗城の登山に生前から良い印象を持っていなかったと語ったうえで、まずは登山という行為の本質に言及する。やや長文になるが、引用してみよう。

登山者とは各々が内側にかかえる自分の山に登ろうとして、そのために努力する者のことだ。登山の素晴らしさは、たぶんそこにある。そして努力して自分の山を登ると、また次の、より大きくてむずかしい自分の山がまた内側から生まれてきて、嗚呼、今度はあれを登りたいという、その次の思いつきに打たれる。そして自分の山はどんどん大きく、むずかしくなってゆき、一番奥にヒマラヤの岩壁やアンデスの氷壁といったものが控えている。こうして見ると、登山者が登る山は、外側にある、単なる地形のでっぱりとしての山ではなく、内側から生じてきた自分自身が逃れられない山、吸引されてしまった山だといえる。あくまで内在的に進行し、うかびあがってくるのが、登山者が登りたいと思う自分の山だ。（角幡 二〇一二：一八四）

角幡の主張のポイントは、登る対象である山が登山者の「内在」から生じた山だということである。「内側から生まれてくる山」に登ることこそが「登山の常道」であり、言葉を変えるならば「真正な登山」ということになるだろう。このような視点から「真正な登山」に言及したうえで、角幡は栗城の一連の登山について次のように論じる。

なかでも栗城史多は、本筋系の目からはずば抜けて胡散臭い登山をやっている人物に見えたはずだ。［中略］特徴的だったのは、カメラまで持ちこみ、自撮り撮影して、テレビやインターネットをつうじて登山を〝共有〟しようとしたことだ。本筋系登山者から見て、もっとも胡散臭かったのは、この共有なる概念だったのではないか。［中略］登山というのはあくまで自分の山を相手にした内在的行為であり、それを他人とわかちあうことは、それと矛盾する。しかも経験が足りないのにヒマラヤに登っていたため、どうしても登山より共有が目的にみえる。要するに、世界七大陸も単独も無酸素も共有も、すべてが他人の目を意識した〈関係〉的視点からくる産物であり、そこに中身などあるのか？と思われていたわけだ。彼が登山界の本筋からほぼ無視されていたのは、ここに根本的な理由があったのではないだろうか。（角幡 二〇一二：一八五〜一八六）

確かに、栗城は過酷なエベレストに飛び込みながらも、常に他者からの視線を意識し、ソーシャルメディアを駆使して映像配信を行い、「冒険の共有」を試みていた。エベレストという異世界と、日本で生活する人々の日常を繋げようとしていたのだ。これはインターネットという技術が可能にしたものだが、それは角幡が述べるような「内在的」行為とは合い入れないものだった。「冒険の共有」は、角幡の言葉を借りれば、「目立てる」「有名になれる」「他人に自慢できる」といった「〈関係〉的視点から登山をやろうとする偽物」（角幡 二〇一一：一八五）だというわけだ。角幡の主張は、おそらく「本筋系」の登山者たちにとっては、理解および共感できるものかもしれない。

一方で、論理的に詰めるならば、この「〈内在〉的行為」と「〈関係性〉重視の行為」という概念は、どちらかといえば「実体概念」というよりも、むしろ「分析概念」に近いと考えられる。これまで本書で取り上げてきた冒険家について考えれば、たとえば堀江謙一の場合、太平洋を単独で横断した理由として、太平洋を「わたりたいから、わたった」と答えている。だが、太平洋単独横断を一人でなし遂げた日本人がそれまでいなかったことに対して、「ぼくにも、最高位をねらおうとする功名心みたいなものはあった」（堀江 一九六二：九）とも語っている。前者の発言が頑固なまでに〈内在〉的なものだとすれば、後者はやや〈関係性〉に振れているとも言えるだろう。要するに、他人や社会から評価されたい気持ちが皆無だったというわけではないのだ。三浦雄一郎の「エベレスト大滑降」でも、同様のことが言える。もちろん、スキーヤーとしてエベレストを滑降してみたいという三浦の〈内在〉的な動機は大きかっただろうが、最終的には「滑降の撮影」およびその「映画化」という〈関係性〉に起因する大きな目的を掲げていた。すなわち、「〈内在〉的行為」と「〈関係性〉重視の行為」という概念も、いずれもM・ウェーバーの言葉を借りれば「理念型」のようなものである。言い換えるならば、冒険の実態は、常にその両者の間でグラデーションの中にあり、さらに時間軸を加えれば常に揺れ動いているものなのだ。

ちなみに、エベレストに関して言うならば、日本テレビが一九八八年五月五日に世界で初めて、エベレストの山頂からの生中継を行っている。この際にも、山岳関係者から「神聖なる山へテレビカメラを担ぎあげようなんて山への冒涜だよ」という批判があった（岩下 一九八九：二三二）。なぜならば、当時の「日本テレビ隊」の主たる目的は、エベレスト登頂ではなく、あくまで「山頂からの生中継」だったからだ。仮に「日本テレビ隊」のリーダーだった岩下莞爾に、「もし山頂からの生中継ができないとすれば、登頂しないか？」と聞けば、おそらく岩下は栗城と同じように「登頂しない」と答えていたに違いない。

いずれにしても、角幡が展開する栗城批判は、冒険家あるいは登山家たちにとっては、きわめて説得力の強いものだろう。そこから結論を導き出すならば、「栗城は、真正な登山家というものから最も遠い存在だった」となるかもしれない。ただ、角幡の提示する概念を踏まえて「冒険家・栗城史多」を分析するならば、栗城が「〈関係性〉重視の行為」へきわめて強く寄っていた冒険家であったことは確かである。それが良いか悪いかは別として、少なくとも社会からのまなざしを栗城は常に注視し続け、ソーシャルメディアをフル活用した。そして、栗城の冒険が広く知られるようになり、結果的に多くのファンやアンチを生み、社会をにぎわせたのだ。おそらく登山界の主流の人々も、栗城を批判していたアンチも、栗城を「真正な登山家」と見なしていなかったはずである。だが、「真正な登山家でない」にもかかわらず、最後はエベレストで滑落死した。このギャップこそが、結果的に栗城という人物の言動のインパクトを強め、冒険界・登山界、および一般社会に大きな問題を提起したことは間違いない事実であろう。

6　栗城の冒険が示したもの

最後に、冒険家・栗城史多が残したものについて、改めて考えてみたい。

第一に、栗城にとって重要だったのは、彼の登山の実態ではなく、あくまでメディアを通して流布させる栗城自身の「イメージ」だった。それは「単独」や「無酸素」といった「言葉」であり、エベレストを映し出したバリエーションに富んだ「映像」であり、時には「ちくしょー！」といった悔しさを表出する「感情表現の映像」でもあった。「単独」「無酸素」というイメージ、「否定という壁に立ち向かう」イメージなどを、栗城はソーシャルメディアを中心に流し続けていたのである。テレビ的冒険・探検で言うならば、『川口浩探検シリーズ』や猿岩石の冒険も、「イメージ重視」という意味では似た部分がある。だが、栗城はそれをテレビに依存するわけではなく、あくまで自分自身で企業を立ち上げ、しかも「企画」「演出」「出演」「撮影」なども自身が中心となって行ったのである。

第二に、栗城は冒険家がネット上で人々と繋がることの両義性を示していたとも言える。ネットで動画を配信し、ソーシャルメディアでファンと交流することは、時には「冒険の共有」を促すことになる。一方で、栗城のように登山での敗退を繰り返せば、ネット民の中でもアンチが増殖し、「冒険の共有」ではなく「暴言の共有」となってしまう。もちろん、ネット上のいわゆる「炎上」に関して言えば、それは冒険家・登山家だけではなくネットユーザー全体に言えることであり、ネット社会にとって逃れがたい宿命かもしれない。だが栗城は、自身の登山を広く広報しつつも「下山」を繰り返し、結果的に大炎上をもたらした日本初の冒険家とも考えられるのだ。

第三に、栗城は「冒険の共有」という言葉に代表されるように、一貫して〈関係性〉を重視して登山を続けた。「内在」的な動機から行った登山は、おそらく二〇〇四年のマッキンリーから二〇〇六年のカルステンツ・ピラミッドまでの、おおよそ二年間くらいだろう。ちなみに、本書で取り上げた人物の中で、最も〈関係性〉を重視した冒険を繰り広げたのは、第6章で取り上げた猿岩石である。なぜならば、猿岩石の旅はそもそも売れない芸人が「有名になりたい」という単純な動機からスタートさせており、カメラによって撮影されることを常に意識した冒険だったからである。結果的に、テレビ局に守られたこともあり、彼らは無事にロンドンまで辿り着くことができた。一方で、これまでの冒険・探検史の中で、「内在」的な行為に魅惑され、極地や高所登山などにのめりこんでいった冒険家・探検家たちも多々いる。そのなかには、結果的に死に至ってしまった人物も、枚挙にいとまがない。いわば「真正な冒険家」と評価される人々である。本書で取り上げた人物では、植村直己が典型例である。彼のマッキンリーでの死は、彼を「真正な冒険家」そして「国民的英雄」へと押し上げる結果になった。一方で栗城の場合、彼の評価は決して植村のようにはならず、生前もそして死後も「賛否両論の登山家」として認識されたのだ。

本章の冒頭に挙げた河野の言葉にあるように、栗城を死に追いやったのは、栗城を持ち上げてきたマスメディア関係者（テレビのドキュメンタリー制作者や新聞、雑誌など）かもしれないし、あるいはネット民からの言葉（称賛、暴言、嘲笑など）だったのかもしれない。だが、死を迎えるまで、栗城はたんに自分を「冒険家・探検家である」と認識するだけではなく、あくまで自身が日本の日常世界とエベレストを結ぶ「メディアそのもの」であることを強く意識し続けていたのではないだろうか。そのような意味で、栗城は冒険史においてきわめて稀有な人物だったのかもしれない。

参考文献

岩下莞爾（一九八九）『テレビがチョモランマに登った』日本テレビ放送網。

角幡唯介（二〇二一）「冒険の断章　栗城史多という人物の転落」『中央公論』中央公論新社、二〇二一年一二月。

神長幹雄（二〇二二）「「栗木劇場」の結末」山と溪谷社編『日本人とエベレスト――植村直己から栗城史多まで』山と溪谷社。

栗城史多（二〇〇九）『一歩を越える勇気』サンマーク出版。

栗城史多（二〇一〇）『NO　LIMIT――自分を超える方法』サンクチュアリ出版。

栗城史多（二〇一四）『弱者の勇気――小さな勇気を積み重ねることで世界は変わる』学研パブリッシング。

栗城史多（二〇一八）「見えない山を登るすべての人たちへ！」日本経営合理化協会（CD）。

河野啓（二〇二〇）『デス・ゾーン――栗城史多のエベレスト劇場』集英社／集英社文庫、二〇二三年。

谷山宏典（二〇一二）「八〇〇〇m峰登山の〝今〟」『山と溪谷』山と溪谷社、二〇一二年三月。

中川雅之（二〇一三）「挑戦の軌跡、世界に響け」『日経ビジネス』日経BP、二〇一三年三月一一日号。

堀江謙一（一九六二）『太平洋ひとりぼっち』文藝春秋新社。

第8章　前人未踏の地なき時代の冒険・探検
――角幡唯介と「冒険を書く」という行為・情報テクノロジー――

1　未踏の地なき時代の冒険家・探検家

冒険・探検の地を見つけることの困難　二一世紀において、戦前の植民地時代のような「未踏の地」は、もはや世界中からほとんど消えていた。それどころか、現代ではグーグルアースを使えば、世界中の「辺境の地」へ行ったかのような「疑似体験」を味わうことも可能である。だが、そのような時代であるにもかかわらず、冒険・探検を求める人々がまだ存在しているのもまた事実である。

人跡未踏のジャングルをナタで切り開き、激流を渡り、険しい岩壁を乗り越える、私の理想とする探検とは、イメージで語ればそんな感じだった。二一世紀が目前だったにもかかわらず、学生の頃の私は、一九世紀の英国人がやっていたような古典的な地理的探検の世界に憧れていたのだ。〔中略〕ただ、それを実現するには大きくて解決の難しい問題がひとつだけあった。それは、いったいどこを探検すればいいのかよく分からないということだった。二一世紀を目前にひかえ、人跡未踏の面白そうな秘境などそう簡単に見つかるものではなかったし、仮にあったとしても、それは誰にも見向きもされない、重箱の隅を楊枝でほじくるような、要するに行ってもあまり意味のなさそうな場所ばかりだった。〔中略〕そんなふうに探検への渇望を募らせていた大学四年生の時、私はツアンポー峡谷のことを知ったのだ。

（角幡　二〇一〇＝二〇一二：文庫版一九～二二）

これは、大学時代に冒険家・角幡唯介《かくはたゆうすけ》が抱いていた「古典的な地理的探検の世界」への強烈なあこがれである。実際に角幡が大学生だったのは、一九九〇年代後半だった。すでに述べたように、一九〇〇年代〜一九一〇年代にかけて北極と南極が人類によって到達され、一九五〇年代にはすでにエベレストも登頂されており、一九九〇年代に至っては前人未踏の秘境など世界にほとんど存在しなくなっていた。日本のテレビメディアに目を向けても、一九八〇年代までさかんに放送されていた「世界の秘境」「未確認生物」などに関する番組は影を潜め、『兼高かおる世界の旅』（TBS、一九五九〜九〇年）や『すばらしき世界旅行』（牛山純一、日本テレビ、一九六六〜九〇年）など、辺境・異世界・異文化理解的な要素を含んだ老舗の旅番組も、次々に終了を迎えていた。一九八〇年代の『川口浩探検シリーズ』のように、ジャングルや秘境を大冒険する番組も、「ヤラセ」というイメージの中で「真正性」をなくしていた（二〇〇四年には『藤岡弘探検隊シリーズ』という番組が登場したが、完全に川口浩をパロディにして笑うことを目的にしていた）。テレビの冒険・探検番組は、第6章でも紹介した猿岩石の冒険のように、若手芸人が厳しい海外ロケを行うような形式へ、内容が変化していたのだ。

一方で、このような状況の中でも、リアルな冒険・探検を求める「日本人」がまだいたことにも注目すべきである。たとえば、一九九六年には優れた冒険・探検を行った人物を表彰する「植村直己冒険賞」が制定された。日本の冒険家の中からほぼ毎年のように、卓越した冒険家・探検家が選ばれ、表彰されてきたのだ（「該当者なし」という年も時折ある）。この「植村直己冒険賞」について、注目すべき点が二点ある。第一に、選考する際にはその年に日本人が行った冒険・探検に関する情報が集められるのだが、その総数は個人の部と団体の部を合わせると、九六年の発足以来、毎年必ず一〇〇件を超えているのである（大野 二〇一九：二五二）。もちろん、日本人だけに限定したとしても、年ごとに冒険・探検の総数を把握することはきわめて難しいのだが、一九九〇年代以降も一定数以上の冒険・探検が行われているのは事実だろう。第二に、冒険の内容は、登山、気球による山脈越え、身体の障がいを乗り越えた海洋冒険、厳冬期シベリア単独自転車横断など、きわめて多種多様である。前人未到の地などない時代において、各々の冒険家が自身のアイデアをふり絞って冒険を行っていると言える。すなわち、各々の精神力や体力もさることながら、個々人が考えに考えて新しい冒険を構想している様子がうかがえるのだ。

角幡の冒険に話を戻すならば、一九九〇年代の大学探検部の部員たちも、冒険したい欲望に満ち溢れていた。だが、彼らも他の冒険家と同じように、「いったいどこを探検すればいいのかよく分からない」という大問題に直面していたのだ。そういった鬱屈は、当時の早稲田大学探検部員だった角幡自身も同様だったが、彼は「ツアンポー峡谷」の「未踏部分」を発見し、そこを踏破する冒険を大学時代から一〇年以上の期間をかけて実現させた。とはいえ「ツアンポー峡谷」といっても、ほとんどの人々はその場所や規模、探検史における意味など、まったく理解できないだろう。にもかかわらず、角幡の探検記である『空白の五マイル』（二〇一〇）は、「第八回 開高健ノンフィクション賞」「第四二回 大宅壮一ノンフィクション賞」「第一回梅棹忠夫・山と探検文学賞受賞」などを総なめにし、角幡はその後も数々の冒険を成功させ、二〇一〇年代の日本を代表する冒険家の一人となったのだ。

二〇一〇年代の新しい冒険・探検のあり方

しかしながら、そもそも角幡は世間から注目されやすい、あるいは「わかりやすい」冒険の実績があるわけではない。セブンサミット（エベレストを含めた七大陸最高峰）を制覇したわけでもなければ、ヒマラヤの八〇〇〇メートル峰全一四座を全て登頂したというわけでもない。三浦雄一郎の「エベレスト大滑降」や、堀江謙一の「太平洋単独無寄港横断」のように、とりわけ第三者へ伝わりやすい冒険を成し遂げたわけではないのだ。第7章で論じたように、登山家の栗城史多が「無酸素　七大陸最高峰」という素人にイメージしやすいキャッチコピーを使用したのも、第三者からの「わかりやすさ」を見越していたからにほかならない。一方で、角幡はエベレストにも極点到達にもまったく関心がなかったし、第三者からみて「わかりやすい冒険」を実行しようともしなかった。「前人未踏の地」などほぼない時代においては、あらゆる冒険がどうしても先人の二番煎じになる可能性が高く、オリジナリティが低くなってしまうのだ。そのような状況にもかかわらず、角幡は社会で注目を浴びるような冒険をいくつも行い、ノンフィクション作品を大量に執筆した。二〇一〇年から一九年の一〇年間で単著を一三冊（エッセイ集なども含む）執筆し、「大宅壮一ノンフィクション賞」や「大佛次郎賞」などを含め、七つの賞を獲得している。彼の仕事を一言で表現するならば、「ノンフィクション賞を総なめにしてきた探検家」ということになるだろう。

さらに角幡は、三浦や栗城らのように冒険のスポンサーをつけることはせず、自身の原稿料と印税、および講演料のみで冒険・探検のための資金を捻出している。周知のように、インターネットやネット書籍の登場によって、二〇一〇年代の出版業界は間違いなく斜陽産業だった。ネットの登場以前から活躍していた文豪であればまだしも、ネットが社会に浸透していた二〇一〇年代にデビューした角幡が、冒険家・探検家としてのみならず、「ノンフィクションライター」としても大成功したのだ。では、角幡はなぜ二〇一〇年以降の日本の冒険・探検界で高い評価を得ることができたのだろうか。その要因を、彼の冒険家としての特徴や文筆力、メディアとの関連、GPSなど情報通信技術との関係、「教養」との距離の取り方、あるいは二〇一〇年代という時代背景から考えてみたい。

2　角幡唯介の登場

角幡唯介とは

角幡唯介は、一九七六年二月に北海道芦別市で生まれる。父親は北海道内でスーパーの店舗を複数経営していた。長男だった角幡は、家業を継ぐことを決して望まず、いずれは北海道を出たいと考えていた。函館ラ・サール高校を卒業したのち、一九九三年に慶應義塾大学へ入学する。だが一年も経たないうちに退学し、翌九四年に早稲田大学政治経済学部に入学した。早稲田では、二年生から探検部に所属する。ちなみに早稲田大学探検部は、西木正明（一九四〇年生まれ。小説家）、船戸与一（一九四四年生まれ。小説家）、関野吉晴（一九四九年生まれ。探検家、医師、作家）、高野秀行（一九六六年生まれ。冒険家、ノンフィクション作家、翻訳家）などをはじめ、数々の作家や冒険家を輩出している。角幡は、冒険・探検に関する様々な書籍を読み漁り、金子民雄の著書『東ヒマラヤ探検史――ナムチャバルワの麓「幻の滝」をめざして』（連合出版、一九九三年）に出会う。そこには、ヒマラヤ東部にヤールン・ツアンポー川大屈曲部（いわゆるツアンポー峡谷）という、非常に有名な峡谷についての詳細な記述があった。そして、この峡谷がこれまで多くの探検家たちの命を奪い、しかも、そこにはいまだに

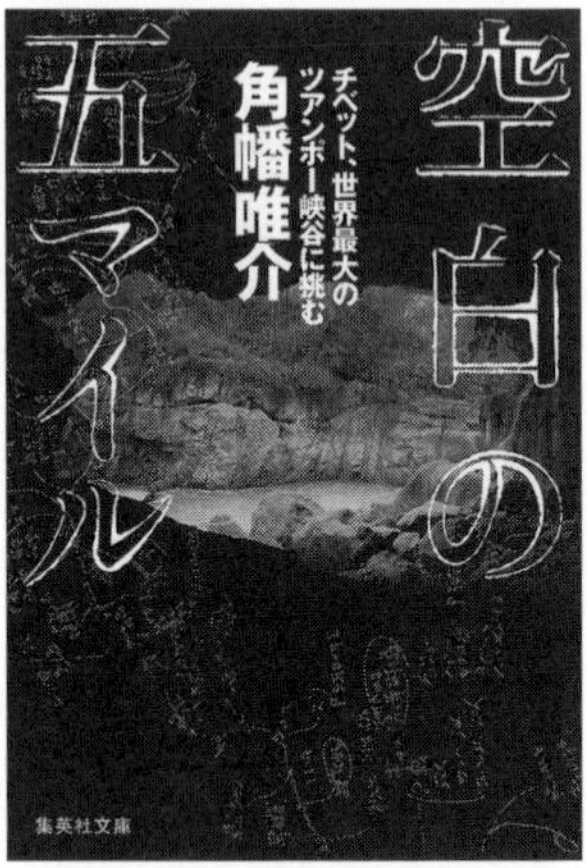

図８－１　角幡唯介『空白の五マイル』（集英社，2010年／文庫2012年）

未踏地域が残されているという、角幡にとっては恐ろしく刺激的な内容だったのだ。

そのような流れで、大学四年の時、角幡が中心となり早稲田大学探検部四人を引き連れ、中国チベット自治区にあるヒマラヤ東部のツアンポー峡谷へ向かい、峡谷の周辺にある小さな村々を訪れた。この探検部の遠征については、毎日新聞の記事にも、「早大探検部幹事長・早稲田大四年・角幡唯介さん（二二）。［中略］ＯＢや理解者からの励ましを受け、新たな探検に向かった。目的地は、中国チベット自治区、ヒマラヤ東部のヤールン・ツアンポー川大屈曲部。秘境である。何度もミーティングを重ね、四人の仲間と共に一〇月上旬までの予定で、全域調査をする。もちろんズブの素人が行ける場所ではない。何度も国内での合宿を繰り返し、技術と体力を養ってきた。それでも危険はないかと聞くと、「探検に一〇〇％の安全はありません。リスクを常に意識して、毎回、臨んでいます」と力強い言葉が返ってきた」（『毎日新聞』一九九八年八月二一日夕刊一一面）、という記事で報道されていた。

この偵察を兼ねた冒険で、当時のツアンポー峡谷内には誰にも踏破されていない空白部分が残されていることを確信し、角幡はいずれもう一度この場所を訪れて踏破することを誓うのだ。しかしながら、この一九九八年を境に中国当局は外国の探検隊がツアンポー峡谷へ入るのを頑なに認めなくなり、角幡の野望は一時頓挫することになる。二〇〇〇年、角幡は早稲田大学を六年かけて卒業するが、就職せずにアルバイト生活を続けていた。そして二〇〇二年、今回は単独で中国・ツアンポー峡谷の未踏査部分を探検した。ツアンポー峡谷は、一九二四年に英国隊が踏査したが、険しい地形に阻まれて五マイル（八キロ）部分の調査を断念しており、その後も「五マイル」は未踏のまま残っていた。角幡はこの冒険で、ツアンポー峡谷の空白部分をほぼ踏破したのだ。二〇〇三年、角幡は朝日新聞社に入社し記者として活動するが、二〇〇八年にもう一度憧れのツアンポー峡谷を探検したくなり、退社する。二〇〇九年に再びツアンポーに単独で挑戦し、命の危険を幾度も乗り越え、冒険を成功させたのだ。
二〇一〇年、単独での二度にわたるツアンポー峡谷探検を描いた著書、『空白の五マイル』でノンフィクション作家として注目される。その後、角幡は二〇一〇年代に数々の冒険を成功させ、自身の体験を中心に作品化を続けた。つまり、ただ冒険を行うだけではなく、それらの内容を次々と執筆していったのだ。それでは、角幡の二〇一〇年代の作品、その中でも受賞した冒険行に注目し、それらの共通点や変化した点を分析したい。

探検家・「ノンフィクション作家」としての地位確立

二〇一〇年、すでに述べたように角幡は、『空白の五マイル』で、「第八回　開高健ノンフィクション賞」「第四二回　大宅壮一ノンフィクション賞」「第一回　梅棹忠夫・山と探検文学賞」を受賞した。一つの作品が三つの賞を受賞しただけでも驚きだが、賞の内容を吟味すれば、さらなる特徴が浮かび上がる。まず、「開高健ノンフィクション賞」がアウトドアに関する作品がふさわしいことは、想像に難くない。「梅棹忠夫・山と探検文学賞受賞」は第一回であり、内容は〈山と探検〉に限られる。したがって角幡の作品は、この二つの賞に関してジャンル的な親和性が高く、ダブル受賞も意外な結果ではなかったかもしれない。一方で、「大宅壮一ノンフィクション賞」は長い歴史があり、対象は言うまでもなくノンフィクション作品全般である。したがって、受賞のハードルは新人作家の角幡にとってはかなり高い。そのように考えると、この三つの賞を二つならまだしも全て受賞したという事実は、デビュー作の『空白の五マイル』がよほど秀でた作品だった事実を意味しているのだ。

翌年の二〇一二年、角幡は『雪男は向こうからやってきた』で、「第三一回　新田次郎文学賞」を受賞する。この作品は、「私は確かに雪男を目撃した」と語る有名な登山家たち、具体的には芳野満彦《よしのみつひこ》、田部井淳子《たべいじゅんこ》、小西浩文《こにしひろふみ》らのリアルな証言を中心に物語が展開する。当初は雪男の存在など決して信じていなかった角幡ではあるが、取材を続ける中でその考えは揺らぎ始める。そして、冒険家・鈴木紀夫《すずきのりお》（ヒマラヤで雪男を散策する際に雪崩に遭遇し、命を落とした人物）が雪崩に襲われたコースを、角幡は一人で辿っていくというストーリーである。

さらに翌年の二〇一三年、『アグルーカの行方――129人全員死亡、フランクリン隊が見た北極』で「第三五回　講談社ノンフィクション賞」を受賞する。本書は一九世紀に幻の北西航路を発見するために北極圏を冒険し、隊員一二九人全員が死亡したとされるフランクリン探検隊の軌跡に注目している。角幡と極地冒険家の荻田泰永《おぎたやすなが》は、二人でフランクリン隊が辿った困難なルートを歩く。そして、一六〇年前のフランクリン隊と現在の自分を交錯させ、最後には両者の体験が重なっていく様をノンフィクションとして描き出した。ちなみにこの冒険によって、角幡は二〇一一年「第三回 ファウストA・G・アワード」で「冒険家賞」を受賞している。このようにして、角幡はこれらの三作品で受賞を重ねることにより、「探検家・冒険家」という肩書だけではなく、「ノンフィクションライター」としての自身を確立していったのだ。

「追体験」の重視

デビュー作の『空白の五マイル』では、角幡は自身のツアンポー峡谷での探検における「体験」を軸にして物語を展開し、自らのツアンポーに対するこだわりに終止符を打った。次作以降は、冒険の舞台をヒマラヤそして北極圏へと移す。第二作は『雪男は向こうからやってきた』、第三作は『アグルーカの行方』である。この二つの作品を比較すると、興味深い事実が浮かび上がる。この二作品は、いずれも過去の冒険家のルートを角幡が「追体験する」という手法をとっている。前者は日本の冒険家・鈴木紀夫、後者はイギリスの北極探検隊で一二九人が命を落としたフランクリン隊である。当然のことながら、世界の冒険・探検史でどちらが有名かといえば、間違いなくフランクリン隊だろう。鈴木紀夫の名前は世界に轟くどころか、おそらくほとんどの日本人からも忘れ去られている。鈴木は、一九七四年二月、当時フィリピンで残留日本兵として生存していた小野田寛郎に接触し、翌年に小野田を帰国へと導いた青年である。小野田は太平洋戦争終結後も日本の降伏を信じず、帝国軍人としてフィリピン・ルバング島でゲリラ活動を展開していた。鈴木は小野田に逢うためなんと単独でルバング島へ向かい、小野田との接触および写真撮影に成功し、最終的に翌年三月に小野田は日本に帰国した（ちなみに、当時の日本政府は数億単位の資金を使って小野田救出作戦を行うが、全て失敗に終わっていた）。この一件で、鈴木青年は日本の各種メディアで大きく報道され、当時は誰もが知る有名人となったのだ。しかしながら、その後の鈴木は一九七〇年代のオカルトブームの影響もあってか、「未確認生物探索」の方向に流れていく。鈴木は「ヒマラヤで雪男をみた」と主張し、雪男の発見および撮影に力を注ぎ、なんと計六度もヒマラヤへ探検に出かけたのだ。一九八六年、鈴木は最後のヒマラヤ遠征で、雪崩に襲われ死亡する。遺体は翌年に発見されたのだ。

日本の名もない冒険家・鈴木紀夫の雪男探検など、世界の探検史には刻まれるはずもない。だが、鈴木の評価はさておき、角幡にとってはフランクリン隊の極地での行動も、鈴木の雪男探索も、「追体験したい探検」という意味では等価だったのだ。フランクリン隊の恐怖の旅を自らも経験したいという角幡の気持ちは、「冒険家であればやはりそう考えるだろう」と、第三者からは比較的理解されやすいかもしれない。それに対して雪男探索はオカルト的なイメージが強く、正直胡散臭い印象が残る。さらに、鈴木の冒険にはフランクリン隊ほど、冒険・探検史における意義があるわけでもない。しかしながら、角幡は次のように考えていた。

雪男にも興味はあるが、おそらくわたしはその正体よりも、雪男を見た時の人間の反応に興味があったのだ。雪男は本当にいるのだと確信できる何かを見た時、自分はどのような衝撃を受け、自分の中でどのような化学反応が起きるのか。雪男の実在を強く信じていると言えない自分の中でも、パラダイムはあっけなく転換してしまうのだろうか。雪男とは人の意向と無関係に人生を不可逆的な地点にまでもっていってしまう、ある種の暴力的な現象のような気がしていた。世の中には考えてもみなかった体験をして、それ以降、生き方が変わってしまう人間が時々いるが、雪男というのはそうした体験のひとつの典型的な例だろう。

（角幡 二〇一一＝二〇一三：文庫版二二五）

角幡が関心を抱いたのは、雪男は本当にいると確信できる何かを見た時、「自分はどのような衝撃を受け、自分の中でどのような化学反応が起きるのか」という「追体験」だったのである。角幡にとってその体験は、フランクリン隊と北極圏の同じルートを辿って旅をする際の「追体験」と等価なものだったのだ。雪男を実際に目の当たりにする体験と、一二九名の隊員が全滅した隊のルートを追う体験はまったく別のように思えるが、「考えてもみなかった体験をして、それ以降、生き方が変わってしまう」という意味で、両者には共通点が見出されていたのだ。

「極夜行」と「新しいタイプの冒険」を構想すること

二〇一八年、角幡は『極夜行』で「第一回 Yahoo! ニュース 本屋大賞二〇一八年ノンフィクション本大賞」を受賞した。新設の「第一回 Yahoo! ニュース 本屋大賞」とは、これまでの「本屋大賞」を受け継いだものである。この賞の特徴は、書店員の意見が選考結果に直接反映される点にあった。一方で、伝統のある「大佛次郎賞」も合わせて受賞したという事実は、いかに幅広い層に角幡の冒険作品が受け入れられたかを示しているかもしれない。『極夜行』では、角幡は北極圏で四カ月にわたって「極夜」（何カ月もの間まったく太陽が昇らない状況）の中で旅を続けた。ほぼ毎日真っ暗闇の中で、一匹の犬と共にひたすら歩き続ける。氷河を越えて、ツンドラを抜け、狼にも出くわす。ブリザードに襲われ、食料もわずかになり絶望状況になるが、角幡はなんとか生還する。そして、角幡は四カ月ぶりに太陽の光を浴び、色が溢れる世界に再会し、冒険は終焉を迎えるのだ。

この冒険の重要な特徴は、角幡があえてGPS（自身の位置情報を知るシステム）を使用しなかったことにあるのだが、GPSの問題については第7節で改めて論じたい。いずれにしても、この作品はデビュー作の『空白の五マイル』と比較すれば、大きな変化がうかがえる。たとえば、写真家の石川直樹《いしかわなおき》（作家・早稲田大学出身）は、『空白の五マイル』の冒険の方向性について、「多くの探検部員にとって、探検は学生時代に思い描いた見果てぬ夢として消えていく。しかし幸か不幸か、彼はチベットのツアンポー峡谷と出会ってしまった。過去の名だたる探検家が挑み、到達できなかった「空白の五マイル」と呼ばれる地帯の存在を知ってしまったのだ」（『朝日新聞』二〇一一年二月二〇日朝刊一一面）と指摘している。実は、『空白の五マイル』を読んだ読者の感想にも、「チベットにある人類未踏の奥地、ツアンポー峡谷を単独で探検したというノンフィクション作品だ。人も物も自由に行き交う時代に、人間が出入りすることを拒み続けてきた地がまだあったことに素直に驚いた」（『毎日新聞』二〇一一年二月一一日岡山一九面）というものがある。これらの言説には、「ツアンポー峡谷」が世界的に有名かどうかはさておき、地球上に「未知の空白」がまだ残されていたという事実や、角幡がその事実を発見したことそのものに対する大きな驚きが見られる。それが『空白の五マイル』の最大の魅力だったと言っても、過言ではないだろう。

それに対して、『極夜行』の舞台となる北極圏は、決して前人未踏の地ではない。冒険の内容は、極寒の北極圏で自身の位置や正しい進行方向も分からぬまま角幡が極夜を長期間放浪し、最後に太陽の光を浴びるというものである。すなわちこの冒険は、決して「〇〇に到達する」「〇〇を踏破する」といった地理的な目標達成を目指したものではない。あえて目的があるならば、極夜をさまよう、数々の困難を乗り越えてゆく、そして最終的に太陽の光を浴びるといった「冒険の過程そのもの」ということになる。すなわち、冒険のプロセスを物語化し、最後は「登頂」でも「踏破」でもなく、感動のエンディングを迎えるという、新しいタイプの冒険行なのである。

このように、角幡は数々の冒険を実行し、その方向性は徐々に変化を見せていた。一方で、それらの冒険行を文章に描き続け、数々の賞を獲得してきたのだ。次に角幡の冒険そのものではなく、「書き手」としての角幡の能力に注目してみたい。なぜならば、角幡が世に出た大きな要因は、彼の冒険の面白さもさることながら、その「文章力」に負うところも大きいと考えられる。したがって、ここでは冒険の「表現者」としての角幡を論じたい。

3　冒険の「行為者」と「表現者」（書き手）の関係

冒険の実践とその「表現」の関係

角幡はもちろん冒険の「行為者」であるが、一方でその「表現者」（書き手）でもある。表現には、冒険家によっても様々な方法があるだろう。たとえば、角幡のように自分の冒険・探検行を書物で表現する場合もあれば、三浦雄一郎の『エベレスト大滑降』のように、映像と音声（三浦の場合は「映画」）で表現する方法もある。あるいは栗城史多のように、インターネットを駆使して、音声や映像を生配信するという手段も考えられるだろう。そういった中で、角幡が最も美しさを感じていたのは、登山家が用いる表現方法である。

結局のところ探検や冒険にも自己表現の側面がないとはいえない。〔中略〕例えば山に登る。クライマーがヒマラヤの氷壁に美しいラインを一本引くことは、彼にとっては〔中略〕価値がある。クライマーが山に命を賭けることができるのは、それが表現だから以外の何物でもない。その登頂ラインには彼がこれまでに獲得したもの、経験してきたもの、哲学、切り拓いてきた領域、つまり彼の全世界が詰め込まれている。〔中略〕それがたとえ登山をしない者にとってはまったく意味のないラインであっても、そんなことは彼には全然関係がない。表現の究極の部分は他人には分かりようがないものである。〔中略〕表現することにはどうしても他者と相いれない部分が出てくる。作品を作ることの本質は他者と何かを共有することではなく、むしろ自己と他者を区別し、独自の世界を構築することにある。（角幡 二〇一五：四六～四七）

角幡は、クライマーにとっての表現は、見事な「登頂ライン」を描くことだという。すなわち、クライマーにとって登山は「行為」でもあり「表現」でもあるというわけだ。角幡は「表現の究極の部分は他人には分かりようがないものである」と語っており、登山の場合は、登山に詳しくないようなオーディエンスに「登頂ラインの意味」を伝える必要もないと考えているのだろう。これは、「作品を作ることの本質は他者と何かを共有することではなく、むしろ自己と他者を区別し、独自の世界を構築することにある」という閉じた考えであり、ある意味で高級芸術家にも類するような志向である。要するに、「わかる人にしかわからない」という意識である。

だが、角幡のクライマーに関する考えは、多くの人々がメディアによって冒険・探検に関する情報を伝えたり、あるいは人々がそれを評価する時代にはまったくそぐわない。冒険・探検はいかなる手段にせよ、大衆に伝わらなければ「冒険・探検」として認識されることはないし、後世に語り継がれることもない。『空白の五マイル』も、それが書籍メディアとして出版され広く読まれたからこそ、角幡は冒険家として世間に認識されたのである。角幡自身も「僕みたいにツアンポー峡谷という、誰も行きたくないような場所でごそごそうごめいても、その意味するところは説明してあげないとわからない。それで書こうという欲求が出てくるんだと思う」（沢木編著 二〇二〇b：

二四七）と語っている。いわば登山とは違い、角幡のようなタイプの冒険を伝えるには探検行の描写だけではなく、その冒険が行われている歴史的背景なども細かく説明する必要があり、活字メディアに親和性が高いというわけだ。

当事者以外の人間が描く「冒険」

一方で、問題は冒険家を「誰が描くのか」である。角幡のクライマーに対する考えを当てはめるなら、ある冒険家のノンフィクション作品を本人ではなく第三者が描くことなど、決して許されないという結論になってしまう。しかしながら、実際はまったくそうではない。たとえば、角幡も尊敬している登山家として、山野《やまの》井《い》泰史《やすし》がいる。山野井は、登山界最高の栄誉「ピオレドール生涯功労賞」を受賞した実力派のクライマーである。二〇〇二年、山野井は妻の妙子《たえこ》と共に三七歳でヒマラヤのギャチュンカンの北壁に挑んだ。登頂には成功したが、下山中に激しい嵐に遭い、何とか下山できたものの凍傷で手足の指一〇本を失った。だが、登山家人生をふいにするほどの負傷を、山野井夫妻は乗り越えたのだ。まさしく、波乱万丈と呼ぶにしても激しすぎるような物語である。その山野井夫妻の登山をテーマにしたノンフィクション作品、『凍』を描いたのは、山野井夫妻ではなく、作家の沢木耕太郎である。沢木は『深夜特急』に代表されるように、自身の旅をノンフィクションとして発表することもあるが、一方で他者の冒険を描くこともある。山野井夫妻の壮絶な登山を描いた『凍』も、当事者ではない沢木が書いた作品である。これについて、実は角幡は違和感を持っていた。角幡は沢木との対談で、その胸の内を素直に語っている。

図8－2　沢木耕太郎『凍』（新潮文庫，2008年）

> 角幡：僕は山野井さんが、沢木さんの『凍』をどう思っているのか気になります。登山って語る必要がない行為だと思うんです。表現行為として美しいし、完璧だから。［中略］七千メートル峰の氷の壁にかっこいいラインを一本引けば、それで周りを黙らせることができちゃう。でも『凍』ぐらいの作品になると、もしかしたら山野井さんを黙らせちゃうことがあるのかも

しれないって気もするんです。

沢木：よくはわからないけど、こういうことはあると思う。ある行為を自分で書けば行為そのものを書くことができる。しかし、それを他者が書くと行為の意味について書かざるを得なくなる。でも、『凍』は、行為の意味ではなく、行為そのものを書いてるような気がするんですね。もしかしたら、山野井さんも、妙子さんも、あれは自分たちが書いたのではないかと思いているかもしれない（笑）。冗談ですけど、そうであったらと思ったりします。

（沢木編著 二〇二〇b：二四七）

沢木の返答はかなり歯切れの悪いものだが、実は山野井泰史も自身の登山体験を執筆し、冒険を書籍化したことがある。それは『垂直の記憶』（山と渓谷社、二〇〇四年／ヤマケイ文庫、二〇一〇年）であり、二〇〇二年の自身の決死の生還を描いた作品である。これは沢木の『凍』の前年に出版されているが、『垂直の記憶』について、山野井は沢木との対談の中で、次のように語っている。

山野井：僕が書いた『垂直の記憶』は、友人も「いい」とは言っても、「〔映像が：筆者挿入〕浮かぶ」と言われたことは一回もないんですね（笑）。沢木さんの『凍』は「あっ、浮かびますね」って、みなさん言います。

沢木：そうでしょ、なんてね（笑）。

（沢木編著 二〇二〇a：二七〇）

意外な事実かもしれないが、そもそも沢木には登山の経験がほとんどなかった。したがって、『凍』を描く際にはかなり苦労したものと考えられる。沢木は山野井夫妻に何度も直接話を聞き、二人の登山の状況について詳しく説明を受けた。言葉によるやりとりだけでなく、当時の登山の様子もふくめ山野井に実際に絵を描いてもらうなどし、そのうえで沢木は作品のイメージを作り上げたのだ。そのようなやり取りを一年ほど繰り返し、実際に自身でも登山も経験したうえで、沢木は『凍』を執筆したのである。いずれにせよ、山野井夫妻から数多くの情報を得たとはいえ、ほとんど山に関する知識のなかった沢木が『凍』を書き上げたのだ。ちなみに沢木は、この作品で「第二八回 講談社ノンフィクション賞」を受賞している。沢木の想像力と文筆力には、まさしく脱帽するしかない。

ここで、角幡の冒険に話を戻そう。「『凍』ぐらいの作品になると、もしかしたら山野井さんを黙らせちゃうことがあるのかもしれない」という発言は、おそらく角幡が山野井の立場になって考えているからに違いない。自分の冒険が第三者によって描かれ、書籍化されるというのは、角幡にとって全くあり得ないことだったのだろう。その理由は、おそらく山野井とは違い、角幡が朝日新聞の記者を経験していたことに関係しているのかもしれない。すなわち、冒険の「行為者」という面もさることながら、文章を書く「表現者」としての自分も決して捨てられないという気持ちを抱いていたのだろう。

「行為者」と「書き手」の緊張関係

一方で、実は当時の角幡には、自身の冒険を文章化すること、あるいは文章化を前提として冒険を行うことに、わずかながらためらいがあった。角幡は、「ツアンポーで最後、激流の川を渡るかどうかという局面がありました。結果的にはその必要がなくなりひと安心していた時に、川を渡ったほうが面白かったんじゃないか、と思った自分がいた。そのことにぞっとしたんですよ。〔中略〕それは行為者としてどこか不純なんじゃないかとも思うんです。潔癖すぎるかもしれないですけど、少なくとも、そのことを常に意識しておかなくては、行為におけるノンフィクション性を保てない。何しろ自分が創造主ですからね。やろうと思えば探検そのものや、現場での立ち振る舞いに至るまで、都合よく編集できちゃうわけです」（沢木編著 二〇二〇b：二五七〜二五八）と語っている。もちろん、角幡にはこの冒険を絶対に作品化したいという意識があったわけで、「表現者」としてそれは素直な気持ちだったのだろう。青春の全てをかけたツアンポー峡谷に対する思いや、自身初の作品を執筆したいという意気込みは、まさしく角幡の本心だったに違いない。一方で、「川を渡ったほうが面白かったんじゃないか、と思った自分がいた」、「書くことを意識してふるまう。それは行為者としてどこか不純なんじゃないか」という考えは、逆に「表現者」でもあるがゆえの苦悩である。

たとえば、前述の山野井に関して言うならば、彼は角幡のような感覚を持っていなかった。山野井は自身の物語を作品として第三者の沢木に描かれたことに対して、しかも沢木がその作品で受賞してしまったことに対して、とくに憤慨するわけでもなかった。なぜかと言えば、そもそも山野井は自身の登山をなんらかの形でアウトプットすることに関して、さしたる意味を感じていなかったからだ。山野井は沢木との対談で次のように語る。

沢木：僕がやっているのは、探検なんかじゃ全然ないし、冒険でもなんでもないんだけど、どこかでアウトプットすることを前提として考えてるわけですよ。どこに行くんであっても。
山野井：そりゃそうですね。ものを書くんですからね。
沢木：山野井さんの場合は、結果としてもちろん書くこともありますよね。だけど、書くことも、極端にいえば、写真を撮ることも、本質的には重要じゃないですよね。
山野井：ですね。本質的というか、全然必要ないことですね。最近の人は常にすぐ発信しようとするじゃないですか。僕は自分がなぜ写真を撮るのかなと考えると、やっぱり老後の楽しみかなって（笑）。ゆっくりアルバム見て、昔はよくやったなというまで生き残れたら、見たいなと思うくらいで。それを発表するためでないことは確かだなと思いますね。
（沢木編著 二〇二〇ａ：二七七）

角幡が山野井の考えを知っていたのかどうかは定かではないが、おそらく山野井のような冒険との向き合い方にある種の憧れはもっていただろう。すなわち、純粋な「行為者」としての振る舞いに対して、尊敬の念をもっていたかもしれない。とはいえ、角幡は自身の冒険行を書き残すという仕事も背負っている。よって、角幡はこの「行為者」および「表現者」という二面性について、ある種の折り合いをつけながら生きる必要があった。冒険を「書く」ことの困難について、角幡は、「冒険や登山に出る場合、僕は初めから「書く」ことを意識して行きます。自分が立てた予定を凌駕するような体験をしたとき、力強い物語が生まれる。でも冒険とはあらゆる危険を想定し、危機的な事態が起きないようにするもの。想定外のことが毎回起きたら、命がいくつあっても足りない。この点が、冒険の本を書く際の難しいところです」（『読売新聞』二〇一一年一〇月二四日東京夕刊七面）と語っている。

冒険には常に、「危険を想定し準備する」ことが重要なのは言うまでもない。これは、冒険家が良い意味で、事前にある種のシナリオを書くことと言い換えてもよいだろう。だが、冒険には「危機的な事態」や「想定外」がつきものであり、それらがあまりにも多すぎれば、「行為」に直接的な影響を及ぼす。最悪の場合、「死」に至ることすらあるだろう。死んでしまえばそもそも冒険を「書く」ことはできないが、逆に「危機的な事態」や「想定外」がほとんどなければ、それを作品として「表現」する際に、頭を抱えることになる。なぜならば、その冒険はほぼ「シナリオ通り」となってしまい、スリルのある物語に書き上げることは非常に難しいからだ。いずれにしても、冒険における「行為」と「表現」の関係を常に「冒険者および表現者」が意識しておくことこそが重要であり、角幡はそのバランスをうまく保てたからこそ、『空白の五マイル』という作品を世に出すことが出来たのであり、高い評価を得たのである。

4　ライターとしての角幡

学術論文に近い記述形式

さて、角幡を「冒険家」としてだけでなく、「卓越したノンフィクションライター」という位置づけにしたのは、朝日新聞社に記者として勤務していた五年間かもしれないし、彼の持って生まれた文才なのかもしれない。いずれにせよ、彼の文章に対する世間の評価は、『空白の五マイル』から現在に至るまで、常に高い。これだけ多くの賞をとっているのだから当然なのだが、著書の構成をみると少なくとも初期の作品には形式的に共通した特徴がある。石川直樹は、『空白の五マイル』の記述および構成について、「ツアンポー峡谷をめぐる探検史自体がまず圧倒的に面白い。あらゆる文献にあたり、実際に現地に何度も足を踏み入れていることから、記述に曖昧な部分がなく、現代にいたるまで脈々と続く探検家たちの足どりを十二分に知ることができる。そして、その系譜の最後に位置する角幡さんが、何を成し遂げたのかはっきりとわかった」（『朝日新聞』二〇一一年二月二〇日朝刊一一面）と述べている。

『空白の五マイル』は、決して角幡の冒険を詳細かつダイナミックに記述しているだけではない。その特徴は、第一に「ツアンポー峡谷をめぐる探検史」をきわめて詳細に説明している点にある。ツアンポー峡谷に関する精微な情報やチベットの冒険史などを一世紀以上にわたって記述し、ツアンポー峡谷で亡くなった日本人の関係者への取材、現地での調査なども行っている。とくに、英語文献なども含め「参考資料一覧」が示されているのは印象的である。それらをふまえて、角幡自身の冒険を「ツアンポー峡谷・冒険史」の中に位置づけるという作業に取り組んでいるのだ。このような執筆過程はノンフィクション作品にも用いられるかもしれないが、いわば学術論文、とくに文系の大学院生が執筆する修士論文などの作法に近い。学術論文では、まず先行研究の検討を行い、そこでまだ明らかにされていない点を指摘し、「本論考の目的」を設定する。そのうえで、研究および調査（文献調査、インタビュー調査、フィールドワークなど）を計画・実践し、論文を作成する。『空白の五マイル』には、このような学術論文にも通じる作法が見られるのだ。もちろん、この作品は学術書ではなくノンフィクションなので、読みやすいように学術論文的構成にはなっていない。「ツアンポー峡谷史」「ツアンポーの冒険史」「関係者へのインタビュー」などは、角幡が実際に行った冒険の記述と交互に配置されており、読者が読みやすいような構成で流れている。全体の流れは基本的に時系列で並んでおり、最後は角幡の冒険のクライマックス（結論）で終わっているのだ。

実は、『空白の五マイル』だけではなく、『雪男は向こうからやって来た』（二〇一一）、『アグルーカの行方』（二〇一二）もほぼ同様の形式を用いている。各々の「探検史」、「関係者へのインタビュー」、地図や写真などのビジュアル資料、「参考資料一覧」などによって構成されているのだ。ちなみに『漂流』（二〇一六）は角幡の実際の冒険を表現した物語ではなく、沖縄の漁師たちの生きざまを第三者の視点から描いたノンフィクションである。ただ、この作品も「参考資料一覧」が示されており、作品の形式には『空白の五マイル』からの連続性が見られるのだ。

卓越した文才への高評価

こういった一連のノンフィクションでの文章構成が決定的に変化するのが、『極夜行』（二〇一八）である。この作品は冒険家・角幡というよりも、「人間・角幡」の冒険物語である。なぜならば、冒頭の記述が冒険・探検に関係したことではなく、角幡の妻の出産シーン（娘が生まれる）というきわめてプライベートなシーンから始まるからである。この点は、以前の作品と比較すると明らかな変化である。北極圏の旅路を記した地図が示されているものの、巻末の「参考資料一覧」や、北極行における探検史の記述などはない。『極夜行』の文章そのものについても、エッセイストの宮田珠己は、「角幡唯介の探検記はいつも極限状態に読者を引きずり込む。読むうちに、自宅の快適なベッドで寝ころんでいるのに、早く家に帰りたいと思うほどだ。それほどに臨場感あふれる筆致で、探検というものの厳しさ、探検家の揺れ動く心理まで鮮やかに蘇らせる筆力は、見事というしかない。［中略］旅の終わり、探検家は四カ月ぶりに太陽に再会し、世界に色彩が溢れる。ぐっときた」（『朝日新聞』二〇一八年三月四日朝刊一三面）、ときわめて高く評価している。「探検家の揺れ動く心理まで鮮やかに蘇らせる筆力は、見事というしかない」とあるように、見事な文章に彩られた「探検ノンフィクション」とされているのだ。

図８－３　角幡唯介『極夜行』（文藝春秋，2018年）

一方で、角幡の文章にはやや俗っぽい表現も多い。そのあたりについて指摘しているのが、産経新聞の書評である。「『極夜行』は「システムが支配する日常世界からの脱出」を掲げて臨んだ。高尚な理念とは裏腹に〈美しすぎる八戸市議みたいな光景〉や〈月のやり口はまるで夜の店の女と同じ〉など、通俗的な表現が多い。そのせいか、週刊誌のようにすらすらと読めるのだ」（『産経新聞』二〇一九年九月二四日大阪夕刊四面）、とあり通俗的な表現の多さに注目しているのだ。もっとも、そのような表現は「美しすぎる八戸市議」や「まるで夜の店の女と同じ」だけではない。「私と犬の間には童貞と処女がセックスに初挑戦するときみたいなぎこちなさが漂っていた」（角幡 二〇一八a：三二）、「犬が〔中略〕あろうことか私の菊門を慈愛に満ちたテクニカルな舌技でぺろぺろと舐めだしたのである。あふっ。思わず口からはしたない声が漏れた」（角幡 二〇一八a：九三）など、同様の表現は角幡の作品、とくに『極夜行』の中で時折見られる。角幡は冒険行に出発する直前、なぜか自らがアン・ルイスの「グッバイ・マイ・ラブ」を口ずさむ場面を加えるなど、心情や風景の描写にあえて俗っぽい表現を使用することが多い（角幡の年齢からして、「グッバイ・マイ・ラブ」は古すぎる曲のようにも思えるが）。もちろん、文章が読みやすくなるという利点はあるし、そもそも文章表現の好みはかなり個人差があるだろう。この『極夜行』での文章表現について、角幡は次のように語っている。

「文章は可能な限りふざけた表現を意識して使っていました。闇とか光とか崇高なことを崇高に書くと宗教っぽくなるでしょ。まじめな内容をどう崩して表現するかを考えたのです」。

（『産経新聞』二〇一九年九月二四日大阪夕刊四面）

たしかに、『極夜行』の舞台となる北極圏では一日中太陽は昇らず、多少なりとも明るいものといえば、月か星くらいである。極夜の崇高な空間を意識しつつ、敷居を上げずにそこへ読者を引き込むために、わざと通俗的な表現を使用していたのだ。とはいえ、「まじめな内容をどう崩して表現するか」という問題を克服するのは、それほど容易なことではない。では、『極夜行』ではなぜこのような文章表現が可能だったのだろうか。実は、角幡は『空白の五マイル』以降、ノンフィクションだけではなく並行してエッセイを書いていた。そういった経験も、表現に多様性をもたらすのには有利に働いていたと考えられる。ちなみに、角幡が書いたエッセイ集は『探検家、36歳の憂鬱』（二〇一二）、『探検家、40歳の事情』（二〇一六）として出版されている。ノンフィクションではなく、あえてエッセイ集を発表していたのだが、その内容や表現形式はどのようなものだったのだろうか。

エッセイ集の発刊へ

『探検家、36歳の憂鬱』および『探検家、40歳の事情』は、これまでの冒険ノンフィクション作品と比べて、内容や文章形式が大きく異なっていた。内容はいずれも冒険家としての記述というよりも、「ひとりの生活者」としての日常や、自身が生活の中で考えていることなどを描いているのだ。たとえば『探検家、36歳の憂鬱』は、角幡が三五歳を過ぎてから合コンに行ってもまったくモテなくなった話で始まり、大学を出ても就職しなかった理由、若者たちの富士山登山ブームに関する考察など、彼の日常をとりまく事柄に関する記述が中心である。『探検家、40歳の事情』は、角幡家で繰り返される夫婦げんかの話題に始まり、頻繁に繰り返す忘れ物の話など、彼の日常や社会をとりまくエピソードでちりばめられている。ちなみに、三五歳を過ぎた角幡が本当に女性にモテなかったかどうかは分からず、執筆のためのネタである可能性もある。書評家の東えりかによると、二〇一四年の時点（角幡は当時三八歳）で角幡に出会い、その印象を「キリリとしたイケメン」「実は女性ファンが多い」「非常時に自分を守ってくれそう」と語っている（東 二〇一四：四四九）。

いずれにせよ、『探検家、36歳の憂鬱』の「あとがき」で角幡は、「今回の執筆作業は過去にないほど楽しい作業ともなった。自分の探検記や誰か取材対象のいる作品を書く場合、やはり文章や文体にはある程度、現実に合わせた自己規制をかけるため、書いていてどこか自由に飛び立つような感覚に欠けてしまう。しかしエッセイや雑文には、まったくそのような自己規制をする必要がないため、闊達に雑念を書き散らすことができた。そう、私は雑念を書きたかったのだ。［中略］そして今、私の中には、エッセイストという肩書をいつか名刺に加えてやろうというただならぬ野心が、ふつふつと沸きあがっているのである」（角幡 二〇一二a：二三六～二三七）と語っている。実際、角幡はエッセイ的な文章に関しても、なかなかのセンスを見せている。たとえば、『空白の五マイル』で記述されているツアンポー峡谷冒険について、北海道新聞の記者から取材を受けた際の事件として、角幡は次のようなエピソードを書き残している。

取材してくれた記者の方から電話がかかってきた。なにやら神妙な声色である。何があったのだろうか。記者の方は記事の中で、私が探検したのは「一九九八年に米の探検隊が踏破するまで空白部分として残っていた約八キロ」と書いた。ところが、これを読んだ読者の方から、この部分に関して、「一九九八年の米の探検隊はその八キロをすべて踏破しておらず、角幡が探検した時にはまだ空白地帯として残っていたはずだ」という、超マニアックな指摘があったのだという。記者としては、もしその指摘が正しいのであれば記事が間違っていることになるから、いったいどうなのか確認したいということだった。〔中略〕「厳密に言えば、踏破したというのは間違いなのかもしれませんが、まあ、そんな細かいことは、気にしなくていいんじゃないですか」。〔中略〕それにしても、私の知らない、ツアンポー峡谷の探検史マニアが北海道にいたとは驚きだ。〔中略〕とがぜん身が引き締まった。そして、〔中略〕記者の方に「その人は、そんなにうるさいクレーマーなんですか……」と恐る恐る聞いてみると、「いや、実は芦別のご実家のお父様からご指摘がありまして……」。おやじかよ！（なんで、そんな細かい内容まで知ってるんだ！）「あーそうですか、私のほうから、（先走った行動はとらないように）言っておきます」と笑いあって話は終わった。
（角幡 二〇一二a：七六～七七）

実際に角幡の「探検ノンフィクション」を手に取る人々は、言うまでもなく冒険・探検に関心が高い人々に違いない。しかしながら、このようなエッセイ集は、そういった危険な行動にまったく興味のない、いやむしろそのような行動を忌み嫌う人々にもとっつきやすい内容でなければならない。ノンフィクション作家で女性の星野博美は、『探検家、36歳の憂鬱』を読み、次のような書評を残している。

冒険ものや探検ものが苦手だ。死と隣合せの難所に挑み、自己の極限を越えたい気持ちはわかるが、〔中略〕強烈な自己顕示欲を感じてしまう。〔中略〕誰もが目にする日常では飽き足らず、世界一高い山や誰も行ったことのない世界が舞台でないと満足できないのは、それだけ探検家の自意識の設定値が高いからだろう。それを包み隠さず、時に露悪的に白状する著者には、逆に清々しさを感じた。そうだよ、探検家がストイックなわけはないのだ、正直に教えてくれてありがとう、と言いたい。それにしても、所々で顔を出す古臭い女性観や幸福観には、失笑を越えて爆笑した。生死の境を何度くぐり抜けても、それだけで人間は成長するわけではないらしい。探検家というのは、ものすごく扱いの面倒な大きな子どもであると、最後の最後に確信した。

（『読売新聞』二〇一二年九月二日朝刊一四面）

探検家の自意識の高さを「時に露悪的に白状する」という星野の表現は非常に的を射ており、「所々で顔を出す古臭い女性観や幸福観」というのも、小市民で保守的な角幡の生活観が現れている部分をするどく指摘している。なんといっても「失笑を越えて爆笑した」という反応は、エッセイを書く上で角幡のねらいが見事に達成されていることがうかがえる。角幡の書いたエッセイ集は二冊とも後に文庫化されているが、これは角幡の書いた文章が冒険・探検にまったく関係ない作品であっても、多くの人々の心に届くという事実を証明したと言えるだろう。

家族・愛娘を描く角幡とその「熱量」

角幡は、二〇一六年に『探検家、40歳の事情』を出版したが、この時期は彼の人生に大きな変化が訪れていたころでもあった。このころ角幡は結婚し、第一子となる娘が誕生していたのだ。そして『極夜行』を出版した翌年の二〇一九年、角幡はついに自分の娘をテーマに『探検家とペネロペちゃん』を出版する。この作品は、彼の愛娘への溺愛ぶりを一冊の本として書き綴ったもので、探検家・冒険家の著作としてはかなり異質である。そもそも、冒険家が自分の家族について、本一冊の文量を費やして何かしら詳しく語るというのは、おそらく前代未聞だろう。

この『探検家とペネロペちゃん』について、二〇二一年の文庫版の「解説」を担当したのは、ライターの武田砂鉄である。ちなみに、武田は角幡と同年代の男性で、自身は子どもがいるわけではない。後に『父ではありませんが――第三者として考える』（集英社、二〇二三年）という本を出版し、当時は子どもを持たない立場から「子どもを持つことの社会的イメージ」や「世間の育児に対する考え」などについて、雑誌連載で論じていた。角幡はそのことを知っていて、あえて武田砂鉄に文庫版の「解説」を依頼したのだ。武田は「解説」の中で、まず本文中に散見される角幡の「親バカモード」の全開を指摘している。「子どもは極夜よりも面白い」、「子どもが生まれて、初めて大人の自覚が芽生えた」という角幡の見解に対して、武田は「ほんとうにそうなのか?」、「大人の自覚が別バージョンに改まっただけではないか?」というツッコミを何度も入れる。だが最終的には、「冷静になって考えてみる。これはもしかして、角幡の突出した文章力や観察力が面白く読ませているだけなのではないか。［中略］子育ての話だからではなく、極夜の話だからではなく、やっぱり、角幡が書く文章だから面白いのだ。［中略］そのことに興奮する。ジャンルは違うが同業者なので、そのことに嫉妬してしまう。［中略］この人は、どんなテーマでも面白い話ができてしまうのだ。［中略］なんか悔しくなってきた」（武田 二〇二一：二六一～二六二）と結論づけている。

当然のことながら、角幡の娘や家族に関心を持っているのは、ごく一部の角幡ファンだけにすぎない。ツアンポー峡谷も極夜も、マイナーという意味では同様である。だが、武田は「この人は、どんなテーマでも面白い話ができてしまうのだ」と、角幡のたぐいまれなる文章力・表現力に脱帽しているのだ。実は『空白の五マイル』が数々の賞を受賞していたころ、沢木耕太郎も角幡の文章力について、独特の視点から評価していた。

僕は熱量という言葉で理解していることがあります。ノンフィクションは、［中略］たとえば、ものすごく有名な人だったり、大きな事件や出来事であれば、ちょっとくらい書き手が下手なことをやっても、対象の熱量の大きさでもってしまうということがある。でも、角幡さんの最初の作品の対象は、普通の人にとっては全然熱量なんてないも同然のものですよね。ツアンポーなんて誰も知らない。［中略］へェー、そうなんだ、というくらいの話でね（笑）。『空白の五マイル』にあるのは角幡さんの熱量だけと言ってもいいくらいだと思う。つまり、角幡さんは自分の熱量だけで最初からここまで読ませるものが書けたんだから、これから先、何でも書いていけると思う。なんだか、けなしているんだか、褒めているんだかわからないかな（笑）。褒めているんです（笑）。

（沢木編著 二〇二〇b：二五五～二五六）

沢木は「熱量」という言葉を使って、角幡の文章力を評している。確かにツアンポー峡谷は探検家の界隈では比較的有名なのかもしれないが、そもそも一般人はその存在すら知らないし、関心も湧かないだろう。にもかかわらず、角幡はツアンポー峡谷を題材にして文章を書き、数々の賞をゲットした。したがって、「熱量だけで最初からここまで読ませるものが書けたんだから、これから先、何でも書いていける」という沢木の指摘は、あながち間違ってもいないだろう。すなわち、ツアンポーなんて誰も知らないのと同様、角幡の家族や娘に関しても、基本的に誰も（角幡のファン以外は）興味などない。世間が関心のない対象について「読ませるものを書く」という意味で、角幡の筆力は群を抜いており、冒険・探検に関係のないテーマでもその「熱量」と才能を存分に発揮していたのだ。どんなに衝撃的な冒険・探検を経験しようとも、どんなに娘がかわいくても、それを表現する筆力がなければ、読者には何も伝わらない。ましてや、冒険・探検にほとんど興味のない人も多いのだから、そういう人々に対して冒険行の魅力を「伝える」能力はなおさら重要である。角幡はそれを伝える確かな文章力をもっていたのであり、彼自身がまさしく「すぐれたメディア」だったのだ。

5　東日本大震災と角幡の冒険

「非国民」な冒険家

前節ではライターとしての角幡に注目したが、もちろん角幡は冒険の「行為者」である。したがって、「体験」や「身体性」が重要なテーマになるのだが、それについて注目すべき事例について論じたい。角幡が冒険を続けていった二〇一〇年代、日本では社会を揺るがす大災害が発生した。二〇一一年三月一一日に起こった東日本大震災である。周知のように、この地震によって東北地方を中心に東日本各地で大きな揺れが起こり、とくに東北では大津波あるいは火災などが発生し、破壊的な被害をもたらした。地震の規模はマグニチュード九・〇に達する大地震で、福島第一原発ではメルトダウンを引き起こした。結果的に東日本を中心に、二万二〇〇〇人以上の死者および行方不明者を出し、日本における戦後最大の地震被害が生じたのだ。

実はこのとき、角幡は日本国内にはいなかった。後に『アグルーカの行方』（二〇一二）の舞台となる北極圏へ冒険の旅に出る直前で、三月一一日の時点ではすでにカナダにいたのだ。角幡は、旅に出る前に関係者に配った計画書に、「彼ら〔一九世紀に全員が遭難死したイギリスの北極探検隊：筆者挿入〕はどのような旅路の果てに、いかなる舞台で生きのびようと模索し、どこに迷い込み、そして死んだのか。人間の生と死をめぐる力強い物語を浮かび上がらせることが、この旅を通じての私の最終的な目標である」（角幡 二〇一一a：八五〜八六）と高らかに書き上げている。しかしながら、カナダのニュースチャンネルであるCNNやCBCでも、日本で起きた大震災はトップニュース扱いどころか、放送の大半が震災関連のニュースだったという。ネット上では津波の映像が溢れ、福島第一原発の情報も流されていた。それは、角幡が北極行をスタートさせるわずか五日前のことだったのだ。その際の心境について、角幡は次のように語っている。

その時、私たち〔角幡と極地冒険家の荻田泰永：筆者挿入〕は〔中略〕、明らかに自分たちがこれから取り組もうとしている冒険の適切性を疑っていた。〔中略〕地震と津波と原発事故という三重苦で、まるで崩壊寸前に追い詰められているかのような日本の現状を突きつけられると、私は〔中略〕自分がやろうとしていることがバカみたいに思えてきた。何千人、何万人という自分と同じ国に住む人々が今、目の前でリアルな死を突きつけられているというのに、〔中略〕自分がやろうとしていることは、どこか間違っているのではないだろうか。〔中略〕ものを書く人間として、その時私か見なければならなかったものは、北極とは別なところにあるはずだった。いや、そういうことではなく、私は一人の日本人として震災の体験を共有できないことがなぜか口惜しかった。取り残されたような感じがしたのだ。（角幡 二〇一一a：八五〜八六）

角幡の苦悩は、冒険家でなくても理解することは容易だろう。なぜならば、「震災の体験を共有できないことがなぜか口惜しかった」という感覚は、「冒険家」としてではなく、まさしく「一人の日本人として」抱くものだからだ。だが、角幡は後ろめたさを引きずりながらも、三月一六日に予定通り出発した。北極行の冒険に突入してしまってからは、日々過酷な環境に直面する中で、日本で大震災に直面し苦しんでいる人々に思いを馳せることは、ほぼなかったという。氷上の旅を続け、七月六日、ついに最終目的地であるベイカーレイクの村に到着した。一一三日以上にもわたる過酷な冒険の中で、角幡の心の中では、すでに震災の衝撃はほぼ消え去っていた。

しかしながら、冒険を終えた以上、角幡は日本に帰国しなければならない。日本に帰れば、当然のことながら角幡は「冒険家」であるだけではなく、一人の「日本人」ということになる。東日本大震災は、日本で人々とコミュニケーションをとるうえで必須の話題だ。この状況が、当時の角幡を憂鬱な気分にさせた。

日本に帰って他人と会話を成り立たせることができるのか。〔中略〕いろんな人がいろんな震災の記憶を語り、〔中略〕絶対にそのエピソードが他人事の領域から出ることはないはずだ。自分は日本人として記憶すべきトラウマを心に刻み込むことができなかった欠陥日本人になってしまったのではないか。〔中略〕結局、震災が起きた時、私は遠く離れたカナダ北極圏のテレビ画面でその様子を眺めていただけであり、自分の身体にまでその意味が沁み込んでくることはなかったのだ。

（角幡 二〇一二a：九一）

これは、あくまで「体験」や「身体感覚」を重視するような、角幡のきわめて冒険家らしい発言である。「自分の身体にまでその意味が沁み込んでくることはなかった」という感覚が、それを物語っている。一方で、これは「同時代の体験」という意味で、「戦争体験」の有無に関する議論にも似ている。アジア・太平洋戦争を例に挙げても、戦時中に当時の「日本人」として実際に戦争を体験した世代と戦後生まれの世代では、「身体感覚」という意味で体験の有無が生じていた。戦争体験者の「身体感覚」とは、たとえば本土では空襲だったり、地方への疎開だったり、あるいは沖縄ではいうまでもなく米軍と戦った地上戦である。遠方であれば、南方戦線での飢えやシベリアの寒さなど、戦争体験は非常に多種多様なのだが、それらをまさしく「身体で記憶している」という意味で共通している。それに対して、戦後生まれの世代にはその体験がない。そこに立ちはだかっているのは、時間という壁である。

だが角幡にとっての震災体験を考える場合、「戦争体験」とは違った要素がある。というのも、震災体験の場合「体験」を阻んでいたのは「日本とカナダ」という場所・距離であり、たまたま角幡がそのときカナダにいたという「偶然性」の問題でもある。もちろん、震災の一報を聞いて冒険に出発するのを中止し、すぐ日本に帰国するという選択肢もあったはずである（それでも「発生から四、五日後の震災体験」にしかならないが）。しかしながら、角幡はその選択肢を選ばなかった。冒険を予定通り終えて帰国したとき、角幡は日本で「知り合いの女性から、あなたは非国民よと言われた。その時私は、自分はたしかに非国民なのかもしれないと思った。その言葉が妙に居心地良く腑に落ちたのだ」（角幡 二〇一二a：九三）と語っている。角幡が本当に「非国民」であるかどうかはさておき、彼が「その言葉が妙に居心地良く腑に落ちた」と語っているのは注目に値する。すなわち、彼はこのとき、自身が祖国で震災が起こればすぐに帰国し、仲間の安否を第一に確認するような「善良な日本人」ではなく、あくまで「冒険家・探検家」としてのアイデンティティを貫いたことを改めて認識していたのだ。

冒険的な「震災体験」と「身体性」を伴うナラティブ

日本国内で震災をリアルタイムで体験できなかった角幡は、帰国後、東北地方に赴いた。その理由は、「私は一人の日本人として震災の体験を共有できないことがなぜか口惜しかった。取り残されたような感じがした」ということにほかならなかったのだろう。角幡は被災地を転々と訪れたのだが、震災当時の話をいくら体験者たちから聞いても、それを自分事として捉えることができなかった。角幡自身も「震災を体験しなかったことが原因で、私の身体はメディアとしての機能を失っており、そのため（東北の震災時の：筆者挿入）シーンにすら感動することができなくなっていた」（角幡 二〇一二a：九五）と語っている。すなわち、本来であれば震災の中で人々が体験したおぞましい「シーン」の語り、たとえば巨大な津波に襲われた、大地震で建物が崩壊した、あるいは家族や友人を失ってしまったなど、角幡はそれら数々の語りに「物語」を見出し、感情移入するはずである。だが、角幡の中では各々の「シーン」はたんなる「エピソード」と化してしまい、そこに自分自身で事後的に「意味のあと付け」をすることしかできなかったのだ。仙台から南相馬まで被災地を巡ったものの、被災地の中でもなるべく惨状をきたした地域を選んで訪問するという行動に、角幡は自分で嫌気がさしたという。しかしながら、角幡にとってその中でも一つだけ、震災の「シーン」が「物語」として立ち現れたことがあった。それは、釜石市の元職員の話で、津波に襲われた際に九死に一生を得たという「語り」である。少し長くなるが引用する。

津波の発生を知ったのは、地震が起きた直後に息子が家に駆け込んで来て、「お父さん、津波だ！」と叫んだ時だったという。窓を開けたら、線路のあたりにナイアガラの滝みたいな白い壁が迫ってくるのが見えたのだ。〔中略〕一階の屋根に移ると、家が水の力で動き始め、時計回りで回転している巨人な渦の中を漂い始めたという。別の家の屋根の上にも人が乗っており、〔中略〕気がつくとその家は沖のほうに流されていってしまった。たぶん死んでしまったのだと思われた。家は山のほうに向かって流され、途中でとまった。電線につかまり別の家に移ると、津波の第二波がやって来て、水量がみるみる増え始めた。そして首の下まで水に浸かり、もうダメだと観念した。だがその時、幸運にも水は引き始めた。しかし今度は近くのコンビニが爆発し、自分が避難した住宅に火が燃え移った。その後はどうやって別の家に逃げたかよく覚えていない。〔中略〕最後はたまたま近くにいた消防士の助けも借りて安全なところに避難できたという。〔中略〕周りでは多くの人たちが死んだ。自分がなぜ助かったのか今でも分からないんですよ、とその人は言った。（角幡 二〇一二a：九九〜一〇二）

角幡はこの被災者の語りの中に、明らかに冒険的な「物語」を読み込んでいた。もちろん、厳密に言うならば、この被災者の津波体験は冒険とは言いがたい。本多勝一による冒険の定義によれば、冒険とは「危険であること」と「主体的に行うこと」が条件とされている。彼の体験は「危険であること」は十分に満たしているが、決して自ら津波を経験しようとしたわけではない。普段の日常生活を送っていたにもかかわらず、大地震によって突然に命の危険に晒され、なんとか危険を乗り越えたというのが正しい認識だろう。だが、冒険と彼の体験に共通するものが二つある。一つは大自然がもたらした危険を自ら乗り越えたという「身体性」、および死ぬという可能性がかなり高かったにもかかわらず、結果的に生き残ったという「偶然性」である。「自分がなぜ助かったのか今でも分からないんですよ」という被災者の言葉は、冒険・探検にきわめて近い。この二点は、角幡が自身の冒険の中でまさに体験しているものである。とくに「身体性」に関しては、「電線につかまり別の家に移る」、「首の下まで水に浸かり、もうダメだと観念した」などきわめて具体的な描写であり、角幡はそこに「冒険の物語」を見出したのだ。

別れ際、彼は車を降りると、右手を私の前に差し出した。そしてその細い目で私のことをじっと見つめながら、私の手をぎゅっと握りしめたのだ。大槌に来てくれてありがとう。大槌に来てくれてありがとう。彼は二回そう言って、握手というにはやや不自然なほど長い時間、私の手を握っていた。その手の熱さと、瞳の力強さは今でもまだ強く、私の体に残っている。それが私にとっては唯一の震災体験となった。（角幡二〇一二a：一〇一）

被災者の体験談もさることながら、角幡は被災者の「手の熱さと、瞳の力強さ」から、唯一の震災体験を受け取ったのだ。彼は、津波に襲われたときまさしくその「手」で屋根によじ登り、その「手」で電柱にしがみつき、自身の命を繋ぎ止めたのだ。これは、災害の語り部のような「言葉による伝承」には見られないものである。あえて表現するならば、「身体感覚」による体験の伝承とも言えるだろう。角幡自身は、自分の冒険の体験を実際には「文章で」伝えているわけで、彼のように表情、言葉、そして何と言っても「身体」（「熱い手」）を駆使して自身の体験を伝えているわけではない。すなわち、彼の独自の伝達方法が、角幡が「そのとき日本にいなかった」という呪縛を解き、「身体」のレベルで冒険家と被災者を繋ぎ合わせ、震災体験の継承がなされたと考えられるのである。

6 「教養」への憧れと「冒険を論じること」

角幡の冒険を考えるうえで論点はいくつもあるが、冒険の「書き手」や「身体性」とともに、「教養との距離」という点も興味深い。ここでいう「教養」とは、小田実の『何でも見てやろう』に読み込まれたような「教養」（社会の変革に役立つ）ではなく、むしろ第1章で論じた「学術探検」に関するものである。角幡は自身の冒険・探検の中で、決して学術的なものを体現したわけではない。むしろ、そこから最も遠いポジションに自身を置いていたと言えるだろう。これまで議論の俎上に載せてきた冒険家で言えば、堀江謙一や植村直己のようにあくまで「個人の冒険」であり、そこに角幡は「科学の発展への寄与」や、ましてや社会変革のために役立つことなどまったく考えていなかった。一方で、角幡はひそかに自身の冒険をかつての京都学派と比較し、ある種の劣等感を抱いていた。その意識が、徐々に彼の冒険の方向性を変えることになるのだが、ここではそのプロセスについて論じる。

冒険に対する考えとその変化

角幡の冒険行を追っていくと、『空白の五マイル』と『極夜行』の間には、すでに指摘した文体や構成の変化だけではなく、冒険へのアプローチにも大きな相違が生じている。その背景には、角幡自身の冒険・探検に関する考え方の変容があった。既述のように、角幡は『空白の五マイル』で世間から注目され、数々の賞を獲得した。まず、角幡は二〇一〇年当時、自身のツアンポー峡谷における冒険、さらにその冒険を詳細に記述し著書を出版したことについて、どのように考えていたのだろうか。『空白の五マイル』の「あとがき」には、次のような記述がある。

今思い起こすと、私が書きたかったのは自分自身のひとりよがりな物語だった。そのため当然ながら時事的な問題を扱うノンフィクション作品のように、事実を検証することで今という時代や自分たちの社会を浮き彫りにしようなどという意図とは、とんと無縁だった。私の探検は二〇一〇年という時代の関心や日本社会の世相とはかけ離れており、その行動は完全に浮いていた。もちろん自分にもその認識はあったが、しかし私にはそんなことはどうでもよかった。
（角幡 二〇一〇＝二〇一二：文庫版三〇〇）

角幡は当時、自身の探検が「時代の関心や日本社会の世相とはかけ離れており、その行動は完全に浮いていた」（それについての認識はあったものの）と力強く語っている。さらに「そんなことはどうでもよかった」ともわざわざ付け加えている。すなわち、若き日に夢見たツアンポーでの冒険を完全燃焼させ、自らの冒険への欲求を満たすことが全てであり、自身の冒険・探検と社会の関係などまったく関心がなかったのである。ここから想起されるのは、一九六二年の堀江謙一、『太平洋ひとりぼっち』である。すでに第2章で述べたように、堀江は「太平洋を、ただ渡りたいから渡った」という至ってシンプルな動機で、太平洋の単独無寄港横断を成功させた。角幡の場合も、学生時代からあこがれ続けていたツアンポー峡谷に「行きたいから行った」ということになるだろう。

だが、堀江と角幡では、その後の「冒険に対する意味づけ」の変化という点で違いがある。もちろん、両者とも冒険に思いを馳せ、実践し続けていることに変わりはない（冒険家としてのキャリアの長さは違うが）。堀江は同様の動機でその後も数々の海洋冒険に挑み、それらを成功させていったが、角幡の場合、自身の方向性がやや変化を見せている。角幡は二〇一八年の『極夜行』、および同年に『新・冒険論』を出版したのち、「僕の考える冒険は、今僕らが住んでいるシステムの枠組みの外側に飛び出すことです。〔中略〕システムの外側に飛び出してみることによって、内側にいる僕らの思考や行動の枠組みの限界のようなもの、境界線が見えるような気がします。そういった意味で、僕は冒険家には批評性が重要だと思っています」（角幡・山極 二〇一八：一七五）と語っている。

この発言は、『空白の五マイル』執筆直後では考えられないような内容である。この時の対談の相手が京都大学教授の山極壽一だったことも影響しているかもしれないが、「システムの外側に飛び出してみること」、「冒険家には批評性が重要」という言葉は、デビュー当時の角幡とは別人のようにも思える。すなわち、「冒険・探検」というものを個人的な行為ではなく、社会との関連で意味づけようという意識が見られるのだ。これは、堀江謙一や植村直己のような「個人としての冒険」とはまた別の立ち位置であり、「冒険の社会性」を意識した発言とも言える。では、このような心境の変化は、いかにして生じたのだろうか。

「教養」や「正当性」に対するコンプレックス

そもそも、角幡は自身の「探検家」としての立ち位置に、ある種の「劣等感」のようなものを抱いていた。というのも、数々の作品に目を通す限り、角幡は自身の冒険を探検史に位置づけようとする志向が強い。ツアンポー峡谷に世界の探検家たちが挑んでいった歴史や、「極夜」における長期間の冒険にほとんど前例がないことなどに注目し、世界の探検史を視野に入れたうえで冒険行の前にリサーチしていたからだ。そういった冒険・探検史についての関心もあってか、角幡は自身と同年代の冒険家よりも、自身より前の世代の探検家たちと自分を比較することがしばしばある。たとえば、角幡は京都学派の探検家たちを議論の俎上に載せ、次のように語っている。

同じ探検を土俵としているだけに、私には梅棹さんをはじめとする、いわゆる京都学派の人たちに対して、ある種のコンプレックスみたいなのがあった。〔中略〕やっぱり探検の本家は京都大学で、自分がやっていることは所詮亜流なのだという意識がどこかにあったのだ。梅棹さんは若い頃、モゴール族という謎の民族を探すためにアフガンを彷徨うという滅法面白い探検をして、それを平易な文体でスリリングな本に書き著し、あろうことかベストセラーにまでなっている。それにとどまらず、このときの旅ではアフガンの後にインドに足を運び、その経験をもとに『文明の生態史観』をまとめて当時の日本に大きな知的インパクトをもたらした。要するに探検家などという大それた肩書を名乗る以上、本来ならこのように社会に対して新しい知見をもたらす役割があるわけで、それに比べたら私などほとんど乱暴狼藉に近いような無茶をやって、それを本にまとめているだけで、ちゃんと探検している京都の人たちから見たら、ほとんど鼻クソ程度にしか映らないのではないかと自虐的に考えるところがあったのだ。

（角幡 二〇一三：三六～三七）

角幡が探検家として、「鼻クソ程度」であるかどうかはさておき、角幡自身が京都の探検家たちにある種のコンプレックスを抱えていたことは、多かれ少なかれ事実だろう。つまり、梅棹などを中心とした京都学派の探検の特徴である「教養」的なるものにあこがれを抱いていたのだ。角幡は、自身の出身である早稲田大学探検部にも言及し、「探検業界的にも京都大学は今西錦司、梅棹忠夫、中尾佐助、最近なら山極壽一等の系譜をひく日本最強のフィールドワーク大学であり、私の出身母体である早稲田大学探検部に流れる西木正明、船戸与一、高野秀行系の、どこからどう見ても胡散臭い系譜とちがって超王道である」（角幡 二〇一九a：一六七）と語っている。早稲田大学探検部ＯＢの系譜が「どこからどう見ても胡散臭い」かどうかはさておき、京都学派の探検の系譜を「王道」としているのだ。ちなみに角幡は、自身の娘の将来についても、できれば京都大学へ進学してゴリラの研究者になってほしいと語っている。それがどこまで本気なのかはさておき、京都学派に強い憧れを抱いていたことは事実である。

一方で、角幡は「冒険・探検家」であるだけではなく、「ノンフィクション作家」としての側面ももっていた。角幡は、ライターとしての自身の正当性について、「私は自分のやっていることをどこかで邪道だと思っている。〔中略〕ノンフィクションの王道はやはり取材だろう。新聞記者をした経験があるせいか、他人に話を聞き、新しい情報を掘り起こして、事実の力で知られざる物語を明らかにする作家こそ、ノンフィクション作家としての王道だという考えがある。しかし私の書いているのは〔中略〕自分の探検行を面白おかしくまとめただけで、自分の世界に読者を強引に巻きこんでいるだけ、つまり社会性がゼロである」（角幡 二〇一九a：一六五）と語っている。

角幡は自虐的な文章を比較的好むので、その発言が完全に本心なのかどうか疑わしい面もあるが、冒険家としてもノンフィクション作家としても二つの問題を挙げている。第一に「社会に対して新しい知見をもたらすことがない」、第二に「探検にしてもノンフィクションにしても、王道でない」ということである。それを踏まえたうえで角幡の冒険に対する考えの変容に話を戻すと、以下に興味深い対談がある。角幡も尊敬してやまない本多勝一と梅棹忠夫が、一九八四年に植村直己の冒険家としての問題点について言及した議論である。ちなみに、角幡は自身が梅棹を論じた二〇一三年の文章の中で、この対談に言及している（角幡 二〇一三：三六～三七）。すなわち、角幡がこの二人の対談の内容を読んでいたことは間違いないのだ。その内容は以下である。

本多：「われわれ」と言うと異論のある人があるかも知れんけど、われわれと敢えて言えば、いわゆる京都学派的な探検ですね。探検と冒険はちがうけれども、この場合まあ冒険とした場合に、ある哲学があるのですよ。「なぜ冒険をやるのか」と。行動に論理性がある。その論理の延長として「次はどうすればいいか」が出て来るのだけれど、植村さんにそれがないのが弱点になったのではないかという気がする。

梅棹：恐らくそれはなかったやろな。その辺のところをぼくは対談で聞きたかったんや。どういう論理を用意してるか。論理は、いわば一種の人間世界における「泳ぎ切るための武器」として必要なんや。自分一人で好きなことをしとる限りは、別に論理はいらへん。

本多：好きなことをしてればいい。

梅棹：好きなことすりゃそれでいい。ところが社会的にいろいろな接触をおこなうにさいして問題が起こる。そのときに論理以外のものは通用せえへんな。だから彼がどういう論理を用意しとるやろうかと、たいへん興味があった。冒険というものをなにかの意味で正当化せんならんわ。

本多：社会的なつながりを持たせられるような説明をしなければならない。

梅棹：説明せなならん。それをどういう具合に説明しよるやろかと、それに興味があった。

本多：私が朝日に植村論を書くためにインタビューしたのですが、そのとき彼は「他人の評価を気にしないことにした」というのです。どういうふうに言われようがそれを意識してはダメだというようなことを言ってました。

梅棹：しかし評価を気にしないという言葉で社会的接触を拒絶したら、やっぱりこれは悪いのとちがうんかな。やっぱり冒険というのにも社会的側面があるから。「なんと言われようともおれは知らん」とばかり言うてられんようになってくる。そこが落とし穴になってくる。

本多：そうですね。

（本多・武田編 一九八四：二二一～二二二）

これは植村直己について梅棹と本多が論じたのであり、角幡の冒険に直接関係しているわけではない。ただ、植村と角幡の共通点は、いわゆる京都学派の系譜に当たらない冒険家であることで、それに関して角幡も十分に意識していただろう。したがって、角幡は植村に対する議論を自身に置き換え、角幡なりの冒険家としての「論理」を確立する必要性を感じたのかもしれない。梅棹が、冒険家にとって論理は「いわば一種の人間世界における「泳ぎ切るための武器」として必要なんや」と語るように、角幡は植村を反面教師的に受けとめ、自身の冒険を理論武装する必要性を感じた可能性はある。実際に、角幡がこの対談に影響されたのかどうかは不明だが、二〇一三年頃から「反システム」後に「脱システム」という言葉を使い、冒険を社会と絡めて理論化しようとし始めたのだ。

角幡は『新・冒険論』(二〇一八)の中で、冒険を「脱システム」というワードを中心に論じている。角幡は「神話」や「情報システム」、「制度化」(登山などがジャンル化されていくプロセス)などを議論の俎上に載せ、「冒険」イコール「脱システム」という論理を展開している。確かに、太陽が毎日のように地上を照らすのは当然のことではない(極夜という別世界がある)し、地上でのナビゲーションを機械に頼ることも現代人の感覚に限られたものでしかないだろう。簡単にいえば、人々が抱いている常識を「相対化」しているのである。一方で、角幡の「脱システム」の概念はそれほど緻密なものではなく、かなり曖昧である。たとえば、この世界は「国家」「資本主義」「家族」「メディア」「社会階層」「エスニシティ」など様々なシステムに満ち溢れているが、角幡はそれらを総体的に論じているわけではない。角幡が脱システムを論じるうえで参考にした本多勝一は、冒険の最終形態を「革命」であるとした。だが、角幡の議論はあくまで「脱システム」によって一般社会を相対化するという発想であり、ソフトな議論に収斂している感は否めない。しかしながら、ここで注目すべきは、角幡の議論の内容や緻密さの欠如ではない。「脱システム論」は、実は角幡の「探検ノンフィクション作品」を語るうえで、きわめて重要な要素となっていたのである。次節では、それについて具体的に論じていこう。

7　情報通信システム技術の浸透と「冒険の意義」の創出

角幡にとってのGPSと身体感覚

ここでは角幡の「脱システム論」と絡めつつ、近年の情報通信システム技術の進歩と、角幡の冒険の関係について考えてみたい。言い換えるならば、メディア技術の進化と、二一世紀の冒険・探検との関わりである。言うまでもないが、情報通信メディアの発展はすさまじく、私たちの日常生活にはスマートフォンやカーナビゲーションなどがすっかり溶け込んでいる。たとえば、現代人は歩いているときにスマートフォンで現在の位置をしばしば確認するし、車のカーナビを利用して道を知らずともあるいは地図を使わずとも、目的地に辿り着くことができる。いわば、自分が移動する際のナビゲーションを、モバイルメディアに大きく委ねているのだ。

このような現象は、冒険・探検界ともまったく無関係ではない。GPSや衛星携帯電話などが普及し、二〇一〇年代では、カナダやグリーンランドなど北極圏付近を移動する際、ほぼ全ての冒険家がGPSや衛星携帯電話を使用していると言われている。現地に住むイヌイットでさえも、その多くがGPSを所持している。角幡も、二〇一一年の北極行（『アグルーガの行方』）では、目的地を決めてGPS（全地球測位システム）を携帯して長距離を歩くという現代的なスタイルで冒険行を成功させた。しかしながら、その時の自身の冒険に対する感覚として、「でも何か違和感があったんですよ。例えば一〇〇〇キロ先の町に行くと決めて、六〇日分の食料を持っていく。計算すると一日平均何キロ歩かなくちゃいけない、というノルマが出てくる。［中略］どんどん行動が縛られる。そうすると、土地への没入感がすごく希薄になる。必死になって表面を歩いてるけど、深みに達していない。活動を見直す大きな転機になりました」（『エコノミスト』二〇二三年一月一〇日号、四二〜四三）、と語っている。

角幡はGPSの使用に大いなる疑問を感じ、それについては冒険・探検界の現状を見渡したうえで、『新・冒険論』の中で次のように説明している。少し長文になるが、以下である。

北極や南極の極地探検の世界では、〈無補給単独徒歩到達〉といったように無補給や単独や徒歩といった言葉が自力性を示すスローガンとして使われることが多い。ところがその一方で、なぜかＧＰＳのような機械は無批判に使用されつづけている。本来の自力の観点からいえば、ＧＰＳのような機械はナビゲーションに関する判断をすべてゆだねるわけだから、これを使っただけで行為は管理され、自力度は極端に下がる。だが今の冒険界の感覚では、ここは全然問われないのだ。また近年は登山の世界でも、スマホに搭載されたＧＰＳを使って登ることがあたかも安全に登るために守らなければならないマナーであるかのように推奨されているが、この論議においては、なんのために山に登るのかという観点が忘れ去られている。地図を見て周囲の地形と照合して現在位置を判断することは、登山の自力性にかかわるかなり根本的な部分のように思えるが、そのことは全然顧みられていない。つまり今の冒険者や登山者の感覚は完全にスポーツ化してしまっているので、肉体的に自力的かどうかという点にしか留意しないのである。ＧＰＳによってルートを明示してもらってそれにしたがって移動するというだけでは、その行為は単なる運動行為にすぎないのであるが、それでＯＫというのが今の冒険者、登山者の感覚だ。

（角幡　二〇一八b：一八六〜一八七）

以上のように、角幡は情報通信技術の発展や、それを容易に受け入れている冒険界・登山界の現状に大きな疑問を感じていた。これは、科学技術を駆使した冒険を新しいものとして提示した三浦雄一郎の「エベレスト大滑降」（一九七〇）とは真逆の発想である。大阪万博の時代を背景にして、科学技術を称賛して存在感を高めようとした三浦とは対照的に、二〇一〇年代の角幡は新技術の発展によって変化してしまった冒険界・登山界の慣習を、あえて否定しようとしたのだ。したがって、角幡は『極夜行』ではＧＰＳを携帯しなかったわけだが、実はこれが『極夜行』の物語のキモになっているのだ。ＧＰＳを使用しない場合、自分の位置情報は地図と六分儀、およびコンパスなどで得ることになる。六分儀は位置情報を調べるメディアとしてはＧＰＳよりもちろん古く、精度もはるかに低いが、それを使って北極星の高度を測り、おおよその自分の位置を推定することができる。それについて角幡は、

「地形を見て、地図を見て、六分儀で計測した値と照合する。このプロセスを経ることで、自分をまわりの世界に組み込むのです」（『産経新聞』二〇一九年九月二六日大阪夕刊五面）という独特の表現を用いて説明している。

だが『極夜行』では、肝心の六分儀が突風に吹き飛ばされてしまい、旅の序盤でそれを失くしてしまう。したがって、歩く方向や自分の位置を確認する際に頼れるものは、コンパス、地図、わずかな地形の変化、月の明かり、北極星を中心とした星の位置などしかなかった。すなわち、いわゆる「目視」が中心になっていたのだ。当然のことながら、角幡は旅の中で一日中真っ暗な極寒の地を歩いているのだが、自分の現在地を正しく認識しているのかもかなり怪しいし、進むべき方角もはっきりと分からなかった。そのような、位置情報や方角がおそろしく不明確な闇の中で、つねに恐怖を抱きながら北極圏をさまよう旅となったのだ。

GPSをもたないことの「現代的意義」

それでは、そもそもGPSとはいかなる特性をもつ情報システムなのだろうか。それをメディア論の視点から考えてみたい。まずは、メディア情報の「精度」の側面から分析してみよう。これは、M・マクルーハンの「ホットメディアとクールメディア」という議論にも関わるのだが、論点をシンプルにするためマクルーハンの議論はおいておこう。GPSと六分儀を比較すると、データの精度が非常に高いのは、明らかにGPSである。GPSによって、冒険家は自分が地理的にどの場所にいるのかを正確に知ることができるし、そのために必要な労力もほとんどない。したがって、冒険をより合理的に行うという意味で、きわめて有益なメディアである。一方、六分儀はGPSと比較して精度はそれほど高くない。しかも、自身の位置を割り出すにしても、進むべき方向を知る際にも、地図や実際に見える地形や北極星の位置などを含めて考える必要がある。要するに、膨大な時間と労力が必要なのだ。

角幡の『極夜行』の場合、六分儀を旅の早い段階で失くしてしまったので、自分の位置情報や方角を正確に知ることは恐ろしく困難だった。コンパスや星、地形、月明かりなどの目視情報に頼るしかなく、冒険家の側が主体的にかつ積極的にまわりの情報を読み込み、位置を推測するしかないのだ。しかしながら、角幡はそのような状況に置かれたからこそ、「自分をまわりの世界に組み込む」ことが可能となったのだ。すなわち、GPSという高精度メディアをもたないことで、角幡が冒険に求める「身体性」を得ることができたのだ。さらに、それはこの冒険行を『極夜行』という作品にする際にも、きわめて有益だった。なぜならば、GPSがないことによって生じる数々の困難は、角幡の北極行の「物語」にとって大きなドラマになるからだ。

この「GPSを所持しない」ということが、角幡の考えでは「脱システム」的な行為とされ、彼自身の冒険の大きな要素となっているようだ。だが、GPSが普及した時代において、あえて「GPSをもたない」ということの意味をあらためて問われなければならないだろう。角幡は現代社会とGPSについて、「北極圏の場合はイヌイット自身が狩猟のために旅をしてきた民族で、今では彼ら自身が移動の際に通信機器を使うので、私がGPSや衛星電話等を持たないというと、そういう安全にかかわるものはちゃんと持ち歩いたほうがいいと忠告を受けることがある」と語る（角幡 二〇一八b：一一〇～一一一）。北極圏あるいは冒険界において、GPSは冒険家や探検家だけではなく、現地で生活するイヌイットにも普及している。すでに時代は、日本人である角幡が、現地のイヌイットから「ちゃんと安全のためにGPSを持て」と注意されるような状況へと変わっていたのだ。すなわち、システムのなかにいるのがイヌイットで、「脱システム」しているのが角幡の側だという認識である。一方、歴史学者で東洋史が専門の高嶋航は、『極夜行』と「脱システム」の関係について次のよう述べている。

> 最近、探検家の角幡唯介は本多の議論を継承発展させて、冒険＝脱システムという考え方を提出した。これは冒険・探検的精神のあり方の説明としては有効だが、それがどのように実践され、社会で意味づけられ、消費されるかという問題を解明するには十分とはいえない。極夜の北極を四か月歩き続けるという角幡の冒険の実践も、自分探しの時代／社会の刻印を帯びている。（高嶋 二〇一九：一二四）

角幡は、自身の「土地への没入感がすごく希薄になる」いわば「身体性の欠如」を補うために、GPSを携帯しないという選択をした。あるいは、GPSの普及という状況をみたうえで、あえてそれに抗ったのかもしれない。

一方で、その選択は「GPSを携帯する／しない」という選択肢があるからこそ、意味を有する決定である。なぜなら、もしGPSが開発されていなかった時代、あるいはとても個人の冒険家が所持することなどできなかった時代であれば、そもそも持たないことが当然であり、それを持たずに旅することに特別な意味はないからだ。すなわち、角幡の冒険スタイルは、かつては北極圏を冒険する際の「初期設定」にすぎなかったのだ。その行為が意味を帯びるのは、まさしくGPSが一般化した現代社会以降にほかならない。言葉を変えるならば、「あえて地図と六分儀を用いて、あるいは目視だけをたよりに極夜をさまよう」という冒険の意義は、現代社会においてあらためて発見されたものである。したがって、『極夜行』において「GPSを持たない」ことが角幡の冒険のオリジナリティになるならば、その前提には「GPSの普及」という社会状況が決定的な意味を持っている。その事実によって、角幡の冒険は「テクノロジーの進化に抗うもの」として現代社会で意味づけされ、大衆に消費されていたのだ。

　ちなみに、角幡とほぼ同世代の冒険家で言えば、登山家の竹内洋岳《たけうちひろたか》にも同様のことが言える。二〇一二年五月、竹内はヒマラヤ八〇〇〇メートル峰全一四座の完全登頂に日本人で初めて成功した。実は、一四座の最後に残されたダウラギリに登る際、竹内はGPS機能を用いて、自身の現在地の情報を同時進行でインターネットのサイト上に表示させていたのだ。栗城史多の「冒険の共有」を髣髴とさせるが、これによって竹内の位置情報および登頂の成功を、多くの人々がネットを通して確認することができた。すなわち、GPSというテクノロジーを使用し、その情報をあえてメディアを通して多くの人々に開き、自らの記録の達成を共有することに成功したのだ。

　この登山は、一見すれば角幡の冒険行と正反対の行動のように映るかもしれない。確かに竹内の登山は、その時代や情報通信技術の発展を象徴する冒険だったとも言えるだろう。竹内の場合は角幡と違い、GPSを自身で使用するだけではなく、あえてその位置情報を社会に開示し、自らの冒険の成功を世間に認識させたのだから。しかしながら、社会や通信技術の現状を踏まえたうえで、「GPSを使用する／しない」という選択肢の中から自身の冒険に適切なものを選び、その冒険行を意味づけし、大衆に提示した（書籍であれ、ネットであれ）という意味では両者に違いはない。すなわち、両者の冒険は一見相容れないもののように思えるが、メディアの発展という現状を踏まえて自身の冒険を考え、そのうえで社会に提示し、消費された冒険という意味では共通しているのだ。

衛星携帯電話と「脱システム」への大きな壁

さらにもう一つ、角幡を翻弄した情報通信メディアは、衛星携帯電話である。すでに述べたように、北極圏を旅する冒険家は、ほとんどが衛星携帯電話を所持している。一方の角幡は、『極夜行』においてGPSは使用しなかったが、衛星携帯電話は所持していた。もっとも『空白の五マイル』（二〇一〇）の頃の角幡であれば、衛星携帯電話の所持など断固として拒否していたと考えられる。角幡は、衛星電話に関する自身の本来の考えを、「衛星電話で家族と連絡をとることは、私の冒険に対する信念と反していた。というのもこの極夜の探検のテーマは人間世界からいかに隔絶するかにあったからだ。〔中略〕要するに自然を本当に理解したいのなら、すべての絆、すべてのしがらみを切り捨て、あらゆるシステムから脱しなければならないのだ」（角幡 二〇一九a：一二六～一二七）と語っている。このように、冒険の際に衛星電話のような外界と繋がるためのツールを持ち込むことに、角幡は大きな疑問を抱いていたし、実際に自身の冒険行では使用しないようにしていたのだ。

しかしながら、二〇一三年頃から『極夜行』（二〇一八）のプロジェクトが進行していく中で、角幡は結婚および妻の出産という、人生の次のステージへと進んでいた。冒険家である一方で、世間でいうところの家庭を持ち、夫および父親となっていたのだ。もちろん、冒険家として「脱システム」を掲げる角幡は、本来ならば衛星電話など携帯せず、「すべての絆、すべてのしがらみを切り捨て」ることが彼の冒険の本質だったはずである。だが、家族という「システム」が、角幡の前に大きく立ちはだかっていたのである。

> 今回の旅は人類がほとんど経験したことのない、どんな危険があるかわからない極夜の長期探検だ。それを通信機器を持たず無連絡でやり通すということになれば、私のほうはよくても、妻のほうは夫が三カ月も四カ月も生死不明の状態にあることに精神的に耐えきれないだろう。さすがに家族持ちで無連絡長期探検のこだわりを貫き通すことは、人倫にもとることではないか。〔中略〕結局、私はこの冒険行の作品としての完成度をとるか、

家族との日常生活をとるか、どちらをとるか迫られた結果、後者を選択した。［中略］この決断をくだしたとき、私は自分がもう冒険者というより一介の生活者にすぎないことを痛感した。（角幡 二〇一九a：一二七～一二八）

角幡が『極夜行』の際に衛星携帯電話をもった理由は、妻と当時三歳の娘に連絡を取るためだった。結果として、衛星電話での家族との会話は、角幡の中で「ストレスフルな極夜の旅でも、たったひとつだけ楽しみ」（角幡 二〇一九a：一二六）となった。妻に対して電話の中で赤ちゃん言葉で話しかけるなど、「脱システム」以前の問題として、システムの中であろうがなかろうが、気持ち悪いような行動をとるようになったのだ。

ちなみに、『極夜行』の冒険を行った翌年の三月から六月まで、角幡は再び北極圏へ旅立ったのだが、この時は連絡手段の衛星電話をあえて持たなかった。しかしながら、やはり家族への思いは強く、その冒険の際の気持ちを「電話がなくてつらかったのは妻や娘より、むしろ自分だったと振り返る。一五キロも体重を落としながら極地を歩く中、「娘が交通事故に遭っていないか心配で、悪夢にさいなまれました［中略］山でも北極でも、日常に生きている基盤がないと虚無的になる。独身のころは、死んだっていいやって思っていましたから」（『毎日新聞』二〇一八年七月二〇日夕刊一面）と振り返っている。このように、角幡の「脱システム」を阻んだものは、GPSや衛星電話のような情報通信システムではなく、むしろ「家族システム」だったのだ。「死んだっていいや」と思いながら冒険を続けていた独身時代の角幡の姿は、もはやこの世には存在しなかったのだった。

「脱システム」できない物語の逆説的な魅力

しかしながら、一方で「脱システム」することができないからこそ、『極夜行』にむしろ魅力を感じる読者がいたことも忘れてはならない。

「極夜行」の魅力は旅の過酷さだが、繰り返し出てくる家族への思いが読後、意外なほど尾を引く。例えば、出発前に歌手アン・ルイスの歌「グッド・バイ・マイ・ラブ」を何となく口ずさむ場面だ。〈「グッバイ・マイ・ラブ　この街角で　グッバイ・マイ・ラブ　歩いてゆきましょう　あなたは右に　私は左に　ふりむいたら負けよ」とそこまで歌うと、もう二度と家族に会えないのではないかという思いに襲われ、目に涙がにじんだ。初めての体験で、私は自分の反応に戸惑った。そしてこの反応の正体がいったい何なのか確認するため、涙をぬぐってさらにもう少し歌ってみた。涙がどぼどぼあふれてきた〉。チベットの峡谷での決死行をつづった作品「空白の五マイル」（二〇年、集英社）以来のファンからは「角幡、どうした！」「家族のことなんかいい、探検を書いてくれ！」という声が聞こえそうだが、私はむしろこうした感傷的な場面が大好きだ。

（『毎日新聞』二〇一八年七月二〇日夕刊二面）

少なくとも『空白の五マイル』の頃は、角幡に対してファンは「壮絶な冒険行」のみを求めていたはずである。そして事実、失うものなどなにもないような気持ちだった角幡は、『空白の五マイル』で冒険家としての地位を築き上げたのだ。だが、そのころとは違い、角幡は「家族というシステム」から自由になることはできない。そこには「冒険家」として家族がいることの不自由さと、「生活者」として家族がいることの幸福が交錯しているのだが、その両義性のなかで感傷的なシーンが現れ、そこに魅力を感じている読者もいたのだ。

既述のように、『極夜行』では最初に「妻の出産シーン」、最後に「自身がうぶ声を上げたかのように、極夜を経てはじめて太陽を浴びるシーン」が描かれる。それについて角幡自身は、「妻の出産と重ね合わせたのは、自分の中のどこかに子供ができたことの驚き、人間から別の生命体が出てくることを、生で見た体験があったからだと思います。子供ができたことで僕の感覚は変わりました。自分とは別の生き物である一方で、自分の分身のような存在が、自分の人生と並行していく。自分の人生が新たなフェーズに入っていくような感覚がありました。それと、極夜のプロジェクトが同時並行で進んでいたので、どこかで二つを重ね合わせたい気持ちがあったように思います」（角幡・山極 二〇一八：一七三）、と語っている。この出産と冒険を重ね合わせるシーンについて、ライターの西所正道は、「冒険する者にとって家族は障壁になると言われるが、角幡の作品を読むと、むしろ作品に厚みを持たせている部分もある。極夜明けに昇る太陽を見た時、北極に出発する前にみた妻の出産シーンが甦り、わが子が出生の際にしたであろう体験が結びついたのだ」（西所 二〇二二：五二）と述べている。

「妻の出産」と「極夜のプロジェクト」の同時進行は、一見すると相反するものであり、角幡の「冒険行の作品としての完成度」を下げてしまうようにも思える。それは、「極夜の冒険」という行動だけの完成度を考えるならば、確かにそうかもしれない。結果的に、角幡は家族とコミュニケーションをとるために、冒険の際には衛星電話を使用し、その事実は『極夜行』の中でも正直に描かれている。だが、『極夜行』は「冒険ノンフィクション作品」である一方で、読者にとっては、むしろ「家族というシステム」を乗り越えることができない「生活者ノンフィクション作品」にもなっている。確かに、「角幡、どうした！」「家族のことなんかいい、探検を書いてくれ！」という気持ちを持つ読者もいるかもしれない。だが、むしろ家族の存在がこの作品の「物語性」を高めている側面があることも否定できないのだ。結果的に、角幡は「家族の存在」および「脱システムしたいのにできない」という「冒険家としての錯綜した状態」を逆手に取り、むしろ自身の作品の中でうまく表現したとも言える。すなわち、家族の存在は「角幡の冒険行の完成度」にとってはマイナスだったかもしれないが、角幡が描いた「生活者ノンフィクション作品」にとっては、むしろ魅力を出す方向に働いたのである。

8　角幡の冒険とは

以上、角幡の冒険について、文筆家としての力量、「追体験」の重視、「教養への憧れ」、情報通信システム（メディア）との関係など、様々な観点から論じてきた。ではこの時代、人々は角幡の冒険にいったい何を求め、さらにそこにはどのような特徴があったのだろうか。最後に三点ほど指摘しておきたい。

第一に、角幡の冒険行におけるモラルに対する考えに注目したい。角幡は、『空白の五マイル』でツアンポー峡谷に潜入した際のエピソードとして、次のように書いている。

私にはそれ〔ツアンポー峡谷での探検：筆者挿入〕をやらない人生など考えられなかった。〔中略〕たとえそれをやることによって好きな女から振られ、家族から勘当され、友人も離れ、全財産を失い（全然なかったけど）、路頭に迷うことになったとしても、ツアンポー峡谷を探検しない人生よりはマシだった。正式な許可なく中国の国内法を無視して潜入し、そのことによってルールを違反したとか、誰かに迷惑をかけたとか、個人のわがままに過ぎないだとかいって非難されたとしても、それはもっともな意見だと認めつつも、だから何だというのでしょうか、と答えるほかなかった。（角幡 二〇一五：四八）

実際に角幡が二度目の単独ツアンポー峡谷での冒険を行ったとき、中国政府は外国人のツアンポーへの入国を禁止していた。したがって、この冒険の際、角幡は立派に中国の国内法を無視する行為をしていたのだ。しかしながら、新聞記者を辞めてまで二度目のツアンポーを目指した角幡にとって、中国政府のルールを無視することなどたいした問題ではなかった。「ルールを違反したとか〔中略〕だから何だというのでしょうか」という言葉からもうかがえるように、角幡は自身の冒険への欲求を満たすためには、いくらわがままや迷惑などの言葉を浴びせられようとも、そんな批判などどうでもよかったのだ。これは、一九六二年の堀江謙一の「ビザなし出国」とも共通している。堀江の場合、ビザを申請しても発給されなかったのだが、角幡の場合は中国政府の許可が下りないことを見越して、強行突破したのだ。いずれも、ほぼ同じようなケースと考えられるが、本人のわがまま度合いについていえば、角幡は堀江と同等か、あるいはそれよりも上かもしれない。さらに『極夜行』に関して、一匹の犬をパートナーにして、共に旅を続けていた角幡は、食料不足に悩んだ際に次のように考えていた。

もし狩りに失敗して獲物がとれなかった場合は死んだ犬の肉を食って村にもどるしかない、ということも冷徹に見据えていた。獲物がとれなければ犬は必然的に途中で力尽きる。そうである以上、その肉を食わない手はなく、その時点で私の食料は自動的に増えることになる。〔中略〕実際に食う食わないは別として、獲物がとれなかったときのことを視野に、犬の肉を計算のうちに入れておかないといけない。犬の普段の体重は推定約三十五キロ、餓死して二十キロになるとしても臓物をふくめて十キロは食える部分があるだろうから、死んだら十日分の食料として見込める。

（角幡 二〇一八a：一九四〜一九五）

角幡は、自分の北極圏での生き残り策として、パートナーである犬を食べることを冷静に計算している。あの植村直己も、犬ぞりでの北極行の際には結果的に多くの犬を犠牲にしてしまった。だが、犬が死んだのは寒さや食料不足が原因であり、死んだ犬を植村が自身の食料として見込んでいたわけではないし、飢えをしのぐために植村が犬を殺して食べたわけでもない。ここでもう一度、小田実が語った「冒険家のイメージ」について言及してみよう。

結局のところ、〈冒険〉ほど、「いい奴」の気持のいい事業からほど遠いものはないのにちがいない。冒険という事業は、実際のところ、もっとねちっこくて、ひん曲っていて、計算づくにみちていて、いやなところがウンザリするほどある事業なのだ。［中略］そこでは安値なヒューマニズムはもう通用しないのかも知れない。探検隊の犬ぞりをひく犬はまさかのときに食料として計算される社会――それが〈冒険〉の社会なのだ。冒険という未知の社会に入るとき、既知の社会の「いい奴」のモラルを、ある場合には捨て去らなければやっていけないのだろう。

（小田編 一九六七：三〇二）

ツアンポー峡谷で中国の国内法を破ったことや、冒険のパートナーである犬を食料として考えるなど、角幡の冒険は「安値なヒューマニズム」が通用しない世界である。少なくとも、角幡は植村直己と比較して、「いい奴」のモラルを潔く捨て去っている。その意味で、角幡は小田の言うところの「冒険家イメージ」に近いのかもしれない。

第二に角幡は、前人未到の地なき時代において、新たな冒険の可能性を切り開いた。角幡は『極夜行』を終えた以降の冒険について、次のようなビジョンを描いている。

狩猟者の視点で土地の恵みを利用しながら旅すれば、土地の固有性を浮かび上がらせることができます。猟をするようになって、どこに行ったら獲物がいっぱい手に入るのか、いい土地とは獲物が豊かな土地だという感覚を持つようになった。狩りが上手くいけば、食料の不安がなくなってさらに遠くへ行ける。そこで成功したらまた別の土地に行ける。それを続ければ、理屈上はどこまでも行けます。従来の冒険のように、どこか目的地に到達するために行う旅は、到達したらそれ以上展開しようがない。目標地点に自分が縛られてしまうというか、管理されてしまうところがあります。しかし、あっちに行ったらもっと獲物が豊かなのではないか。もっといい土地があるのではないかと考えて移動していく旅には、目標地点がありません。狩りが上手くいく限り永久に続き、旅は直線的なものから循環的なものに変わる。（角幡・山極 二〇一八：一七八）

既述のように、『空白の五マイル』の場合、冒険の展開にはまだ「前人未到の地を踏破する」という発想が残っていた。『極夜行』では、地理的な到達や踏破を目指してはいないものの、最後に「太陽の光を浴びる」という到達点が設定されていたと言える。だが、「狩猟者の視点」における冒険の発想では、そもそも冒険・探検の「達成」、あるいは「最終目標」というものがない。まさしく、「旅は直線的なものから循環的なものに変わる」というように、質的な変化を伴っている。それがはたして冒険・探検と呼べるかどうかは、疑問の声もあるかもしれない。冒険・探検ではなく、たんなる狩猟生活だと言えなくもないからである。だが、「到達的」な冒険から「循環的」な冒険へという発想は、近代社会における人類の素朴な進歩史観や、探検とかつての「植民地主義」との関係とは一線を画している。

第三に、角幡のメディア（とくにマスメディア）との距離の取り方についてである。マスメディアでの活動は、自身の著書や雑誌連載、新聞インタビュー記事などが中心であり、テレビメディアに角幡の冒険行はほとんど露出していない。ＮＨＫ・Ｅテレで放送された『極夜記憶の彼方へ～角幡唯介の旅』（二〇一八年四月七日放送）が、いまのところ唯一のテレビドキュメンタリーへの出演である。これは、三浦雄一郎、植村直己、栗城史多など、数々のテレビドキュメンタリーに登場した冒険家に比べて、意識的にテレビとの距離をとっていることがうかがえる。

角幡は明言しているわけではないが、同時代の冒険家である栗城史多を反面教師にしているのかもしれない。第7章で論じたように、栗城はインターネットやテレビなどのメディアを存分に利用していたが、最後は逆にメディア（あるいはファンやアンチ）によって押しつぶされたような形になってしまった。偶然かどうかは分からないが、二〇一八年四月に角幡のドキュメンタリーが放送された翌月の五月に栗城は滑落死し、その後、角幡は管見のかぎりでは一切テレビに出演していない。もちろん、以前から角幡はテレビ出演することはほとんどなかったし、第7章で論じたように栗城が語っていた「冒険の共有」にも批判的な立場をとっていた。角幡が自身の冒険にスポンサーをつけておらず、基本的に執筆料や印税などで冒険の費用をまかなっているという点も栗城とは大きく違っており、少なくともテレビメディアに依存する必要がないのだろう。

一方で、角幡は決してソーシャルメディアを利用していないわけではない。角幡はブログやツイッター（X）なども使用しつつ、自身の北極圏での現状などを発信している。とはいえ、主戦場はあくまで「出版メディア」に置いていると言えるだろう。もしかすると、角幡は栗城の失敗を参考にしつつ、メディアとの付き合い方や自身の冒険のあり方を改めて確認し、自身の目指す冒険家としての道を歩んでいるのかもしれない。

参考文献

東えりか（二〇一四）「解説」角幡唯介『アグルーカの行方――129人全員死亡、フランクリン隊が見た北極』集英社文庫。

大野哲也（二〇一九）「「人跡未踏の地」なき時代の冒険」鈴木康史編『冒険と探検の近代日本――物語・メディア・再生産』せりか書房。

小田実編（一九六七）『未知への飛躍――冒険と放浪』三一書房。

角幡唯介（二〇一〇）『空白の五マイル――チベット、世界最大のツアンポー峡谷に挑む』集英社（集英社文庫、二〇一二年）。

角幡唯介（二〇一一）『雪男は向こうからやって来た』集英社（集英社文庫、二〇一三年）。

角幡唯介（二〇一二a）『探検家、36歳の憂鬱』文藝春秋（『探検家の憂鬱』文春文庫、二〇一五年）。

角幡唯介（二〇一二b）『アグルーカの行方――129人全員死亡、フランクリン隊が見た北極』集英社（集英社文庫、二〇一四年）。

角幡唯介（二〇一三）「梅棹忠夫と西陣、北山」『コトバ』集英社、二〇一三年秋号。

角幡唯介（二〇一五）『探検家の日々本本』幻冬舎（幻冬舎文庫、二〇一七年）。

角幡唯介（二〇一六a）『旅人の表現術』集英社（集英社文庫、二〇二〇年）。

角幡唯介（二〇一六b）『漂流』新潮社（新潮文庫、二〇二〇年）。

角幡唯介（二〇一六c）『探検家、40歳の事情』文藝春秋（『探検家の事情』文春文庫、二〇一九年）。

角幡唯介（二〇一八a）『極夜行』文藝春秋（文春文庫、二〇二一年）。

角幡唯介（二〇一八b）『新・冒険論』集英社インターナショナル。

角幡唯介（二〇一九a）『探検家とペネロペちゃん』幻冬舎（幻冬舎文庫、二〇二一年）。

角幡唯介（二〇一九b）『エベレストには登らない』小学館。

角幡唯介（二〇二一）『狩りの思考法』アサヒグループホールディングス。

角幡唯介出演（二〇一八）「極夜 記憶の彼方へ――角幡唯介の旅」NHKエンタープライズ、二〇一八年（NHK DVD）。

角幡唯介・山極壽一（二〇一八）「記念対談 帰る場所があるから、冒険できる」『中央公論』二〇一八年九月号。

沢木耕太郎編著（二〇二〇a）『陶酔と覚醒 沢木耕太郎セッションズⅢ〈訊いて、聴く〉』岩波書店。

沢木耕太郎編著（二〇二〇b）『星をつなぐために 沢木耕太郎セッションズⅣ〈訊いて、聴く〉』岩波書店。

高嶋航（二〇一九）「もうひとつの冒険・探検――近代中国を例に」鈴木康史編『冒険と探検の近代日本――物語・メディア・再生産』せりか書房。

武田砂鉄（二〇二一）「解説」角幡唯介『探検家とペネロペちゃん』幻冬舎、二〇二一年（二〇一九年出版の文庫版）。

西所正道（二〇二一）「冒険することは生きること」『AERA』二〇二一年一一月二九日号。

本多勝一・武田文雄編（一九八四）『植村直己の冒険を考える』朝日新聞社。

あとがき

「はしがき」にも書いたが、筆者はそもそも「冒険・探検」の実践からはほど遠い人間である。とくに広大なジャングルや、高峰の登山などにはまったく縁がなく、本書で取り上げた冒険家・探検家たちが残した資料（著書やインタビュー記事など）を読みながら、彼らのスケールの大きさをあらためて認識した次第である。というのも、筆者の冒険・探検のフィールドはせいぜい「新宿ゴールデン街」の界隈にすぎず、そこで必要な勇気とは、「二階のいかにも入りづらい店に、一見客としてひとりで飛び込む」くらいのものだからだ。いまさらながら、自分の人間としての小ささに驚かされる。しかも、近年のゴールデン街では外国人観光客が増え、みな筆者が行うような「冒険」（?）を軽々とクリアしていくのだ（とはいえ、チャージが発生することを知って、すぐさま撤退する外国人観光客も多い）。近年、富士山やヒマラヤの高峰への登山の敷居が低くなり、海外からも多くの登山客が訪れていると言われる。それらの高峰も、「新宿ゴールデン街」の二階の店のように、多くの外国からの部隊によって登頂されているのかもしれない。

本書の執筆に話を戻すなら、印象に残ったのは、言うまでもなく冒険家・探検家たちに関して紡ぎだされる「言説」の面白さである。冒険者本人の「語り」や、第三者からの見解など、興味深いものがあまりにも沢山ありすぎて、執筆の際には困り果ててしまったこともあった。まずひとつ、本文でも紹介したが、小田実のインパクトのある言葉を取り上げてみよう。

編集者：「なんだ、あなたもインテリなんですね。インテリなのに、冒険するんですな?」

小田実：「インテリだから、するんだよ」

当時の小田は、一般的に「冒険」があまりにも身体・肉体のイメージで捉えられ、「知性」や「教養」と切り離して考えられることにいら立ちを感じ、このような言葉を発したのだ。小田は、冒険家・探検家には「ふてぶてしさ」が必要であるとも語っていたが、自身のことを平然と「インテリ」だと言い切る態度は、まさしく「ふてぶてしさ」の権化である。様々な言説に目を通しながら、「自分は冒険家・探検家から最も遠い存在だな」と感じていたが、それがマックスに達したのは、まさしくこの小田の発言に出会った時だった。筆者はそもそも自分のことをインテリだと思っていないが、万が一そう思っていても、決して口にすることはないだろう。すなわち、体力や勇気、あるいは小田の言う「知性」や「教養」だけではなく、冒険者に必要な「ふてぶてしさ」が、筆者には完全に欠如しているのである。

その他にも、冒険・探検に関わる数多くの興味深い「言説」に出会ったが、それらの面白さを提示しつつ、時代背景やメディアとの関係も含めて議論することができたかどうか。それは、はなはだ疑わしいが、その判断は、もちろん読者に委ねられるものだろう。

本書を執筆するにあたって、多くの方々からお力をいただいた。まずは、「はしがき」でも紹介した鈴木康史先生を中心とした「冒険・探検研究会」の皆様には、心より感謝を申し上げたい。なぜならば、もしこの研究会に誘われることがなければ、本書は決して世に出ることはなかったからだ。研究会のメンバーは人類学や歴史学の方々が多く、社会学やメディア論に寄っている研究者は筆者しかいなかったと記憶している。人生には、時として思いもよらない出会いがあるものだ。そして、福間良明先生、谷本奈穂先生、前田至剛先生には、筆者が大学院生の頃からいつも的確なアドバイスをいただき、たいへんお世話になってきた。さらに、日頃から共同研究でご一緒している「中年文化研究会」の皆様にも、有り難いことに貴重なご意見をいただいてきた。あらためてお礼の言葉を述べたい。そして、なんといっても本書を出版することができたのは、冒険家・探検家たち、あるいはそれを取り巻く人々が、数多くの資料を残してくれていたからである。
最後に、本書を無事に刊行できたのも、法律文化社編集部の田引勝二さんに執筆の機会をいただいたからにほかならない。筆者の遅筆に我慢強くお付き合いいただき、また執筆中に筆者が日頃の不摂生のせいで三週間ほど入院してしまったにもかかわらず、田引さんは筆者を見捨てず、あたたかく見守ってくださった。心から感謝したい。

二〇二三年九月一五日

高井昌吏

関係年表

一八九二	福島安正がシベリア探検に出発。
一八九三	郡司成忠が千島探検に出発。
一八九五	『少年世界』（博文館）創刊。
一九〇三	河口慧海『西蔵探険：大秘密国』刊行。
一九〇八	『冒険世界』（博文館）創刊。
一九〇九	アメリカのロバート・ピアリーが人類初の北極点到達。
一九一〇	白瀬矗が南極探検に出発。
一九一一	ノルウェーのロアール・アムンセンが人類初の南極点到達。
一九一二	映画『日本南極探検』公開。
一九一六	大谷光瑞『放浪漫記』刊行。
一九二一	槇有恒らがヨーロッパアルプス・アイガー東山稜の初登頂に成功。
一九二二	『大阪毎日新聞』でアイガー登頂に関する記事を槇有恒が連載する。
一九三三	春日俊吉『日本山岳遭難史』刊行。映画『海の生命線』公開。
一九三四	映画『北進日本』公開。
一九三五	京都大学の今西錦司や西堀榮三郎などが白頭山にて学術探検を行う。
一九三六	立教大学山岳部が日本初のヒマラヤ遠征としてナンダコット峰の初登頂に成功する。
一九三七	日中戦争開戦。映画『南十字星は招く』公開。
一九三八	映画『ナンダコット征服』公開。

一九四一	アジア太平洋戦争開戦。
一九四五	終戦。
一九五一	日本がサンフランシスコ平和条約に調印（翌年発効）。
一九五二	今西錦司が「マナスル登山」の視察のためネパールを訪れる。
一九五三	英国エベレスト探検隊のヒラリー（ニュージーランド人）とテンジン（ネパール人シェルパ）が世界初エベレストに登頂。第一次「マナスル登山隊」が出発。
一九五四	第二次「マナスル登山隊」が出発。イギリス映画『エヴェレスト征服』が日本で公開。映画『白き神々の座』公開。「第五福竜丸事件」が起こる。
一九五五	京都大学「カラコルム・ヒンズークシ学術探検」が出発。五五年体制が成立。
一九五六	第一次「マナスル登山隊」が出発し登頂に成功。映画『カラコルム』公開。映画『マナスルに立つ』公開。
一九五七	映画『南極大陸』公開。映画『メソポタミア』公開。
一九五八	映画『十一人の越冬隊』公開。
一九五九	テレビ番組『兼高かおる世界の旅』放送開始。映画『秘境ヒマラヤ』公開。
一九六〇	北杜夫『どくとるマンボウ航海記』刊行。
一九六一	小田実『何でも見てやろう』刊行。
一九六二	小澤征爾『ボクの音楽武者修行』刊行。映画『世界残酷物語』公開。堀江謙一がヨットで単独無寄港太平洋横断に成功。『太平洋ひとりぼっち』刊行。
一九六三	映画『太平洋ひとりぼっち』公開。
一九六四	日本での海外渡航が自由化される。東京オリンピック開催。東海道新幹線開業。
一九六六	テレビ番組『すばらしい世界旅行』放送開始。三浦雄一郎が富士山頂上付近からのスキー滑降を成功させる。
一九六八	本多勝一『冒険と日本人』刊行。
一九六九	アポロ11号が月面着陸に成功し、人類が初めて月面に降り立つ。テレビ番組『ショック!!』放送開始。

一九七〇	大阪万国博覧会開幕。三浦雄一郎がエベレストのサウスコル八〇〇〇m地点からのスキー滑降に世界で初めて成功。映画『エベレスト大滑降』公開。植村直己と松浦輝夫が日本人で初めてエベレスト登頂に成功し、植村は世界初の「五大陸最高峰登頂者」なる。
一九七一	植村直己『青春を山に賭けて』刊行。
一九七二	朝日講座『探検と冒険』全八巻刊行。沖縄返還。
一九七三	第一次石油危機。
一九七四	鈴木紀夫がフィリピン・ルバング島で小野田寛郎との接触に成功する。鈴木紀夫『大放浪』刊行。
一九七六	三浦雄一郎の主演映画、“The Man Who Skied Down Everest”が「アカデミー賞」（第四八回 長編ドキュメンタリー映画賞）を受賞。
一九七八	植村直己が犬ぞりによる単独での北極点到達に成功、および単独でのグリーンランド縦断にも成功。テレビ番組『川口浩探検シリーズ』放送開始。
一九七九	オカルト雑誌『ムー』創刊。
一九八三	植村直己がフォークランド紛争勃発のため、南極大陸三〇〇〇キロの犬ぞり走破の計画を断念し、帰国する。
一九八四	植村直己が厳冬期マッキンリー登頂に成功するが、下山中に消息を絶つ。同年に国民栄誉賞を受賞。シングルレコード・嘉門達夫『ゆけ！ゆけ！川口浩！』発売。
一九八五	テレビ番組『アフタヌーンショー』での「やらせリンチ事件」が問題化し、番組は終了する。テレビ番組『天才・たけしの元気が出るテレビ』放送開始。川口浩がガンを発症し『川口浩探検シリーズ』放送終了。
一九八六	映画『植村直己物語』公開。沢木耕太郎『深夜特急』刊行。鈴木紀夫がヒマラヤで遭難（遺体は翌年に発見される）。
一九八七	川口浩がガンのため永眠。
一九八八	日本テレビがエベレストの山頂から世界で初めて生中継を行う。
一九九〇	バブル経済が崩壊。テレビ番組『すばらしい世界旅行』放送終了。テレビ番組『兼高かおる世界の旅』放送終了。

一九九二	NHKドキュメンタリー『奥ヒマラヤ——禁断の王国・ムスタン』のやらせが問題化する。
一九九六	「植村直己冒険賞」が制定される。テレビ番組『進め！電波少年』の中で「猿岩石のユーラシア大陸横断ヒッチハイク」の企画が放送開始。『猿岩石日記』（全二巻）発刊。
一九九八	角幡唯介が率いる早稲田大学探検部がツアンポー峡谷に遠征。
二〇〇一	アメリカ同時多発テロ事件発生。
二〇〇四	猿岩石が解散する。山野井泰史『垂直の記憶』刊行。
二〇〇五	沢木耕太郎『凍』刊行。
二〇〇七	栗城史多が「株式会社たお」を設立。
二〇〇九	栗城史多『一歩を越える勇気』刊行。
二〇一〇	角幡唯介『空白の五マイル』刊行。
二〇一一	東日本大震災発生。角幡唯介『雪男は向こうからやって来た』刊行。
二〇一二	角幡唯介『アグルーカの行方——129人全員死亡、フランクリン隊が見た北極』刊行。栗城史多が四度目のエベレスト登頂に失敗し、指の凍傷を悪化させ、翌年に手術で負傷した指の両手指九本を切断する。竹内洋岳がヒマラヤ八〇〇〇m峰全一四座の完全登頂に日本人で初めて成功。
二〇一三	三浦雄一郎が八〇歳でエベレストに登頂し、世界最高齢記録を樹立。
二〇一八	角幡唯介『極夜行』刊行。栗城史多が八度目のエベレスト登山中に体調を崩し、下山の途中で滑落死する。
二〇一九	新型コロナウイルス感染症が発生し、翌年以降世界的に流行する。
二〇二〇	河野啓『デス・ゾーン——栗城史多のエベレスト劇場』刊行。
二〇二二	堀江謙一が世界最高齢（八三歳）でヨットでの単独無寄港太平洋横断に成功。

は　行

ま　行

や　行

ら・わ　行

さ　行

た　行

な　行

人名索引

あ 行

か 行

《著者紹介》

高井昌吏（たかい・まさし）

1972年　兵庫県生まれ。
2003年　関西大学大学院社会学研究科博士後期課程修了。
現　在　東洋大学社会学部教授（社会学）。
著　作　『女子マネージャーの誕生とメディア』ミネルヴァ書房、2005年。
『メディア文化を社会学する』編著、世界思想社、2009年。
『「反戦」と「好戦」のポピュラーカルチャー』編著、人文書院、2011年。
『健康優良児とその時代』共著、青弓社、2008年。
『無印都市の社会学』共著、法律文化社、2013年。
『「知覧」の誕生』共著、柏書房、2015年。
『「甲子園」の眺め方』共著、小さ子社、2018年。
『冒険と探検の近代日本』共著、せりか書房、2019年。
『昭和五〇年代論』共著、みずき書林、2022年、ほか。

Horitsu Bunka Sha

Social History of Japan 1

「冒険・探検」というメディア
——戦後日本の「アドベンチャー」はどう消費されたか

2023年12月20日　初版第1刷発行

著　者　高井昌吏

発行者　畑　　光

発行所　株式会社 法律文化社

〒603-8053
京都市北区上賀茂岩ヶ垣内町71
電話 075(791)7131　FAX 075(721)8400
https://www.hou-bun.com/

印刷：共同印刷工業㈱／製本：新生製本㈱
装幀：白沢　正

ISBN978-4-589-04315-3